中国共产党北京市大兴区委员会宣传部◎主编

新国门

文化大兴之馆藏文化

DAXING

中国纺织出版社有限公司

内 容 提 要

本书共分七编，阐述馆藏文化的概念，内涵以及特征等，然后从大兴区的馆藏历史文化、馆藏农耕文化、馆藏工业文化、馆藏艺术文化、馆藏科技文化、馆藏生态文化6个层面，较为全面地展示了60余家博物馆的面貌，包括各馆的兴建、历史、建筑特点、展陈及展品，还有各个博物馆的主要功能等。书稿涉及博物馆学的诸多层面，资料翔实、语言生动，以图片和文字挖掘了大兴区特色的博物馆文化。该书所呈现的馆藏文化是新时代大兴区文化建设的重要构成部分。

图书在版编目（CIP）数据

新国门·文化大兴之馆藏文化 / 中国共产党北京市大兴区委员会宣传部主编. --北京：中国纺织出版社有限公司，2021.11

ISBN 978-7-5180-9077-8

Ⅰ.①新… Ⅱ.①中… Ⅲ.①博物馆事业—研究—大兴区 Ⅳ.①G269.271.3

中国版本图书馆CIP数据核字（2021）第223746号

策划编辑：李满意　　责任编辑：李满意
责任校对：王蕙莹　　责任印制：王艳丽

中国纺织出版社有限公司出版发行
地址：北京市朝阳区百子湾东里A407号楼　邮政编码：100124
销售电话：010—67004422　传真：010—87155801
http: //www.c-textilep.com
中国纺织出版社天猫旗舰店
官方微博 http: //weibo.com/2119887771
北京华联印刷有限公司印刷　各地新华书店经销
2021年11月第1版第1次印刷
开本：710×1000　1/16　印张：19.75
字数：262千字　定价：98.00元

凡购本书，如有缺页、倒页、脱页，由本社图书营销中心调换

本书编委会

主　　　编： 郭金刚　高　磊

中国纺织出版社
有限公司官方微博

中国纺织出版社
有限公司官方微信

总序

党的十九大报告指出，文化兴国运兴，文化强民族强。文化是一个国家软实力的主要内容，也是一个城市、一个地方展示形象和影响力的重要标志。文化是血脉和遗传基因，是传承延绵的精神血脉和形成精神归宿感、认同感的纽带。

大兴区位于永定河东岸，北京的南部，是首都的南大门。大兴前身为古蓟县，自秦置县，金贞元二年（1153）定名大兴，史称“天下首邑”。大兴历史悠久，人文底蕴厚重：燕上都筑幽州台礼贤下士，秦汉隋唐扼守通衢要冲，“五朝”皇家猎场，明清皇家苑囿，上林苑聚合凤河明清移民，永定河水滋养农耕文明……沧桑岁月，时代变迁，如今的大兴更是“顺势而为、应势而动、乘势而上”，打造品牌，培育文明，勃发生机，成为首都古都、红色、京味、创新文化的重要组成部分。

大兴，以襟纳四海的气度，凭后发优势的潜力，紧紧围绕新国门建设，脚踏实地，真抓实干，跨上了高质量规划引领、高质量跨越发展的快车道。国家发展新动力源加速释放，经济发展速增质优，城乡发展迭代更新，环境质量显著改善，民生保障持续加强，改革创新破除壁垒。作为京津冀协同发展的中部核心区，坐拥新机场，毗邻副中心，辐射京津冀，联通“大雄安”。随着大兴国际机场的建成投运，实质性启动临空经济区、自由贸易试验区、综合保税区建设，一个全国唯一享受双自贸和服务业扩大开放的新大兴正在加速发展中。

文化是一个地区的发展之魂，经济社会发展的软实力之基。通过文化营造引领，形成大兴特色的理论氛围、舆论氛围、文化氛围和社会氛围。打造地域文化名片，塑造了大兴“永定河怀抱的骄子”的整体文化形象、主体文化形象、特色文化形象和标志文化形象。

“十四五”蓝图徐徐开启，大兴区牢记习近平总书记“要把大兴建设好”的嘱托，围绕优传统文化特色中心、中华民族优秀文化展示中心、国际文化交流交往中心和文化创意产业中心建设，通过文化资源、公共文化服务，不断丰富公共文化服务新模式，以人民美好生活为导向引领文化建设，推动优秀传统文化创新，增强和彰显中华文化自信，不断提高地区文化软实力和新国门文化影响力与传播力。不断提高“新国门·新大兴”文化的内聚力、吸附力和影响力。

源浚者流长，根深者叶茂。细致梳理大兴的文化资源，总结归纳大兴的文化特征，是摆在我们面前的一项重要任务。为此，大兴区委宣传部组织编写了《新国门·文化大兴》系列丛书。丛书旨在理清大兴文化发展脉络，挖掘深厚的文化底蕴，提升文化软实力，为大兴的发展凝聚强大的精神力量，丛书编委会组织了区文化和旅游局、区融媒体中心、区委党校、区科委、区文联的专家学者组成写作团队，历时三年，本着严谨客观的治学态度，做到客观求实，尊重历史、资料准确，多视角、全方位地展现了大兴区优秀传统文化、红色文化、生态文化、创新文化、馆藏文化，并以视觉表现方式，推出《新国门·文化大兴》画册，努力呈现新国门视域下的新大兴，使之形成一套综合性、历史性、权威性、时代性的文化读物。

大兴是一片美丽神奇的土地，拥有“林中有飞鸟、水中有游鱼、四季有美景”的独特生态景观和深厚的文化积淀。现在，乘着改革创新的强劲东风，大兴区越来越热情地展现出她那动人的形象和诱人的魅力。该书的出版是深入研究大兴文化资源的历史和现实价值的重要举措，对于推进大兴文化的大发展、大繁荣必将起到积极的推动作用。

紧抓“两区”建设重大机遇，聚焦现代化平原新城、首都发展新的增长极、繁荣开放美丽新国门建设，大兴区未来发展的宏伟蓝图正一步步变为现实，愿《新国门·文化大兴》丛书带您走进新大兴，愿新大兴进一步走向世界！

中共大兴区委宣传部

2021年8月

前言

城市的发展必须要有相应的文化来支撑，评价一座城市的文化底蕴深厚与否，考察这座城市的“三馆”建设现状与未来发展规划是一个重要维度。这里的“三馆”指的是：图书馆、展览馆和博物馆。

图书馆是一个社会文化机构，它在向社会公众传播文化知识、丰富群众精神生活的同时，还承担着为社会公众的终身学习提供服务的责任，是城市文化建设的精神高地和重要组成部分。作为大兴区重要文化阵地和开展终身教育平台的大兴区图书馆就是大兴区公共图书馆的代表。

展览馆是作为展出临时陈列品之用的公共建筑。按照展出的内容，分综合性展览馆和专业性展览馆两类。专业性展览馆又可分为工业展览馆、农业展览馆、贸易展览馆、交通展览馆、科学技术展览馆、文化艺术展览馆等不同类型。在大兴区内，展览馆门类众多，以专业性展览馆为主。众多的专业性展览馆多藏身于专业性的博物馆之中，融文化资源的典藏、研究、展览展示、科普教育等多种功能于一体。

博物馆是典藏和研究代表自然和人类文化遗产实物的社会公共机构，是城市各个历史时代的多元文化融合的产物，是最宝贵、最有历史价值的城市财富之一，是城市引以为傲的珍宝。现代意义的博物馆不再仅仅是文物的集中地和收藏所，也是以文物研究为核心展开学术研究的机构，承载着一个城市文化的“记忆”，是城市的公共文化空间。作为城市文化载体的重要一员，博物馆还反映着一个城市的经济发展与繁荣状况。城市中的博物馆往往还是承办公共文化活动的重要场所，如城市博览会、美术馆、其他文化艺术馆等，这成为当今判断一个城市文化与经济发展程度的标志。

根据当代博物馆的功能、目的及馆藏资源，可以将其划分为综合博物馆与专题博物馆两大类。综合博物馆是全面收藏各个时代的各种藏品，并长期展示多种专门类别的博物场馆。综合博场馆收藏的藏品品类齐全，能全面反映社会生活的各个领域，如社会历史、文化艺术、自然科学等方面。综合博物馆集藏品征集、收藏、研究、展示于一体，带有明确的社会公益性质。藏品的开放主要是为了起到教育和服务大众的作用，作为某一个地区的文化象征存在，是地区文明的窗口。而专题博物馆则是指专门收藏某一门类的藏品，并长期展示这一主题藏品的博物场馆，其展示的目的是实现征集、收藏、教育、休闲等功能。专题博物馆按照馆藏资源主题类型，还可以细分为历史主题、科技主题、艺术主题等专门场馆。目前，大兴区内的博物馆以此类专题博物馆居多，其形成的根基是大兴悠久的历史和丰厚的文化资源。随着社会文化的多元化发展和国家政策的鼓励，大兴区内的各种主题博物场馆方兴未艾，藏品门类日益增多，藏品类型日益丰富。

大兴区内的专题博物场馆种类繁多，既有较大的专题门类，如大兴区档案馆、中国印刷博物馆、首都牛奶科普馆以及北京凤河流域历史文化展览馆等，又有独具特色的特定专题博物馆。此类博物馆的收藏范围非常专业，展示的藏品蕴涵着独特的文化价值，如北京西瓜博物馆、北京南路烧酒博物馆和中华耕织文化园等。多种类型的博物场馆百花齐放，充分反映出了大兴区内博物馆藏品的丰富内涵和深广内容。

馆藏文化是社会文化的一个重要组成部分，在文化建设和发展中具有独特的价值和作用。馆藏文化指文化场馆中作为人类物质文明与精神文明所反映的馆藏文化资源，按文化场馆的不同分类可概括为馆藏历史文化、馆藏农耕文化、馆藏艺术文化、馆藏科技文化、馆藏生态文化等。馆藏资源为社会文化服务，孕育在丰富的馆藏资源之中的馆藏文化是在其发展过程中表现出的与其社会功能相吻合的精神气质，以及服务社会、发展社会文化的价值观念。其形态既是有形的，也有无形的，既是收藏过去的、记录现在的，更是面向未来的。孕育在丰富馆藏资源之中的馆藏文化是大兴文化的集中体现。

根据大兴区相关部门统计，大兴区境内共有各类博物场馆 60 余家。这些博物场馆大多兴起于 20 世纪 90 年代以后。在这 60 余家博物场馆中，私人出资的民间专题博物场馆占了大部分，办馆主体、办馆类型进一步丰富。民间主题博物馆在大兴区的文博事业中独树一帜，担当了极富个性的文化承载者的特殊角色。

当然，相对于大兴区内博物馆的跨越式发展的速度，其社会影响力远没有跟上。究其原因，除博物馆自身的水平有待提高外，也是因为北京市内各类文博资源实在丰富，各色博物场馆令大众目不暇接。截至2020年，北京有世界遗产7处，国家级文物保护单位99处，北京市级文物保护单位326处。同时，大兴区内各博物场馆还互不统属，缺乏综合推介的力度。面对此种状况，大兴区委宣传部编辑主编了《新国门·文化大兴之馆藏文化》一书，首次向社会全面地推介大兴区境内的博物馆，宣传馆藏文化。此书系统地介绍了大兴区内各类博物馆，集中展现出大兴区内各类博物馆的独特馆藏文化资源，有着不同寻常的意义。

本书课题组

2021年9月

第五编　馆藏艺术文化

第六编　馆藏科技文化

第七编　馆藏生态文化

第一编　大兴区馆藏文化概述

第一章 大兴区馆藏文化发展历程

一、地名溯源

大兴的起源与变迁历史，就是大兴区馆藏文化的发展史。

据《大兴县志》《固安县文史资料选编》记载，大兴县最早的前身为先秦之蓟县，蓟县治蓟城，在今北京城区广安门一带。

秦始皇二十三年（前224），秦灭燕，置广阳郡，蓟县属之，郡、县同治蓟城。两汉魏晋南北朝直至隋唐五代，蓟县一直相延不废。蓟城在历史沿革中，先后为魏晋之幽州燕国、北朝之幽州燕郡、隋之涿郡、唐之幽州范阳郡等，逐步发展为华北平原北端的一处重要地方行政中心。唐建中

大兴胡同信息牌

二年（781），析蓟县西置幽都县，与蓟县分理蓟城。938年，辽太宗升幽州为南京，也称燕京。到辽圣宗开泰元年（1012），取古人以星宿分野的办法，以燕为析木之津，故辽的南京（燕京）又称“析津府”。析津府领顺义、檀州、涿州、易州、苏州、景州，以及析津县、宛平县、武清县、香河县、昌平县、良乡县、潞县、安次县、永清县、玉河县、郭阴县6州11县。析津府的治所在宛平，即今北京市的西南。

金灭辽后，海陵王改燕京为“中都”，析津府之名亦废。从辽开泰元年到金贞元元年（1153），析津府的名称沿用了142年。金贞元二年（1154），析津县改名大兴县，为附郭“赤县”（依郭县与附郭县是一个意思，即县就设在上级州府的城池里），大兴之名肇始于此。

二、天下首邑，三朝大兴

成吉思汗麾下大将木华黎于嘉定八年（1215）攻下北京，遂设置燕京路大兴府，元世祖至元元年（1264）改称中都路大兴府。至元九年（1272），中都大兴府正式改名为大都路，也就是元大都。中都改为大都，成为全国政治中心，大兴、宛平分治大都郭下，同为“赤县”。明清两朝，为依郭京县，与宛平县分治北京城东西界，达700年之久，号称“天下首邑”。明清以迄民国初年，大兴、宛平同为附郭“京县”，大兴县治所在今北京市东城区大兴胡同。

明初，国都南迁，大都路总管府改为北平府。永乐元年（1403）改北平为北京，北平府升为顺天府，下设大兴、宛平两个依郭县，以鼓楼为界，东为大兴，西为宛平，清因之。明洪武《北平图经志书》所载“（大兴县）县治在教忠坊，洪武三年依式创盖”。说明大兴县署建于明洪武三年（1370），在今大兴胡同西口北侧。洪武三年在此设置大兴县署后，这里逐渐形成一条胡同，明属北城教忠坊十铺之一，清代名大兴县署胡同，后改名大兴县胡同，1965年改名为大兴胡同。今大兴胡同45号院即原大兴县署旧址，现为东城区公安分局驻地。大兴县署对面有大兴县城隍庙，庙西有万善寺，尚存，作为民居。明清之时，有城隍出巡祈雨活动，民国后废除。

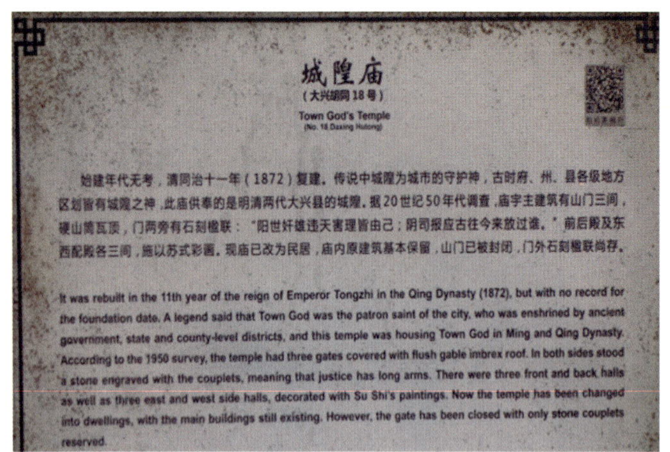

城隍庙信息牌

转折点发生在1928年，当年大兴县被划归河北省，并将县治由北京城内迁至黄村。从此，"大兴胡同"与"大兴"渐行渐远。文明古县，有县无城，盖由于此。

北京自建都以来，北京史就成为帝王将相史。可能重要性不够的缘故，反映北京地方公职人员的史料、文物遗存不多，大兴胡同便是其中一处。

今日大兴非昔日大兴，但今日大兴的绝大部分地方仍乃昔日大兴所属。明清时期，大兴形成了今天的文化特色。大兴北部，以团河行宫为代表的皇家苑囿文化为特征。团河行宫是清代皇帝行宫，位于明清两代皇家园囿南海子里。这里的居民很大一部分是为皇帝看守园林的海户和士兵，部分村落是满族聚集区，在生产生活方式上留存着满族文化的影子。由于人口流动，大兴不同地区的文化还带有不同的移民文化特点。例如，大兴中部和东南部以大小龙河、凤河流域历史文化为特征，该地区大部分居民的祖先是明朝初年从山西移民过来的，有许多山西文化的痕迹。而大兴西部、南部，永定河流域一带，因与河北接壤，并且在某些时期曾经划归河北管辖，故而与冀北的文化比较接近，并有相通之处。这些文化区域相互融合、相互补充，没有一定的界限，但又有一定的区别，所谓的"十里地不同乡（乡风乡俗）"就是这个道理。在此基础上形成的非物质形态的精神文化，有的是从历史上传承下来的，有的是从外地移植过来的，有的是在新的形势下创新的，最终逐步形成具有浓厚地方特色的生活方式和生活习俗。

第二章 大兴区馆藏文化分类

馆藏文化指文化场馆中人类物质文明与精神文明所反映的馆藏文化资源。大兴区内文化场馆种类丰富、门类众多，依据文化场馆的不同类型可以将大兴区馆藏文化分为馆藏历史文化、馆藏农耕文化、馆藏工业文化、馆藏艺术文化、馆藏科技文化、馆藏生态文化等。

一、馆藏历史文化

历史文化是历史上的事件或者活动流传下来的影响在民间的积淀，并由此而催生的文化，是中华民族五千年来的物质文化积淀和精神文化积累，包括婚姻、家族、国家政权乃至贸易、衣食、文学、经学、宗教、道德、民俗、节庆等，构成一幅清晰简要的中国古代社会生活的缩影。馆藏历史文化是指文化场馆中的历史文化资源载体，体现为各种名胜古迹，包括古代都城、名人遗迹、近现代重要史迹等具有历史与纪念价值的遗迹；古城墙、坛庙、古民居等古建筑；帝王陵墓、名人陵墓等墓陵；古文化名城及宗教场所等各类历史文化资源中。

大兴历史悠久，历史文化资源众多，文明古县之遗迹现仍随处可见。大兴众多的区级文物保护单位中，有 7 处与封建帝王有关。其中，始建于元代、位于南海子南部的晾鹰台，清朝康熙、乾隆皇帝曾分别邀请新疆西域人士在此观看威武雄壮的阅兵活动。建于清顺治十五年（1658）、位于旧衙门行宫南侧的德寿寺，在顺治、乾隆年间曾作为皇帝接见西藏宗教及行政领袖的场所，五世达赖喇嘛和六世班禅额尔德尼都曾在此处觐见皇帝。今存于旧宫村内的德寿寺寺碑所刻碑文，专门记述了这两次重要的活动。

建于乾隆年三十八年（1773）、位于永定河东岸赵村村西的永定河神祠碑，记录了永定河决口、筑堤等国家重要事宜。这座御制碑上面刻有乾隆帝的《阅永定河五言排律诗》和《阅永定河五言古诗》。

因历史悠久，大兴出土的文物年代跨度很大。最早的有战国时期的陶罐、刀币等。大兴境内有古城镇村落遗址 4 处，其中年代最早者为回城、闾城；唐代，沃州曾侨治于回城，师州曾侨治于闾城。大兴境内有古墓葬遗址 10 余处，其中芦城、黄村有汉墓区 2 处；有位于定福庄乡坟上村的清乾隆年间礼部尚书钟音墓及位于魏善庄乡西芦垡村的努尔哈赤曾孙绰克都家族墓。大兴境内还有古官署遗址、古景观遗址、古寺庙遗址、古建筑设施遗址数十处。文明古县人才辈出，较著名者有西晋司空张华，明末抗清将领史可法，清初学者刘献庭、文人孙承泽，其后有小说家李汝珍、爱国将领史荣椿、农民起义领袖林清等。

大兴境内众多的历史文化资源催生了丰富的馆藏历史文化。

北京麋鹿苑博物馆位于元明清三朝皇家猎苑的核心——大兴南海子麋鹿苑，博物馆以记载于宫廷史籍中的麋鹿为主线，展示元明清三代皇家苑囿。麋鹿苑元始建时称“下马飞放泊”，是元朝贵族打猎的地方；明永乐年间扩大，修以围垣，周长 60 公里，谓之“南海子”，周辟四门，内建衙署；清代继续经营，修建 4 处行宫、若干庙宇，原明朝的两处提督衙门改建为行宫（旧衙门行宫、新衙门行宫），新建团河行宫，南苑一部分作为操兵练武之所，筑晾鹰台，作为检阅台，清帝多次在此校阅八旗军队，平时严禁平民进入，同治年间于此设神机营；苑内多獐子、野兔、麋鹿（四不像），并圈养老虎，作为狩猎之用。

凤河流域历史文化展览馆展示了凤河流域历史文化。凤河岸畔的自然村落，大部分由山西迁入的移民组建而成。明朝初年，数十万山西人移民到京南大兴，驻屯在凤河两岸，随着移民的到来，晋南文化与当地文化相互交融，形成了带有移民特色的凤河流域历史文化。

大兴境内有 14 镇 526 个村庄，每个村庄的起源各不相同，形成了与村庄历史相关的传统村落文化。例如，清康熙年间疏治永定河培修大堤，沿堤设汛铺而后形成的大兴西部边缘村落（韩家铺、高家铺、鲍家铺、刘家铺、闫家铺、孔家铺等）；大兴东南部 40 余个村庄为明初山西、山东移民所建，村名多以原籍州县命名，以示不忘故里之意（潞城营、沁水营、孝义营、河津营、长子营、蒲州营、山西营等）。为了保存与传承村落的传统文化，大兴区的众多村镇都建立了各具特色的村史馆，有的村庄还编纂了村史村志。村史馆承载着一个村的历史与文化。截至 2020 年底，大兴区共有村史馆 32 个，这些村史馆以村风、村俗、历史文化为主题，有的展示旧时生产生活方式；有的展示村子数百年的发展历史；有的展示村里历代名人先贤；有的展示改革开放后村子发生的巨大变化，成为农村社区建设的一个新亮点。

《沁水营村志》

二、馆藏农耕文化

农耕文化是适应农业生产、生活需要的国家制度、礼俗制度、文化教育等的文化集合，是农民在长期农业生产中形成的风俗文化，以农业服务和农民自身娱乐为中心。农耕文化集合儒家文化及各类宗教文化于一体，形成了自己独特的文化内容和特征，主体包括语言、戏剧、民歌、风俗及各类祭祀活动等，是中国存在最为广泛的文化类型。

大兴地处永定河冲积平原，在 20 世纪 80 年代以前一直是典型的农业县，是北京市重要的粮食、副食品生产基地。大兴西瓜皮薄、瓤沙、含糖量高，明清时期就是供奉皇宫的供品。魏善庄镇河南辛庄的红薯，甘甜绵软，口味独特，很受京城百姓欢迎。还有青云店大葱、瀛海五色韭、西红门萝卜等许多农产品，历史悠久，知名度高，是大兴重要的特产。这些独具特色的农产品之所以出名，除得益于大兴的土壤、气候条件外，更得益于千百年来形成的农业生产技术。这些技术是大兴人民生产生活经验的总结，是一定时期大兴农耕文化进步程度的体现。

追溯中国农耕文化起源有一句“男耕女织”之说，它不仅是指早期的劳动分工，也是农耕文化形成的基础。中华耕织文化园是大兴区唯一的以男耕和女织为主题的农耕文化展示园区，由“男耕”延伸出“中国农业文化科普”“中国农业非物质文化遗产”；由“女织”延伸出“传统棉文化”“蜡染扎染工艺科普”等表现农耕文化的精髓展馆。

位于西瓜之乡庞各庄的北京西瓜博物馆是目前国内外唯一的以西瓜为主题的博物馆。其造型新颖独特，博物馆运用古老而现代的表现手法、布局风格，将源远流长的西瓜史话、博大精深的西瓜文化串联一体，相映成趣，展示出西瓜文化漫长的发展历程，构成了一部极具历史底蕴与现代时尚的西瓜文化经典。

三、馆藏工业文化

工业文化是伴随着工业化进程而形成的，是渗透到工业发展中的物质文化、制度文化和精神文化的总和，是各个行业优秀企业文化的概括与结晶，包含物质产品、工业制度、精神文化等内容。

工业博物馆是以工业文明为主题的文化机构，保存着工业文物、文献，阐述工业发展的历史和文化。馆藏工业文化体现在工业博物馆的社会功能之中，其社会功能可分为两种：第一，保护“工业遗产”。这些工业遗产的定义非常广泛，只要涉及与工业产品或与各种工业生产相关的工业设施，都可以被视为“工业遗产”，如工艺流程、数据记录、企业档案等。第二，面向社会展示其陈列的珍贵工业藏品。

工业的高速发展在推动社会进步的同时也留下了巨大的文化遗产。因此，大兴区在享用工业化成果的同时，也对工业变革历程及其文化符号进行了记忆整理与典藏。大兴区境内的工业博物馆有大兴南路烧酒博物馆、北京义利食品公司文化展览馆。

大兴南路烧酒博物馆是大兴地区唯一一家白酒文化博物馆，是“北京老字号”“北京非物质文化遗产”大兴区特色的工业游景点。北京义利食品公司文化展览馆是北京义利食品公司的企业文化展览馆。

四、馆藏艺术文化

艺术，是用形象来反映现实但比现实更有典型性的社会意识形态。艺术是借助一些手段或媒介，塑造形象、营造氛围，反映现实、寄托情感的一种文化，通常会借助语言、文字、绘画、音乐、形体等表达。现代艺术包括语言（含文学）、美术（绘画、雕塑等）、表演（音乐、舞蹈等）、综合艺术（戏剧、电影）等。教育、科学、艺术皆属广义的文化，政治、经济与文化相互关联、相互作用。

馆藏艺术文化集中体现在艺术博物馆陈列展示的馆藏艺术品上。艺术博物馆是以收藏、研究、展示艺术技艺、艺术作品为主的文化场馆，包括美术馆、雕刻馆、民俗艺术馆等。馆藏的艺术品文物不是孤立地产生和存在的，一件艺术品往往就是一段历史的印迹，某些特别突出的艺术品尤其如此。大兴区内的艺术博物馆门类众多，且多为民间私人出资兴建，包括东方宝笈艺术馆、李可染画院、钧天坊、坦博兴善苑、弘文博雅艺术馆、北京董陶窑陶瓷制作技术研究所、中国建筑师作品展示馆、北京澄怀美术馆等。

五、馆藏科技文化

科技文化是在科技发展的历史进程中沉淀而形成的一种有特色的文化形态。科技文化以科学技术为载体，印记着时代的烙痕，反映着时代的文明水准。馆藏科技文化集中体现在科技类文化场馆的功能和性质上。

科技类文化场馆是面向社会大众，以普及科技知识为职能，以提高全民科学文化素养为目标，开展科普展览、科技体验等科普教育宣传活动的场馆或场所。科技类文化场馆作为最主要的公益科普传播机构，以满足社会各类人群对新的科普教育服务的需求，担负着提升全民科学素养的社会职责。它既是公众接受科普知识教育、掌握最新科技新成果的场所，也是呈现科学方法、展现科学思想、弘扬科学精神，帮助大众树立正确的科学观和发展观的重要公众学习场所和学习平台。科技类博物馆、天文馆、科学技术馆是科技类文化场馆的主要组成部分。

大兴区境内的中国印刷博物馆、华艺斋古籍文化馆、首都牛奶科普馆是科技类文化场馆的代表。

中国印刷博物馆是世界上最大的印刷专业博物馆，是全国科普教育基地、全国爱国主义教育示范基地。华艺斋古籍文化馆是古籍雕版刷印及线装古籍装订技艺展览和文化传播基地。首都牛奶科普馆是北京三元食品股份有限公司投资设立的北京唯一的一座牛奶科普馆。

六、馆藏生态文化

生态文化是指以崇尚自然、保护环境、促进资源永续利用为基本特征，能使人与自然协调发展、和谐共进，促进实现可持续发展的文化。生态文化的形成，意味着人类统治自然的价值观念的根本转变，这种转变标志着从人类中心主义价值取向到人与自然和谐发展价值取向的过渡。

生态博物馆是生态文化展示的窗口。生态博物馆是一种以特定区域为单位、没有围墙的“活体博物馆”。它强调保护、保存、展示自然和文化遗产的真实性、完整性、原生性以及人与遗产的活态关系。大兴区内的生态博物馆包括北京野生动物园、蜜蜂王国生态馆和月季博物馆。

北京野生动物园是集动物保护、救护、野生动物驯养繁殖及科普教育于一体的大型自然生态公园，是国家 4A 级景区。蜜蜂王国生态馆是集生态、文化、品鉴、蜂会、养生五场馆于一体的亚洲最大的以蜜蜂为主题的生态博物馆，是全国蜜蜂文化科普示范基地。月季博物馆是全球首座以月季为主题的博物馆。

第三章
大兴区馆藏文化的基本特征

一、类型齐全

馆藏文化是文化场馆中文化资源载体的集中体现。文化场馆是指专门从事文化工作且具有法人资格、独立核算的事业、企业单位以及单独核算附属于事业单位的经营性专业文化活动单位，包括博物馆、展览馆、美术馆、图书馆、档案馆，文物保护、艺术教育、艺术研究、文化娱乐等文化机构。

大兴区文化场馆众多，类型齐全。2020 年底，大兴区境内有文化场馆 66 家。这 66 家正式对外开发的文化场馆中，既有面向公众免费提供公共文化服务的博物馆、图书馆、文化馆、基层社区文化站、青少年活动中心等公共文化场馆；也有“公共性”较低，以竞争性和排他性为特点的演艺剧场、电影院、美术馆、画廊工作室、创意园区等以获取市场价值为出发点的非公共文化场馆。大兴区境内的非公共性文化场馆门类众多，涉及多种行业，多是依附于企业、宣传企业文化且为企业服务的文化场馆。此类文化场馆具有数量众多、空间广布的特征。

二、隶属多样

由于历史与现实的双重原因，大兴区文化场馆的隶属关系呈现出多样性和特殊性。

（一）国有

利用或者主要利用国有资产设立的文化活动单位属于国有文化场馆。

大兴区境内的国有文化场馆包括政府直接投资设立和国有事业单位出资创立两类。

1. 政府直接投资设立

政府直接投资设立的公共文化场馆带有公益性，免费向公众提供文化服务。大兴区图书馆、大兴区文化馆、大兴区档案馆等是大兴区政府直接投资建立的国有公共文化场馆。北京西瓜博物馆、月季博物馆是大兴区政府直接出资兴建的专业性博物馆。

2. 国有事业单位所有

北京南海子麋鹿苑博物馆，简称麋鹿苑，是服务于北京麋鹿苑生态实验中心的科研科普公益单位，隶属于北京市科学技术研究院，是集科普教育、科学研究、文化遗产保护于一体的国有博物馆。

（二）企业投资设立

企业博物馆是由企业出资兴建，展示企业发展历史、研究企业文化、陈列企业产品的场馆。企业博物馆的开设，不仅能够展示企业实力，更能彰显企业文化的特色。近年来，大兴区境内的企业博物馆增长快速，大批实力强劲的企业都拥有了属于自己的博物馆。企业博物馆不仅展示了本企业的文化品牌，还是一大工业旅游景点。

大兴区境内的企业博物馆有大兴南路烧酒博物馆、北京义利食品公司文化展览馆、首都牛奶科普馆、蜜蜂王国生态馆、北京中药炮制技术博物馆等。

（三）民间私人出资创办

民间私人文化场馆是民间私人自主建设，对民间私人藏品进行展示的文化场馆，包括民间私人所属的博物馆、书画院、美术馆、展览馆、艺术中心、文化园等形式多样的文化场馆。民间私人文化场馆由于私人财力人力等原因，具有覆盖面小，针对性强，细致专业的特点。私人文化场馆具体生动，真实反映了一个地区甚至民族文化的积淀，更加贴近文化和历史本身，是公共文化场馆的有效补充。

民间收藏是民办博物馆发展的基础。在民间收藏持续升温的背景下，在政府鼓励博物馆多元化建设政策的引导和支持下，大兴区内的民办博物馆完成了从自发到自觉的发展过程，进入了快速发展阶段。私人文化场馆已经成为大兴区公共文化服务体系的重要组成部分。大兴区境内私人文化场馆发展较快，所涉及的范围也十分广泛。此类文化场馆涵盖了历史、艺术、民俗、技术、文化、经济等馆藏文化范围。

中华耕织文化园是大兴区唯一的以耕织为主题的民间私人博物馆，其丰富的馆藏资源诉说着农业大国的古往今来，展示了我国悠长延绵的和灿烂辉煌的农耕文化。弘文博雅艺术馆是以中国传统红木文化为依托，充分展示生活美学方式，集原创设计、展览展示、学术交流、艺术品收藏于一体的文化创意产业基地。李可染画院是全国唯一的私人出资、文化部管理的国家级画院。坦博兴善苑是收藏徽派建筑、历代文物、佛教文化、明清家具、古琴、字画等艺术精品的私人博物馆。董陶窑是集陶瓷设计、研发、生产、销售于一体的陶瓷制作技术研究中心。钧天坊是集古琴研发制作、艺术教育、展览演出、音视频制作、美学空间设计等有关古琴艺术于一体的文创产业基地。

三、功能复合

作为政府在公共文化投入各项举措中的主要载体和重途径之一，当今博物馆的发展已经进入全新的历史阶段，被赋予了更多的社会责任，其功能正在发生转变。收藏保存文物与历史实物资料是博物馆最为基础的功能。随着时间的推移，其社会功能得到提升，公共文化服务成为博物馆及其他文化场馆主要的社会功能。

大兴区众多的文化场馆在为社会提供文化服务的同时也提升了自身的功能，集典藏、参观、游览、科普、科研、开发、培训、传承、文创产业功能于一体，推出多种类型的陈列展览，举办各式的社会文化服务项目，设计制作文化创意衍生产品，发展文化创意产业。

科普基地是弘扬科学精神、普及科学知识、传播科学思想和科学方法的重要载体，是科普事业的重要组成部分。北京南海子麋鹿苑博物馆又名北京生物多样性保护研究中心，主要从事国家一级保护动物麋鹿的保护研究，开展生态环境保护与生物多样性保护教育工作，是全国科普教育基地、国家 3A 景区、北京市中小学生社会大课堂示范单位，集游览、科普、科研、教育功能于一体。李可染画院是从事东西方艺术研究与创作的学术型研究机构，其功能复合，包括科学研究、教育培训、普及美术、艺术创作、文化交流等。中国印刷博物馆是目前世界上规模最大的印刷专业博物馆，是反映人类印刷出版文化、展示我国典籍记载传承工艺的知识殿堂，功能覆盖展览、收藏、研究、教育等多个领域。钧天坊、弘文博雅艺术馆、北京董陶窑陶瓷制作技术研究所、东方宝笈艺术馆等文化产业示范基地也均承担了文化传承、产品研发制作、艺术教育、实习基地、文创产业孵化器等各项职能。

第二编　馆藏历史文化

第一章 北京南海子麋鹿苑博物馆

北京南海子麋鹿苑博物馆位于大兴区南苑，在旧宫镇以南，瀛海镇以北的三海子，占地近千亩，又名北京麋鹿生态实验中心、北京生物多样性保护研究中心，是隶属于北京市科学技术研究院的事业单位，也是世界上仅次于英国乌邦寺公园的世界第二大麋鹿苑，是我国第一座以散养方式为主的麋鹿自然保护区，主要从事国家一级保护动物——麋鹿的种群保护研究、麋鹿迁徙地湿地生态研究。

南海子麋鹿苑博物馆是北京市 14 个国家级科普教育基地之一，是以保护麋鹿为主的生物多样性研究场所和示范基地、湿地保护主题公园，同时

北京南海子麋鹿苑博物馆

也是对社会大众开展自然、历史、文化、生态旅游及环境教育活动的户外生态博物馆和科学公园，是国家3A级景区。

一、从自然原野到皇家苑囿

（一）永定河畔的湿地

麋鹿苑博物馆所处的南苑原是元明清三代皇帝出游狩猎之地，也称南海子。旧时南苑范围很大，北起南三环马家堡，南到南六环青云店，东至通州区马驹桥，西抵大兴区西红门镇，均属南苑，面积相当于北京老城区的3倍，是古代北京地区规模最大、历史最久、养着大量麋鹿及其他动物的皇家游猎场所。

元明清时期，北京水源丰富，湖泊众多，形成南北两大片湿地。北边以海淀为中心，北方人把大面积的水域称为“海”，“淀”即“湖泊”。清代著名的皇家园林“三山五园”和明清时期众多的私家园林如“清华园”“燕园”等都是利用海淀丰富的湖泊泉水而建，今天仍称“西苑”。南边以南海子为中心，以永定河水、小龙河、凤河、凉水河以及一亩泉、大泡子、双泡子、三海子等水源涵养，形成京南最大的湿地，河泉湖沼星罗棋布，水草丰美，景色秀丽。元明清三朝把这片土地圈禁起来，作为皇家苑囿和狩猎场所，称为“南苑”。

永定河古称㶟水，是海河流域中最大、最长的支流，北京地区最大的河流。它源于山西北部宁武县管涔山，流经京西京南，经河北廊坊、天津武清汇入海河，注入渤海，全长747公里，流域面积4.7万平方公里，其中山区面积4.5万多平方公里，占95%以上，平原面积仅占1953平方公里。永定河流经北京河段长159.5公里，流域面积3168平方公里。

永定河在隋代称为桑干河，因北方雨水集中，雨季时河水挟带大量腐殖土奔泻而下，水面呈黑灰色；唐代人称黑色为“卢”，所以唐五代及辽金时期称其为“卢沟”，“卢沟晓月”由此而来。因永定河河水浑浊，含沙量仅次于黄河，元明时期又称浑河、小黄河。由于泥沙淤积导致河床不断抬高，金元时期开始，在永定河两岸兴修堤防，成为“地上河”。因经常决口，河道迁徙无定，又称“无定河”。河流名称的变化是水文状况恶化

生活在湿地的麋鹿（麋鹿苑博物馆图）

的反映。

清朝康熙、雍正、乾隆时期，针对永定河多泥沙、易淤、易徙、易决的特点，在防洪治理上投入大量的人力、物力、财力。清康熙三十七年（1698），巡抚于成龙奉旨在永定河京西、京南平原地区疏浚河道，筑长堤以固河槽，赐名“永定河”。乾隆六年（1741），直隶河道总督高斌提出“上拦、中泄、下排”的全流域治理方针，大规模整治南苑的永定河、凉水河、小龙河、凤河，扩展河道，添建桥闸。

永定河从晋北高原穿太行山脉北端的崇山峻岭，出官厅山峡后进入华北平原，地势下降，河道坡度变缓，流速放慢，泥沙淤积，形成大片冲积扇，造就了肥沃的土地，留下了大量湖沼和丰富的地下水。这片丰泽膏腴的土地哺育了北京地区的文明。由于永定河河水涵养，加上历次洪水决堤改道，永定河下游两岸形成大片湖泊沼泽，形成大兴南苑一带广阔的湿地生态群落。

湿地被称为“地球之肾”，最富有生物的多样性。仅中国就有湿地植物2760余种，湿地动物1500多种；湿地淡水鱼有500种左右，占世界淡水鱼总数的80%以上，还有其他大量生物物种。因此，湿地是最具有开发价值的生态系统。可以说，永定河及两岸湿地是哺育北京的母亲河。

（二）南囿秋风——辽金元明清五朝皇家苑囿

1.“南囿”——华夏古苑囿的活化石

“五朝皇家猎场，明清帝都苑囿”，位于永定河冲积扇中部的南海子由于河湖广布、水草丰美、野生动植物众多，自辽金时期成为皇家猎苑，元明清三朝圈禁起来成为宫廷苑囿。南苑的历史从辽金起始，元代奠基，经明代扩大，清中鼎盛，最后在清末衰败。

南海子又称“南囿”，是华夏古苑囿的活化石。《诗经》注：“囿，所以域养禽兽也。”汉以后称“苑”。早在西周初期，我国已修建帝王苑囿。孟子说，“文王之囿，方七十里”，允许百姓自由进出砍柴打猎，“与民同之”。

春秋时期，各诸侯国都有苑囿。当时秦国有“具囿”，郑国有“原圃”。《崤之战》中，郑国使者对秦军将领说：“郑之有原圃，犹秦之有具囿也。吾子取其麋鹿，以闲敝邑，若何？”（《左传・僖公三十三年》）战国时，齐宣王的苑囿“方四十里”；他专门制定了一条刑律来保护苑囿中的麋鹿：“杀其麋鹿者，如杀人之罪。”（《孟子・梁惠王下》）可见当时麋鹿的珍稀性。

秦统一后，在渭南建上林苑，范围“东至函谷关，西至雍、陈仓”，辟建离宫，广畜禽兽，作为巡幸之所（《史记・滑稽列传・优旃》）。汉代上林苑继承秦上林苑，广长三百里，帝王春秋到苑中射猎行乐。东汉以降，苑囿游憩功能增强，逐渐形成行宫和后世的园林。

汉唐及后世统治者无不广筑苑囿。汉代诸侯国也建苑囿。梁孝王刘武建三百里梁园，规模同比上林苑。司马迁《史记》载：“孝王筑东苑，方三百馀里，广睢阳城七十里，大治宫室，为复道，自宫连属平台三十馀里。”司马相如还发出“梁园虽好，不是久恋之家”的感叹。

2. 辽代：皇家“春捺钵”行宫

辽会同元年（938），辽太宗耶律德光得到燕云十六州，升幽州为“南京”，称为析津府。河泉密布、水草丰美的京东南成为帝王狩猎胜地。《辽史》载，辽南京东南九十里有延芳淀，为帝王“弋猎”之地。延芳淀中心在今通州漷县镇附近，“方数百里”，西缘包括今采育、马驹桥、大羊坊、台湖等地，与后世南苑大体相接。

辽代南海子是皇家“春捺钵”之地。捺钵，意为“行营”“行在”“营盘”，是辽代富有民族特色的政治制度，指皇帝在游猎地区设行帐以处理政务。辽朝契丹族属游牧民族，“转徙随时，车马为家”，决定了皇帝四时巡守制度，“四时各有行在之所，谓之捺钵”，国家政事基本都在“捺钵”进行。“春捺钵”以春天捕鱼猎雁为主，并借渔猎大宴群臣和各国使节，召见各族首领，接纳贡品，商议国事。契丹贵族经常在南京近郊狩猎，“放鹘、擒鹅”，时称“春捺钵”，并“阅骑兵于南郊”，以训练兵马。

因此，辽朝虽以上京临潢府（今内蒙古巴林左旗林东镇）、中京大定府（今内蒙古宁城县大明城）为都，但政治重心不在首都，而在“捺钵”。因气候条件不同，四时各有捺钵之地，四时巡行的宫帐（牙帐）即春捺钵、夏捺钵、秋捺钵、冬捺钵。

3. 金代：皇家行宫和猎场

1153 年，金海陵王完颜亮为了实现“提兵百万西湖上，立马吴山第一峰”（《题临安山水》）的统一宏愿，将首都从上京黄龙府（即会宁府，今黑龙江哈尔滨阿城）迁至燕京，改名中都（今北京市西城区）。他常与臣下“猎于近郊”“猎于南郊”，还至通州“观造船”，准备南征。

金世宗时，在永定河上修建卢沟桥，成为南方各省进京的必由之路和燕京门户。金章宗时，卢沟桥竣工。金章宗承安三年（1198），在中都城南建行宫，名建春宫，以便皇帝举行“春水”礼时巡观渔猎。

金章宗常“猎于近郊”，还将近郊划分为若干“围场”，分拨诸王射猎。“明昌元年二月丙申，遣谕诸王，凡出猎毋越本境。”（《金史·本纪第九·章宗》）还设置鹰坊，“掌调养鹰鹘（海东青）之类”，训练猛禽供帝王渔猎时使用。金中都南郊皇家猎场位置大约在中都东南、永定河两岸，即今南苑附近的广大地区。至此，南苑作为皇家苑囿之雏形基本形成。

4. 元代：皇家猎场“下马飞放泊”

元朝也是北方游牧民族建立的政权，元大都正式成为南北统一的多民族王朝的政治与文化中心，南郊园囿的建置进一步提升。

元世祖中统四年（1263）定都北京，为了满足蒙古贵族游牧生活需要，在城南二十里修建了一个广四十顷的猎场。因这一地区地势低洼，常年积水，距京城不远，故名“下马飞放泊”，辟为皇家苑囿。《大元混一方舆胜览》载：“下马飞放泊在大兴县正南，广四十顷。”清乾隆时期，于敏中、英廉等奉旨增补康熙年间朱彝尊所著《日下旧闻》为《日下旧闻考》（“日下”原指长安，引申为京都）称：“下马飞放泊，即今南苑之地。曰下马者，盖言其近也。”

皇家行围狩猎包括水猎和旱猎。水猎即元代的“飞放”——帝王到城郊临近水泊处，纵放名雕“海东青”，擒杀天鹅、大雁、野鸭等水禽。《元史·兵志》载：“元制，冬春之际，天子亲幸近郊，纵鹰隼搏击，以为游豫之度，谓之飞放。”元武宗还颁布禁令，谓“围猎飞放，毋得搔扰百姓，招诱流移人户”。当时还设专门的“打捕鹰房人户”，以便随时随同出猎。

当时，“下马飞放泊”里筑有“晾鹰台”，在柳林海子建有行宫“幄殿”。《帝京景物略》载：“曰幄殿者，猎而幄焉。殿旁晾鹰台，鹰扑逐以汗，而劳之，犯霜雨露以濡，而煦之也。台临三海子，水泱泱，雨而潦，则旁四淫，筑七十二桥以渡，元旧也。”经元代数十年营建，南苑下马飞放泊已成为元代最大的皇家苑囿和猎场。

晾鹰台遗址今在大兴区北普陀影视城北侧路西，又叫练兵台，“因农隙而校田猎”，兼具军事演习功能。

5. 明代：“燕京十景”之一“南囿秋风”

明初，徐达率军攻占大都，捣毁元都，下马飞放泊也被废弃。“靖难之役”后，镇守北平的燕王朱棣称帝，史称明成祖。朱棣长期镇守北疆，登基不久将都城北迁，南海子皇家猎场迎来新生。

永乐十二年（1414）扩大元代南郊“下马飞放泊”为皇家行宫。“南海子即南苑，在永定门外。元时为飞放泊，明永乐时复增广其地，周垣百二十里。”（《日下旧闻考》），并设专门机构“上林苑”进行管理，下设良牧、蕃育、林衡、嘉蔬、典察等十署。

明代南苑规模很大。《大明一统志》称：“南海子在京城南二十里，旧为下马飞放泊，内有按鹰台。永乐十二年，增广其地，周围凡一万八千六百六十丈。中有海子三，以禁城北有海子，故名南海子。”较之元代下马飞放泊，南苑从原来的 40 顷增至 230 多顷，面积扩至近 6 倍，周围修筑 120 里的围墙，高 3 米，辟有四门，禁止百姓进入，形成皇家禁苑。

明成祖还下令迁徙山西、山东等地人口隶属于上林苑，世代相承，成为南苑“衣食年年守环堵”的“海户”。明代刘侗、于弈正《帝京景物略》载，“城南二十里有囿，曰南海子，方一百六十里”，本为元代旧遗，“我朝垣焉，四达为门，庶类蕃殖，鹿獐雉兔，禁民无取，设海户千人守视。永乐中，岁猎以时，讲武也”。狩猎、讲武是明代帝王在南苑的两大重要活动。明人彭时曰：“籍海户千余守视，每猎，则海户合围，纵骑士驰射其中，亦所以训武也。”

明宣宗、明英宗两朝重视南苑建设，南苑设施渐趋完备。天顺二年（1458）秋，英宗“校猎南海子”，侍从大臣李贤《南囿秋风》诗写道：“南郊八月天气清，囿中万木皆秋声。灵台灵沼足萧爽，似游阆苑登蓬瀛。”又称：“麋鹿呦呦雉兔肥，鸥鹭浮沉鸿雁飞。兰菊总芳时可乐，稻粱正熟农无饥。”

明初到明中期一百多年间，明代诸帝在南海子内大兴土木，设置衙署，先后修筑了旧衙门提督官署、新衙门提督官署，设总提督一人、提督四人，以内珰（宦官）担任。苑内分四部，各设一名提督；又按二十四节气修建二十四园，还建有关帝庙、灵通庙、镇国观音寺等。

当时，南海子里春季绿草如茵，鹿鸣呦呦，鸢飞虎啸；秋季碧树环湖、麋鹿成行、雁飞兔肥、菊黄稻熟，风景如画。明英宗在金代“燕京八景”上增“南囿秋风”与“东郊时雨”，形成明代“北京十景”。

明武宗正德朝内阁首辅李东阳《南囿秋风》有“秋随万马嘶空至，晓送千旂拂地来。落雁远惊云外浦，飞鹰欲下水边台”的诗句，描绘了“南囿秋风”的美景。

明穆宗隆庆皇帝（1567~1572 在位）后，南海子渐趋衰败；明神宗万历皇帝终年深居宫禁，数十年不朝群臣，形成“万历怠政”，南海子日现荒芜。时人谓：“内官监守但坐看，四垣崩圮禽物散。树木斫卖雉兔空，白日劫盗藏其中。”从嘉靖直至崇祯，百余年已“绝无田猎事”。

6. 清代：京城最大的皇家苑囿和校阅场

清代定鼎北京后，南海子规模和功能进一步扩大，在重修明朝南海子围墙的基础上，又新辟五门，连同明代的四座海子门，合称九门。“南苑缭垣为门凡九，正南曰南红门，东南曰回城门，西南曰黄村门，正北曰大红门，稍东曰小红门，正东曰东红门，东北曰双桥门，正西曰西红门，西北曰镇国寺门。”每座门皆有门楼，下各有门洞三，门内各派驻兵士十名把守。

乾隆年间将原有土墙改建成砖墙，墙用五尺厚三合土做根基，垒四十八层砖，灰色砖墙基宽五尺，顶宽二尺，全长一百二十余里，共有墙垛一万九千零八十五个，其形状与天坛围墙类似；并增设角门十三座。原明朝两处提督衙门改为旧宫、新宫，建新宫和团河行宫，南苑共有行宫四座，寺庙有八座，即宁佑庙、真武庙、三关庙、娘娘庙、镇国寺、永穆寺、德寿寺、清真寺。康熙二十三年（1684），特设奉宸苑管理南苑等处事务，设郎中一人，员外郎二人，主事、苑丞等二十七人，“掌征收南苑之地赋”及管理行宫、寺庙等事；设防御、骁骑校及门军、马甲等，掌南苑之门禁。

经顺治、康熙、乾隆等数朝经营，南苑形成“九门三水四行宫”格局，景致多至二十四处，南海子成为京城最大的皇家园林。清代南苑范围约北起大红门，南至南大红门，西起西红门，东至马驹桥西，西北至镇国寺，东北至小红门，西南至海子角，东南至大回城，方圆二百一十平方公里，面积三倍于京城。

每年春二三月间，清帝与王公大臣等常到南苑围猎，场面壮观；旱猎在清代最频繁，有严格的行围规制。雍正帝时期，国力趋于鼎盛。雍正帝在海子中心建宁佑庙，祭祀土地神，内有殿二重，山门三楹，大殿三楹，后殿五楹，雍正御笔题额“熏风布泽”。每逢二月初二，雍正帝率亲王贝勒、文武大臣驾临南海子祭祀土神。乾隆三十六年（1771）对南海子宁佑庙进行大规模修葺，乾隆帝御笔题额“福疆葶育”，山门立一座穹碑，阳面刻乾隆帝《海子行》诗，阴面刻乾隆帝《宁佑寺瞻礼》诗，至今尚存。

乾隆皇帝所立南海子宁佑庙碑

清代沿袭明代做法，在南苑设“海户”，《日下旧闻考》载：“南海子即南苑，在永定门外。元时为飞放泊，明永乐时复增广其地，周垣百二十里。我朝因之，设海户一千六百，人各给地二十四亩。春蒐冬狩，以时讲武，恭遇大阅，则肃陈兵旅于此。”

乾隆帝《海子行》诗云：“沿其成例海户守，刍荛往焉雉兔否？”“蒲苇戟戟水漠漠，凫雁光辉鱼蟹乐。”当时，南苑芦苇摇曳，垂柳成荫，水鸟成群，也成为獐子、野兔、麋鹿栖息的理想环境，并圈养老虎作为狩猎之用。乾隆帝诗中说：“少时习猎岁岁来，猎余亦复摅吟裁。”可见，南苑狩猎是乾隆帝“岁岁来”的大典。

当时京郊七厩中，有六厩在南苑。《大清会典》载：“每厩附巡群马三十匹，牝马十群，每群二百匹。苑中鹿麋黄羊，孳育蕃息。”

清廷继承辽金南苑演武练兵功能，每三年举行“南苑大阅”，筑晾鹰台作为检阅台，皇帝多次亲临校阅八旗军队，平时严禁平民进入。乾隆后期，随着西苑（包括三山五园）的兴建，南苑逐渐荒疏。同治年间，于此设神机营。

1900年，八国联军入侵北京，闯入南苑，焚毁建筑、射杀动物。1901年后，南苑荒废，清廷无力维持，由皇家发行“龙票”，拍卖苑内荒地，南苑出现村落庄园，并成为京南屯兵重地，神机营营房改建为南苑机场。

今南苑分属丰台（以南苑乡为核心）、大兴（以南海子为核心）两区，仅存残南海子部分水洼和团河行宫、晾鹰台、德寿寺等遗址和“大红门”“小红门”“西红门”“旧宫”“鹿圈”等地名，作为明清两代南苑的历史遗迹。

二、麋鹿苑和南海子——辽金元明清五朝京南历史缩影

（一）游牧文化与中原农耕文化的交汇点

在北京三千多年建城史、八百余年建都史上，南海子是京南历史文化的缩影，永定河水及其故道所形成的莲花池水系、高梁河水系一直是从西周蓟城时期到元明清北京城的主要水源。

西周初年，武王伐纣胜利，封黄帝后裔于蓟，封召公于燕（《史记·周本纪》）。蓟是历史上北京城最早的名称，蓟城中心位于今广安门一带，城西大湖（今莲花池前身）即由蓟城西北永定河地下水涌出汇流而成。

在莲花池水系的哺育下，从先秦蓟城到汉唐幽州作为华北地区的军事重镇和行政中心，到辽南京、金中都作为北方政权的区域性首都，北京城

都是在同一城址上发展壮大。

唐朝以前，中国政治文化中心在西安、洛阳，形成秦晋文化、河洛文化。辽金元明清相继建都北京，中国的政治文化中心随之东移、北上。

辽王朝统一了北方各族，辽太祖创造性地设置了两套行政机构——北面官“以国制治契丹”，南面官“以汉制待汉人”，游牧民族和农耕民族分而治之。一个国家两种管理制度的设计充分体现出耶律阿保机作为草原一代雄主的大智慧，博采众民族文化之长的开放的政治胸襟，创造出多源合流的辽文化。

金代政治中心经历了从东北（黄龙府）到华北（燕京）再到中原（开封）的变迁。完颜亮正式迁都燕京，力图实现统一南方的勃勃雄心。

元明清至民国，北京由区域性政治中心正式成为统一的多民族国家首都，城址北迁到高梁河水系，也是永定河故道之一，并接纳西北山区水源为北京供水。

永定河流经长城内外，经黄土高原入华北平原，横跨两大地理单元、畜牧与农耕两类经济区，是南北民族交往的通道，各种文化交汇融合的走廊，是我国北方各民族汇集融合之地。南苑作为皇家苑囿见证了北京从军事重镇逐步迈向统一多民族国家都城的历史进程。

（二）“以猎备武”：帝王狩猎与国家武备合二为一

帝王狩猎在中国传统文化中具有强烈的象征意义，历代皇家园囿是都城重要的礼制设施。辽金元明清五朝帝王相继在南苑广建苑囿，盛行围猎，正是这一政治制度的体现。

早在周代，《礼记》对田猎礼仪规定，称“天子、诸侯无事，则岁三田”“无事而不田，曰不敬；田不以礼，曰暴天物”。“田”即“田猎”，“岁三田”即每年春、秋、冬三季定期猎狩。周天子举行大规模“田猎礼”，在于宣扬国家的文治武功。古代帝王根据季节不同，分别进行“春蒐、夏苗、秋狝、冬狩”。

据《上林赋》《长杨赋》《校猎赋》等作品描述，汉代已形成完整的帝王“大狩礼”，包括准备、出行、围猎、检阅、杀获、宴饮、游玩等多个步骤，“以猎备武”。春蒐“教振旅”，“以旗致民，平列阵，如战之阵”；秋狝“教治兵，如振旅之阵”；冬狩“大阅”规模尤大。

辽金时期南苑就具备演武练兵功能。宋元学者马端临《文献通考》说："兵者，凶事，不可空设，因蒐狩而习之。"

明军攻占元大都后，元顺帝"让城北走"，返回蒙古草原，号称"北元"，仍有强大军事实力。明初定都南京，北部国防成为重大现实问题：不设重兵则黄河以北难以把握，若驻重兵则可能重演藩镇割据的局面。

朱棣凭武力夺取帝位，将北京恢复为国家首都，以政治中心迁就军事中心，形成明代"天子守国门"的格局。南苑的创建是明成祖迁都"振武"的象征之一。《明太宗实录》载："古人春蒐、夏苗、秋狝、冬狩，皆顺时为民去害，且讲武事。"明末清初诗人吴伟业在《海户曲》中回忆道，"雄图开国马蹄劳，将相风云剑槊高"，感慨"俊鹘重经此地飞，墨河讲武当年盛"。朱棣虽然创建了南苑，但一生南征北伐，五次深入漠北进攻北元，无暇在南苑射猎讲武。

明宣宗后，帝王开始在南苑狩猎"讲武"。现藏于北京故宫的《朱瞻基行乐图》描绘了宣德皇帝纵马山丘，驰骋围猎的情景，是宫廷画家对宣宗在南苑"岁猎"场景的再现。宣德朝内阁大学士杨荣作《随驾幸南海子》诗，称"圣主经营基业远，千秋万岁颂升平"。

明英宗受"土木堡事件"刺激，天顺年间频繁驾幸南海子，振兴武备，尤以天顺二年（1458）南苑出猎最隆重，随侍文臣皆赋诗纪胜。清代《皇朝文献通考》称"永乐、天顺间常蒐猎于此"。

明代中后期，南苑衰败，建苑"振武"之初衷荡然无存。万历年间，内阁首辅、著名政治家张居正路经南苑，赋诗感慨："空山想见朱旂绕，阙道虚疑玉辇通。此日从臣俱寂寞，上林谁复叹才雄。"

入清后，清初诸帝励精图治，南苑再度复兴。清圣祖康熙帝多次在此"大阅"八旗，恢复南苑"训武"之制，每三年举行的"南苑大阅"是皇家典制最高、规模最大的阅兵式。

作为京南门户，南苑也是清帝接见各地少数民族领袖和各国使节的重要场所。1652 年，顺治帝于南苑德寿寺接见第一位进京觐见的西藏格鲁派领袖五世达赖喇嘛。1789 年，乾隆帝在南苑德寿寺接见六世班禅额尔德尼。南苑作为清廷内抚外交的重要场所，把波谲云诡的政治活动不动声色地化解于烟波浩渺的湖光草色中，把霸悍凌厉的武力炫耀体现在娱乐化的

南海子麋鹿苑中生活的麋鹿

狩猎活动中，对民族团结、政权巩固均起到特殊作用。

道光时期还有“南苑围猎、藏拙示仁”的故事。据说，道光皇帝 64 岁时，曾命诸皇子随驾南苑围猎，检验诸皇子弓马骑射，意在考察 14 岁的皇四子奕詝和 12 岁的皇六子奕䜣。四皇子自知骑射不如六皇子，事前由他的老师杜受田出谋划策，临场不发一枪一箭，说：正值春天鸟兽万物孕育之时，不忍伤害。道光赞叹：这真是帝王仁者之心。道光二十六年（1846）奕詝被立为储君。

（三）古都北京向近代文明转型

1. 晚清军事变革的先声——南苑神机营的编成训练

晚清时，南苑开始成为军营。同治元年（1862），清廷在南苑建立和训练了一支试图重振八旗军战斗力的武装——神机营，任命议政王奕䜣为“掌印管理大臣”，官兵由八旗骁骑营、前锋营、护军营、步军营、火器营、健锐营等营中挑选而来，是旗营中最精锐的军队。

神机营营署最初设在北京城内的煤渣胡同。同治十二年（1873），考虑到南苑地势开阔，便于操练洋枪洋炮；地理位置优越，便于策应京津，在南苑旧衙门行宫设神机营野外训练基地，建营盘 22 座，分为左翼、右翼、中营，官兵 14000 人；光绪年间，神机营编练有马队、步队共 25 营。

光绪二十四年（1898），清廷把装备了最先进的后膛枪的精锐八旗兵 5000 人常驻南苑旧衙门行宫，雇佣英、法、德等国教官训练。40 年苦心经营，神机营并未起到挽狂澜于既倒的作用，因为只注重枪炮等器物层面的变革和战术等低层次的训练，对政治军事体制毫无触动，因此，尽管装备了洋枪洋炮，官兵受过西式训练，在旧体制下却腐败依然。八国联军之役中，神机营逃散，南海子行宫也被抢劫捣毁，最珍贵的麋鹿再次被掠走杀戮。

此后，南苑作为兵营延续到民国时期。1904 年，袁世凯将北洋陆军第六镇派驻南苑，建立 7 座大营。1910 年，清政府利用南苑驻军操场修建了北京最早的机场——南苑机场，开办了中国最早的航空学校。

2. 南苑：近代中华民族从罹难到崛起的历史见证者

南海子不仅见证了辽金元明清历代政治的兴衰浮沉，也见证了近代中国波澜壮阔的历史。八国联军之役中，联军炮轰南苑，并追杀到南苑神机营营盘，烧毁了旧衙门行宫（旧宫）和宁佑庙。日军、俄军士兵还闯入团河行宫，抢走了德寿寺大鼎，抢走并毁坏大量珠宝玉器、古画、古籍、法帖等珍贵文物。

20 世纪 30 年代，冯玉祥的西北军二十九军驻扎南苑，至 1937 年发展到 4 个师十多万人，辖京津两市和河北、察哈尔两省。1937 年 7 月 7 日，日军炮击卢沟桥，二十九军奋起反击。27 日，二十九军退守南苑。28 日凌晨，日军炮轰南苑，团河行宫再次严重受损，南苑沦陷。二十九军副军长佟麟阁、三十七师师长赵登禹两将军在南苑大红门遭日军伏击牺牲。29 日，北平沦陷。卢沟事变和南苑保卫战是中国军队大规模抵抗日军侵略的开始，标志着全面抗战爆发。

1946 年，国民政府编制《北平都市计划大纲》，将北京城市中轴线南延至南苑机场。1948 年 12 月，当时属于河北省大兴县第六区的南海子地区获得解放。1949 年 1 月，华北人民政府把南海子地区划归北平市管辖，不久成立南苑区人民政府，管辖原南海子 29 个行政村、216 个自然村。

1949 年，中国人民解放军第一个飞行中队在南苑机场成立，并成功执行了开国大典的飞行任务。后来在原南苑航空学校的基础上，建立中国运载火箭技术研究院，成为中国航空航天事业的摇篮。2019 年，北京大兴国际机场开通，南苑成为首都北京新的南大门。

三、失而复得的珍贵物种，重生的京南湿地园林

（一）麋鹿：失而复得的珍贵物种

1.“四不像”麋鹿：中国特有的湿地珍贵物种

麋鹿俗称“四不像”，由于它“角似鹿非鹿，面似马非马，蹄似牛非

牛，尾似驴非驴”而得名，是生活于湿地环境的一种大型鹿科动物，属哺乳纲、偶蹄目、鹿科、麋鹿属、麋鹿种动物，是中国特有的珍稀物种。

麋鹿起源于距今两百多万年的早更新世晚期，几乎与人类同步，曾广泛分布于北至辽宁省康平、南临浙江省余姚、西至山西省襄汾、东达东部沿海和岛屿的广大区域。据科研人员考证，我国曾经有过四种麋鹿。在中国早更新世泥河湾地层中发现的双岔麋鹿被认为是我国麋鹿的祖先类型。

从旧石器时代起，麋鹿就与中华民族祖先有密切关系。在原始人遗址中常可发现大量的麋鹿骨骸化石，安阳殷墟遗址曾经出土过很多麋鹿骨角，江浙一带还出土过不少用麋鹿角制作的工具。这说明在我国古代，麋鹿早已成为先民的狩猎对象。

麋鹿性情温驯，善于奔走，缺乏抗御敌害的能力。由于先民大量捕杀及人类早期开发破坏了生存环境，野生麋鹿种群大量减少。据甲骨文记载，殷商时期人们一次猎获麋鹿的最高纪录达 348 头。《墨子·公输》载：“荆之地，方五千里……云梦，犀兕麋鹿满之。”可见，到战国初期，野生麋鹿数量在拥有云梦泽等辽阔湿地的楚国还有不少。秦汉后，我国野生麋鹿种群逐渐在原野上绝迹，以帝王、诸侯和达官贵人家的苑囿里饲养为主。

麋鹿平均寿命为 20~25 年。成年麋鹿体长 2 米余，肩高 1 米余，毛色浅褐，背部较浓，腹部较浅。雄麋鹿有双角，鹿角多分二叉。麋鹿区别于其他鹿科动物的显著特征是角枝向后分叉，能倒置于地面而不倒。同一麋

南海子麋鹿苑中的成年雄鹿

鹿的角枝左右对称，但不完全相同。鹿角每年生长、脱落一次。幼年雄鹿出生后10~13个月开始，在角基处发茸芽，3个月后角茸开始骨化。每年12月至翌年1月，鹿角脱落。雌鹿无角，体重可达150公斤，两岁后进入生育期，每年一胎，每胎一仔。麋鹿尾巴比其他鹿种都长，尾端生有丛毛，又称“大尾鹿”。麋鹿蹄宽大分开，趾间有皮腱膜，侧蹄发达，可以在沼泽地中奔走如飞；颈背粗壮，脸较长，便于取食沼泽中的水草。这些形态学特征均是麋鹿适应环境、适者生存的演变结果。

与其他鹿科动物不同，麋鹿喜欢栖息于平原沼泽。明李时珍《本草纲目》载：“鹿喜山而属阳，故夏至解角；麋喜泽而属阴，故冬至解角。”明清时期南海子“鹿圈”中饲养的麋鹿种群属于“世界最后一批麋鹿群”。

2. 麋鹿：中国传统文化中的瑞兽

麋鹿在中国传统文化中源远流长。东汉许慎《说文解字》载：“麋，鹿属。从鹿，米声。麋冬至解其角。”珍贵稀少而体形优雅的麋鹿在中国传统文化中一直是吉祥瑞兽。周武王伐纣时，姜子牙的坐骑即是麋鹿（“四不像”）。

春秋战国以来，由于野生麋鹿渐趋灭绝，麋鹿多半圈养在帝王诸侯的苑囿中。后世常把麋鹿和大禹铸造的九鼎并列，“鹿”“鼎”成为国家政权的象征，有“指鹿为马”“逐鹿中原”“鹿死谁手”等成语，与“问鼎中原”等典故齐名。

中国古代文学中处处可见对麋鹿的吟咏。《诗经・小雅》有“呦呦鹿鸣，食野之苹。我有嘉宾，鼓瑟吹笙”之句。屈原《九歌・湘夫人》中有“麋何食兮庭中，蛟何为兮水裔”。《庄子・盗跖》说：“与麋鹿共处，耕而食，织而衣，无有相害之心。”北宋柳永《双声子・晚天萧索》词云：“夫差旧国，香径没，徒有荒丘。繁华处，悄无睹，唯闻麋鹿呦呦。”苏轼《前赤壁赋》有“况吾与子渔樵于江渚之上，侣鱼虾而友麋鹿，驾一叶之扁舟，举匏樽以相属；寄蜉蝣于天地，渺沧海之一粟”的经典名段。

在中国民间文化中，麋鹿也是著名吉祥之物。鹿通“禄”，象征功名利禄，故麋鹿还作为升官发财之吉兆成为中国绘画、雕刻、民居建筑和日用器皿中的常见题材。鹿血、鹿茸常作为滋补元气的壮阳之物，又被视为生命力旺盛之象征，深受各阶层人士的推崇。

麋鹿一身是宝，麋脂、麋肉、麋茸、麋角、麋皮、麋骨都是极珍贵的药材。明代李时珍在《本草纲目》中详细记叙了麋鹿身体各部位的药用价值，有“柔皮肤”“补虚劳”“添精益髓”“发白更黑”“貌老还少”等功效。

3. 乾隆皇帝御制《麋角解说》

麋鹿苑博物馆保存着乾隆皇帝在 1767 年冬天所写并敕令刻在麋鹿角上的《麋角解说》一文，是麋鹿苑历史的见证和镇馆之宝，也是这位封建帝王对麋鹿的生理特征和生态习性的一次探索。

乾隆三十一年（1767）冬，乾隆帝从塞外巡狩回京，时值冬至次日。乾隆帝在宫中阅读《礼记·月令》，读到“孟冬，麋角解”一句，不觉纳罕。他自己多次狩猎，熟悉麋鹿习性：他认为麋鹿是夏天换角的，没有见过冬天换角，怀疑文中“麋”是不是“麈”（鹿类动物，其尾可做拂尘）。为了验证，他派侍卫去南苑查探。侍卫去南苑拿回 15 只麋鹿角，禀报说：“南苑的麋正在掉角，有的一对角全掉了，有的只脱落了一只角。”

乾隆不禁感慨造化无穷、人类认知能力有限，写了《麋角解说》一篇，留下一句寓意深刻的话：“天下之理不易穷，而物不易格者，有如是乎！”

清代学者段玉裁在《〈说文解字〉注》中说：“乾隆三十一年，纯皇帝目验御园麈角于冬至皆解，而麋鹿角不解，敕改《时宪书》‘麋角解’之麋为麈。臣因知今所谓麈，正古所谓麋也。”

（二）麋鹿的“科学发现”、本土灭绝和“麋鹿还家”

1. 法国传教士阿芒·戴维与麋鹿的“科学发现”

清同治四年（1865），法国传教士阿芒·戴维来北京。他在南苑看到一种不同于欧洲驯鹿的新品种。出于好奇和研究的兴趣，他通过用羊皮帽子、手套和部分银子买通守卫南苑的军士，弄到一些麋鹿皮、角和两架麋鹿头骨，于 1866 年 1 月运到法国巴黎自然历史博物馆，引起动物学家们的极大兴趣。

经鉴定，科学家确认：这是世界上从未发现过的一个“新”鹿种，在科学史上“发现”了麋鹿。按照动物学界惯例，以“发现者”的名字将“新鹿种”命名为“戴维鹿”。这一消息轰动了世界。后来经过两次努力，阿芒·戴维终于将一对活体麋鹿带到巴黎。

从 1866~1876 年，英、法、德、比等国驻清使节和教会人士通过明索暗购等手段，从北京南苑里先后弄走几十头麋鹿，运回各自国家展览。清

麋鹿苑“科学发现”纪念碑

光绪二年（1876）二月初四日，总理各国事务衙门奏：“德国使臣巴兰德面称‘中国有一兽，名四不象，为本国及各国所无，请给一对，送至本国’等语。查四不象一物，为南苑中所有，隶奉宸苑管理。如蒙俞允，应知照奉宸苑办理。从之。”

清光绪十三年（1887），日本外务大臣、海军中将榎本武阳会晤清政府驻日公使徐承祖，提出“日本向无此兽，本国君主极为歆慕，欲得之以扩眼界，恳请见赐一对”。清朝便知照内务府奉宸苑负责办理赠送日本麋鹿事宜。

1890 年，永定河决口，京南成一片泽国，南苑围墙多被洪水冲塌，从苑内逃出的麋鹿、黄羊等或被洪水淹没，或被饥饿的灾民猎杀捕食，南苑内仅存二三十头麋鹿。1900 年，八国联军入侵北京，扫荡京郊，南海子里的麋鹿与其他珍稀动物遭到野蛮屠杀，南苑也毁于战乱。在这场浩劫中，珍稀的麋鹿从此在中华大地上基本绝迹。

2. 贝德福特公爵和英国乌邦寺庄园

当最后一头野生麋鹿在中国故土绝迹时，被运往欧洲一些国家动物园内的南海子麋鹿由于生态环境变化，种群个体过少，无法顺利繁殖，也濒临灭绝。

英国的赫伯瑞德——第十一世贝德福特公爵意识到，想拯救麋鹿，须将这些分散在欧洲各地的麋鹿合群。于是，他说服各地有麋鹿的动物园，将所剩麋鹿都卖给他。他终于把散居在巴黎、柏林、科隆、安特卫普等地动物园内的 14 头麋鹿——包括 7 头母鹿（其中两头不孕）、5 头公鹿（其中 1 头为鹿王）、2 头幼鹿全部买下，运回英国，放养在他家族景色秀丽、水草丰茂的乌邦寺庄园内。

乌邦寺庄园在伦敦以北 45 英里，占地面积约 3000 英亩，是英王爱德华六世在 1547 年封给大臣约翰·罗素——即后来的贝德福特公爵——作为采邑的。乌邦寺的地理环境与北京南苑类似，气候分明，自然环境适宜。经过几年调养，这些麋鹿开始繁衍。

1913 年，乌邦寺庄园的麋鹿增至 75 头。第一次世界大战爆发时，英国食物短缺，饥荒导致麋鹿数量直线下降。1918 年，麋鹿种群又恢复到近 90 头。第二次世界大战期间，麋鹿再次面临食物匮乏和德军轰炸的危险。继承爵位的第十二世贝德福特公爵决定把庄园里的麋鹿向国内外疏散。1948 年，乌邦寺庄园里的麋鹿有 255 头。

20 世纪 70 年代，麋鹿种群已散布到世界各地。1982 年，世界各国动物园中的麋鹿总计约 1100 头，仅英国乌邦寺公园的麋鹿已繁殖到 500 多头。所有这些麋鹿都是原来生活在乌邦寺庄园那 14 头麋鹿的后代，在中国本土绝灭的麋鹿在异域得以绝处逢生。

1956 年春，英国伦敦动物学会赠送给北京动物园两对年轻麋鹿，麋鹿首次返回中国故里。由于饲养环境不适，未能顺利繁殖后代。1973 年底，英国又赠送我国两对年轻麋鹿。到 1984 年春，中国共有麋鹿 12 头，其中北京动物园 9 头。由于当时环境条件限制，要发展和复壮我国的麋鹿种群还存在许多实际困难。

3.“麋鹿还家”：回归南海子“故居”

自 1979 年以来，我国著名动物学家谭邦杰在《光明日报》《大自然》等报刊上接连发表文章，大力呼吁把流落国外的麋鹿引回中国，恢复我国的麋鹿种群。他的倡议得到英国乌邦寺庄园的主人、第十四世贝德福特公爵（当时还是塔维斯托克侯爵）以及卡洛特先生、英国牛津大学动物专家波依德博士的热烈响应。

1984 年 11 月，塔维斯托克侯爵决定将 22 头麋鹿无偿赠送给我国。塔维斯托克侯爵在信中说：“对我和我们家族来说，能与中国合作，将麋鹿重返故园，的确是一件极为令人振奋的事情。”

1985 年，麋鹿回归中国前，国内外动物保护专家和生态学家做了许多可行性论证，为麋鹿回归做了大量准备工作，其中一项是选址——既要适合麋鹿生存繁衍的要求，又要便于项目管理和推广。科学家在麋鹿的历史分布区域——辽宁、山东、江苏、上海等地考察，最后确定放在北京南海子，原因是北京南海子是麋鹿的科学发现地、人工饲养产地、最后灭绝地、野生麋鹿的历史分布地，又处在首都，与高校和研究院所联系方便，专家云集，科研力量雄厚，便于得到国内外机构和专业人士的指导，能为麋鹿保护及育种提供科学保障等，具备引进麋鹿的有利条件。

最后，专家们一致认为，无论从文化历史意义还是从自然生态环境考虑，北京南郊明清皇家苑囿南海子旧址是麋鹿重新引回中国的理想地点。

（三）麋鹿苑：重生的京南湿地园林

经过百年沧桑，南海子皇家苑囿已难寻旧貌。南海子里原有五处较大的“海子”，大部分“海子”已改成养鱼池，只有三海子中部900余亩湖沼还保留原来的自然地理景观，是麋鹿繁衍和栖息的理想环境。尤其当年南郊农场的领导对保护自然资源有一定的认识，同意将包括南海子在内的近千亩土地无偿给该项目使用。

1985年5月，开始兴建南海子麋鹿苑，治理水域，修建鹿舍，开辟300多亩牧草种植场，为麋鹿的生息繁衍提供了良好条件，苑内还建立了麋鹿生态实验中心。

8月24日，22头麋鹿（其中2头转送上海动物园）从英国乌邦寺安全运抵中国，当晚转运到南海子麋鹿苑。在隔离检疫期间，这20头麋鹿很快就适应了北京“老家”的气候和生活环境。它们被放养在草场后，自由觅食，食量增加，膘肥体壮，长势良好，并换上冬毛。

1987年3月下旬，回归祖国的第一批麋鹿开始分娩，有10头小麋鹿平安降生。

1987年9月8日，塔维斯托克侯爵又赠送给南海子麋鹿苑18头雌麋鹿。

南海子的苇草沼泽为麋鹿的栖息繁衍创造了良好的环境。短时间内，南海子麋鹿苑中的麋鹿已从20头繁育至100余头。1993年，麋鹿已达200余头。1997年，苑内建成野生动物散养区、展示区，野餐区、野营区，还饲养了白唇鹿、马鹿、梅花鹿、狍子等其他鹿科动物和普氏野马等，另有灰椋鸟、大斑啄木鸟等大量鸟类来此栖息。南海子麋鹿苑成为仅次于乌邦寺公园的世界第二大麋鹿苑，开始恢复皇家苑囿的原来风貌，湿地生态系统也逐渐得到恢复。

将麋鹿准确引入它们百年前栖息的旧居，成为麋鹿史上的一段佳话。

南海子麋鹿苑中麋鹿生活的湿地环境

百年沧桑，麋鹿从灭绝到回归和复兴的传奇经历浓缩了中国从积贫积弱到民族复兴，从站起来到富起来、强起来的时代历程。

“麋鹿还家”是拯救濒危物种的一个创举。对此，国际上评论说：“将一个物种如此准确地引回它们原来的栖息地（北京南海子），这在世界上的重新引进项目中堪称独一无二。”

四、科研和育种的发动机

（一）南海子麋鹿苑麋鹿种群：麋鹿保护、繁殖和回归自然的发动机

如何让麋鹿群在自然状态下繁殖壮大，是一个重大科研项目。北京麋鹿生态实验中心通过湿地生态系统恢复，麋鹿生物学研究与技术集成、迁徙地种群保护三项举措，开展麋鹿保护工作，先后闯过“繁育保种、饲养管理、疾病防控”三道难关，使麋鹿保护种群不断复壮，并回归自然状态。麋鹿保护因此被誉为“世界野生动物保护的中国样板”。

麋鹿“回归”30多年来，北京麋鹿生态实验中心分别向湖北石首、浙江慈溪、河北滦河上游、江西鄱阳湖等湿地保护区先后输送497头麋鹿，建立了37个迁地保护种群。如今，各迁地保护种群数量已达到1800头左右，占全国总麋鹿保护场所的72%。

其中，江苏盐城市大丰麋鹿自然保护区也曾是野生麋鹿的故乡之一。1997 年 12 月，国务院批准江苏大丰为国家级自然保护区。

1993 年和 1994 年，北京南海子麋鹿苑将两批 64 头麋鹿投放到石首天鹅洲自然保护区，使麋鹿重返大自然进行“野化”，逐步恢复我国麋鹿的自然种群。1998 年，国务院批准石首市天鹅洲为国家级自然保护区。2006 年，国家林业局授予石首麋鹿自然保护区“中国麋鹿之乡”称号。

（二）科技引领、集团作战——麋鹿保护事业的新台阶

北京南海子麋鹿苑种群复壮后，先后向各地麋鹿保护区、麋鹿繁育基地、野生动物园等 30 多家单位输出麋鹿 387 只。近年来，南海子麋鹿苑生态实验中心的科研人员致力研究的麋鹿人工授精也已取得成功，为麋鹿的遗传学研究和种群繁衍提供了新平台。

经过多年繁殖，各保护区内麋鹿总数达 6000 多头，主要分布在江苏大丰（4550 头）、湖北石首（包括湖南洞庭湖，共 1340 头）以及北京南海子（200 头），还在河南原阳、海南枫木、湖北蒲圻等 50 多处湿地安家落户，种群遍布祖国大江南北。

目前，北京南海子麋鹿生态实验中心在全国布局麋鹿监测与研究实验室，建立麋鹿种群健康监测平台、麋鹿保护技术平台，开展麋鹿保护技术研究、麋鹿遗传多样性评估，为麋鹿保护研究提供数据和智慧支持。各麋鹿保护区还加强科技交流合作，建立了麋鹿保护联盟。上述举措标志着麋鹿保护事业形成了研究—实践—传播的系统模型，麋鹿保护转向集团作战和标准制定，引领全球麋鹿保护事业迈上新台阶。

经过多年不懈努力和科研攻关，南海子麋鹿苑生态实验中心先后获得“北京市科学技术研究院优秀科技成果奖”“北京市科学技术奖”“中国野生资源保护奖”，国际科学与和平周组委会颁发的“联合国国际科学与和平周贡献奖”等荣誉称号，大兴区的麋鹿保护将申报自然遗产，麋鹿科研事业蒸蒸日上，麋鹿的研究在逐步深化。

五、从科研基地到科普基地——博物馆功能的深度挖掘

（一）从麋鹿苑博物馆到南海子文化博物馆：博物馆功能的拓展深化

1985年，南海子麋鹿苑创建时就形成“一馆一苑”模式，即室内的麋鹿苑博物馆和野外麋鹿放养区结合。博物馆内有《麋鹿沧桑》《世界鹿类》《鹿角大观》等多个展厅，分别用实物、标本、图片、照片、地图、模型、场景模拟等形式展示麋鹿的各种知识。麋鹿苑户外湿地分为自然区、半自然区和人工区，可以乘车沿途近距离观看散养的麋鹿种群和野生鸟类等。

与麋鹿苑相邻的，还建立了北京南海子郊野公园，是北京四大郊野公园之一，也是北京市最大的湿地公园，全部建成后总面积超过11平方公里。南海子郊野公园以湿地景观和自然野趣为目标，致力于恢复南海子地区生物的多样性、自然性和完整性。高约8米的“南囿秋风”巨石矗立在纪念园湿地景观湖畔，“燕京十景”之一的“南囿秋风”景观日益得到恢复。

如今，大兴区计划与北京市科学技术研究院共建3万平方米的北京南海子文化博物馆，以麋鹿文化为重要内容，展现以麋鹿为代表的北京生物多样性与生态保护成果，展示南苑作为皇家苑囿的历史文化遗产，为社会大众提供体验历史文化、感受生态文明的重要场所。北京生态博物馆建设也开始启动，这将是全市首座室内外融合的博物馆，将收藏与展示麋鹿保护成果和南海子历史文化与自然遗产物证融为一体，成为生态保护示范平台、科普教育平台，并将其打造成北京西山—永定河文化带上的文化新地标。

（二）麋鹿保护区联盟与生物科研基地

考虑到我国现有的麋鹿种群都是英国赠送的那些麋鹿的后代，近交系数高，种群杂合度低，遗传多样性严重衰退，这也是所有濒危物种的共性问题。北京麋鹿生态实验中心与中科院动物所、植物所和各高校合作，为麋鹿保护提供科学保障。麋鹿苑生物多样性研究中心在全国范围监测、追踪麋鹿健康状况的多项指标。

目前，大兴区政府联合世界自然基金会、英国乌邦寺公园、国家林草局野生动植物保护司、北京市科学技术研究院、江苏大丰和湖北石首麋鹿

国家级自然保护区等成立了“麋鹿保护联盟”，这是全球首个以麋鹿保护名义成立的联盟，探索麋鹿保护的中国模式。

（三）麋鹿苑湿地生态保护的新模式

麋鹿是生长在湿地的珍贵物种。目前，全世界自然湿地占陆地面积的6.4%，却为地球上20%的已知物种提供了生存环境。生活在湿地的动植物种类异常丰富，形成了特有的湿地生态系统。南海子麋鹿苑保护区所属的永定河沿岸湿地几十年来的变迁为生态保护提供了一个很好的经验教训，促使人们去反思人类生存发展与环境的关系。

20世纪五六十年代，永定河流域依然有20余亿立方米的丰富水量。随着全球气候变化、连续多年干旱和植被破坏，永定河流域年降水量一直呈递减态势。上游缺水，下游常年断流；加上地下水超采，渗漏加剧，20世纪80年代，永定河三家店以下断流，数十公里长、数百米宽的河道河床裸露，布满沙砾和大小卵石，荒草丛生，南海子湿地基本消失。

如今，南海子麋鹿苑这个明清皇家猎苑旧址的核心区面积不及当年的0.3%，而现有的湿地是靠抽取几百米深的地下水、部分再生水以及南水北调水来人工维持，折射出永定河的人水矛盾，加大了永定河治理的成本与难度。

因此，如何研究出永定河沿岸湿地生态系统的保护措施是一个亟待解决的问题。以生态涵养和文化驱动为主题的永定河流域综合治理将不仅为北京带来极大改观，也将为北京西部和南部地区的长足发展提供环境基础和人文支持。

（四）以南苑麋鹿文化为中心，打造北京西山—永定河文化带

永定河文化贯穿京津冀晋，有特殊价值和巨大潜力。目前，北京设计规划了运河、长城和西山三大文化带，在北京东、北、西三个方向画了一个半圆。从地理方位和地缘关系上讲，倡导西山—永定河文化带补上了北京西北—西南—南部这一缺口，能带动相对滞缓的北京西北、西南和南部地区的发展，串起京津冀晋的经济文化联系，是构建京津冀文化圈的重要一环。打造既有自然地理条件又有历史文化根基的永定河文化带，不仅是对北京三大文化带的拓展和有力补充，也是带动全流域协同发展的有效举措。

麋鹿是北京南中轴线文化带上古都文化的活化石，麋鹿文化品牌是永定河文化带上的一颗璀璨明珠。南苑的麋鹿文化和“南囿秋风”景观复原并纳入西山—永定河文化带建设中，成为其中最富于文化地标的内容。

（五）开发麋鹿文创产业

麋鹿保护及麋鹿文化对于大兴区来说，是作为麋鹿科研高地、麋鹿文化传播策源地和麋鹿外交的新阵地。文创产业是大兴重点发展产业，在麋鹿文化上，已经编写出版了《麋鹿故事》系列读本，正在筹拍《麋鹿东归》纪录片，制作《麋鹿东归》线上展览；开发设计麋鹿雕塑等六大系列、60多件文创产品，拓展麋鹿文化传播载体。

2020年8月24日，在大兴区召开的第二届世界麋鹿大会上，发布“麋鹿文创合伙人”计划，邀请中外生态保护机构、动物保护组织、文创达人等多方力量参与，共同打造麋鹿文创IP，挖掘麋鹿文化底蕴，拓展麋鹿文化视野，提升麋鹿文化品牌，吸引优质公司或自由设计师进行麋鹿文创产品的设计开发。

目前，大兴借势北京国际新机场建成通航，打造国际文化交流阵地，展示“新国门·新大兴”的形象，展示首都生态文明，向世界发出生态保护的中国声音。

第二章 凤河流域历史文化展览馆

凤河流域历史文化展览馆位于大兴区长子营镇沁水营村。展览馆以凤河流域历史文化的形成为背景，用文图、实物、实景相结合的方式展现了凤河流域深厚的文化底蕴和历史渊源，展示了凤河流域村民生产生活的变迁。

翻开大兴地图，凤河犹如一条玉带贯穿大兴东南。凤河本无名，由于帝后皇妃来此垂钓得名凤河，位于大兴区西红门镇的团河行宫遗址，便是凤河的源头。在凤河两岸，坐落着许多山西移民组建的村庄，用山西南部县名命名的村落就像一颗颗璀璨的珍珠镶嵌在这条玉带之上。以长子营镇政府为中心，逆河而上有沁水、解洲、霍州……顺流而下有长子、河津、黎城、潞城、蒲州、绛县……在这里流传着一种说法：山西多少县，大兴多少营。大兴区 526 个自然村，有 110 个自然村是由当时山西移民组建的。其中，长子营镇下属 42 个村中，大部分是明朝初年由山西迁入的移民组成村落，至今已有 600 余年历史。伴随着移民的到来，晋南文化与当地文化相互渗透、交融，进而形成了独具特色的京晋文化。

一、凄凉的大移民

元朝末年，战乱频繁，民不聊生，社会经济遭到严重破坏。明朝初年，华北大平原上荒草遍野，老百姓流离失所，大部分地区“积骸成丘，居民鲜少”，社会发展缓慢。明王朝认识到，如不采取有效措施，任其发展下去，对刚刚建立起来的明朝十分不利。当时的山西是元朝蒙古贵族名将察罕帖木儿及其义子扩廓帖木儿（俗称王保保）曾经的根据地，他们凭借山河之险，幸免战乱，社会还比较安定。正因如此，山西人民繁衍日盛，加之大量难民流向山西，那里已是人满为患。洪武二十一年（1388）八月，朝廷的户部郎中刘九皋上奏说：“古者狭乡之民，迁于宽乡，盖欲地不失利，民有恒业。今河北诸处，自兵后田多荒芜，居民鲜少。山东西之民，自入国朝，生齿日繁，宜令分丁徙居宽闲之地，开种田亩。如此，则国赋增而民生遂矣。”明太祖对户部侍郎杨靖曰：“山东地广，民不必迁，山西民众，宜如其言。”于是史无前例的官方组织的大移民开始了。

明初洪武、永乐年间，先后 18 次自山西向外移民：1373~1417 年，共组织迁民约 60 万人。明成祖朱棣通过“靖难之役”夺得皇位以后，为了加强北方的统治，迁都北京，也需要继续填充大量的人口。于是，他在位的 21 年间，从山西移民 8 次，其中有 6 次移往北京，且主要采取军事屯垦的方式，动辄万户、数万户，屯垦农民以地设营，使今天的大兴凤河流域地区成了移民的落脚地。移民们背井离乡，必然思念故土，这种滋味不好受。为了让移民忘记长途迁徙的一幕，早日落叶生根，以达到平衡全国人口、发展繁荣北方地区的目的，明朝地方官吏破例允许从山西来到北京地区的移民可以使用原籍县名命名其落户的村落，只是为了区别原籍，需加一个“营”字。同时，这样做也是为了移民后代不忘前辈千秋伟业，不忘祖宗来龙去脉，留有印记。

今天，凤河流域地区一些生活用语还留有当时大迁徙时的一些痕迹，如解手、方便、大小便、随便等。当初山西的百姓们被迫登记以后，为了防止他们途中逃亡，官兵们把他们反绑起来，然后用一根长绳串连起

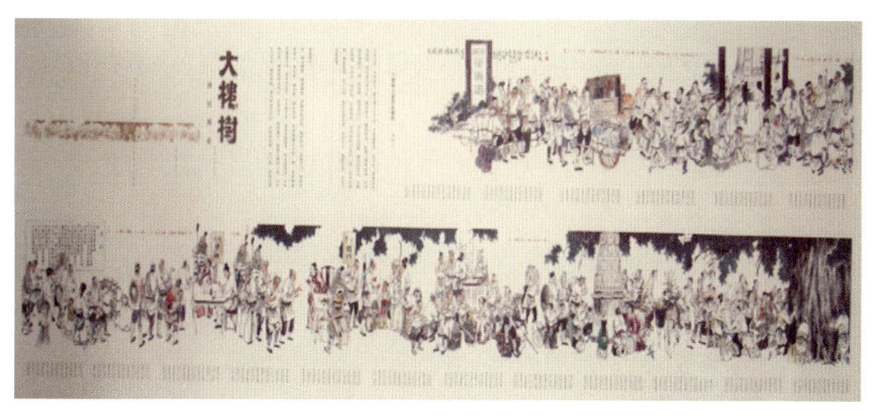

凤河流域历史文化展览馆的移民历史展览图

石磨，验证了这里的村民保持着山西人爱吃面食的习惯

来。在押解过程中，由于长途跋涉，人们避免不了要大小便，但一根绳子拴几个甚至几十个人，大小便非常不方便，于是百姓只好向押解官兵报告说：“老爷，请解开手，我要拉屎尿尿。”这样日复一日，人复一人，次数多了，日渐简化，只要说上一声，“老爷，我要解手、方便、大小便”，人们就都明白了。

据《洪洞县志》和《增广洪洞县大槐树志》记载：明初，从山西移民，凡是出移的各府州县老百姓，都要先集中到洪洞县，然后迁徙各地。因而洪洞县移民不只是洪洞一县，是山西各地都有。洪洞地处普南，交通十分方便。洪洞县贾村当时有一古刹广济寺，寺旁有一棵高大的槐树，树冠如巨伞。明王朝在广济寺设局驻员，负责登记、迁散移民事宜。当移民们一步一回头地离开曾经养育过他们的这块热土的时候，在最后一瞥中寻找家乡最有纪念意义的标识物时，就只有一棵大槐树了。于是，大槐树从此成了山西移民祖祖辈辈互相传递的“接力棒”，一代一代相传，至今，已有600余年。走遍凤河流域的每一个村落会发现，房前屋后，村头地边，都种植有槐树。据说，这是山西移民带来的习俗。在民间，广泛流传着这样一首歌谣：房前种上大槐树，不忘洪洞众先祖；村村槐树连成片，证明同根又同源；要问祖先来何处，山西洪洞大槐树。

据历史记载，因为凤河两岸土地肥沃，水源充足，于是大批山西移民被安置在凤河两岸长约15公里地带集中建村，如山西长治屯留县迁入者，现住地名为北京市大兴区采育镇屯留营村；山西晋城沁水县迁入者，现住地名为大兴区长子营镇沁水营村等。可以说，大兴区东南部村落命名的历史，就是一部移民史。

二、京晋文化的融合

明清凤河流域文化变迁是一个巨大的社会转型过程，凤河流域（主要以现在的青云店镇、长子营镇、采育镇为主体）的山西移民们，以其特有的精神风格、文化意义、个体行为和信仰等，逐渐生成了全新的文化秩序，共同构成移民们普遍的行为范式和生活方式，“描绘”了一幅绚丽多彩的凤河村落文化与地域社会百态图。

这些以“营”命名的村庄密集分布在大兴区东南部，以采育为中心，沿凤河两岸依次排列，这一带的居民风俗信仰比较统一，他们的信仰明显带有晋中南“中原文化圈”的特色。这些特色与中原传统民间信仰中天地鬼神、禁忌习俗的内涵一脉相承。可以说，今天大兴凤河两岸村民的习俗习惯基本保存了移民地的传统。这里的居民，每年农历五月五日，家家门窗插艾蒿以“避邪”；农历七月十五日，较大村镇请僧人做道场，放焰口，烧纸船；十月初一日寒衣节，人们多在村外十字路口焚烧纸钱；腊月二十三为祭灶日，家家给灶王爷上供，家祭、庙祭、墓祭、年度祭比比皆是。除此之外，还保留了很多生活禁忌。之所以产生这种民间信仰，是因为它们寄托着当地居民对祖先、对事业、对贤人的真挚感情，也寄托着对美好生活和安定社会的深切期盼。这些千姿百态的民间风俗、仪式连同信仰本身，都是移民文化在凤河流域的积淀，和凤河两岸的村庄命名一样，带有明显的乡愁色彩。

由于历史的原因和地理位置的特殊性，凤河流域融合了移民文化、晋南文化，通过不断交锋、融合、发展，形成了独具特色的“京晋文化”。在岁月的涤荡下，有的传统文化逐渐形成了浓郁而独特的非物质文化遗产。例如，始建于明初的良善坡古庙的影响力遍布整个京南。每逢农历三月初三庙会，方圆百里的进香者络绎不绝，真可谓当地一大盛会。白庙村雅乐，已列入国家级非物质文化遗产名录。再城营五音大鼓，乃北京琴书前身，形成于清光绪年间，至今已传承120多年，被中国民间音乐专家称为“北方鼓曲的野生稻”。铁匠台更是京畿闻名，据《大兴县志》记载，明崇祯年间此处设48~72盘炼铁炉，故称铁匠台，可见明初的冶铁业非常兴盛，这里至今还矗立着一座古老的铁桥。申营接骨术已传承200余年，至今求医问药者络绎不绝。沁水营“开路神叉”为慈禧亲手题名；窦营少林子弟会远近闻名……文献资料表明，这一突出的社会历史文化现象确实与晋文化底蕴、习俗民风、精神信仰、价值取向有着深远的内在关联。追溯历史，明初开始的那一场凄凉的大移民，记述了凤河流域人们祖先经历的千辛万苦，他们以顽强的毅力扎根于无人的荒原，成为这片土地新的主人。历经600余年，故土难离的情怀依然回落在这里村庄的每一个角落，这厚重的味道透露出浓浓的乡愁与不舍，成为凤河流域历史文化最核心的灵魂。

三、农耕文化的变迁

明初，沁水营的祖先由山西沁水县移民至凤河流域建村，至今仍保留和继承了一些山西农业所使用的生产工具。

明初时期的山西生产有较大发展，山西人民在农业生产实践中不断总结生产经验，潜心研究农业生产技术，取得了丰硕的成果，突出表现在《马首农言》的问世。清道光十六年（1836），山西人祁寯（jùn）藻将他多年积累的农业科学知识认真地加以整理，在总结前人的农业经验和相关技术的基础上，写成了内容丰富的农业科学著作《马首农言》。

在《马首农言》中介绍了犁、耒耜（犁耙）、碌碡、耧车、镢（耪）、锸、长铲、铁锹、铧、铺、耨、镰、钹和锄等的形制和功用。《农器》篇所记载的农具种类繁多，分类明晰，几乎囊括了山西省当时所有能看到的一切农业必备用具。

凤河流域地区在继承使用上述农具的基础上，随着社会发展和农田面积开垦量的增加，逐步从牧养业进入了种植业时代。随着种植业的发展，各类式样的农具不断增加，农具的制作分工也日渐精细，同时还引进一些新式的农具。

近代农具主要分7种类型：

耕地农具有犁、铁锹、蒜拉子、镐、耪。

凤河流域村民曾经使用过的各种传统农用器具

爪镰（铚），农民用布条缠上一端握于手中，可以轻便收割谷物

沁水营村曾经使用过的大型联合收割机

破碎碾压农具有耙、铁碾子、碌碡、地辊子、木榔头。

栽种播种农具有耧车、耠子、蒜拉子、镐、刮子、粪箥箩。

锄耘农具有锄、架耘锄、二齿、三齿、四齿、多齿。

收割农具有镰刀、钐镰、韭菜镰、薅刀、叉子、耙子、扫帚、推板。

灌溉农具有辘轳、水车、提斗等。

选种工具有扇车、筛子、簸箕。

其他农具有薅勺、提水农具、吊杆、拨杆、井绳、水筲、提篮、眼箩筐等。

农具是农耕文化的重要标志，农具的更新换代折射出农耕文化的变迁。凤河流域历史文化展览馆传统农耕展区存放的是凤河流域村民曾经使用过的各种传统农用器具；现代器械展区展示的现代农业机械充分展现了凤河流域的村民生产条件的巨大变化和生产力水平的大幅提高。从传统到现代的农耕用具验证了农耕文化的跨越式发展，见证了凤河流域农耕文化的时代变迁。

传统农耕展区内农药喷雾器，从最初的形似打气筒的手压式喷雾器，到后来的机动喷雾器，再到随后的高压以及身背手压喷雾器，过去 60 年间田间打农药的器具变迁，直观地呈现出农耕文化的发展潜行历史。随着时代的发展，传统农耕展区内的农具在 20 世纪 80 年代末基本弃用，被现代器械展区的农耕用具所取代。

四、农村生活的印迹

生活用品展区主要展示不同时期凤河流域村民家庭的生活用品、家居摆饰、传统手工业器具等，通过怀旧生活实景房和磨盘体验区、豆腐坊体验区等，给人以直观的感受，形象展现旧时村民房屋结构、家庭生活情况等。

在生活用品展区的陈列室中布置了体验式展厅，一进门就是灌溉设备，最早的名叫“辘轳”，木质轴和拐，用绳子拴上小铁锅，扔到井里舀上水，再一圈一圈地“拐辘轳”把水提上来，倒在旁边的石磨水簸箕里，水就能直接灌溉农田。沁水营村民称辘轳头万岁，这是沁水营村民最早使用的打水用具，之后变成了压水机，最终发展为如今的自来水。北方的冬季寒冷，

生活用品展区的陈列的“灌溉设备”

生活用品展区陈列的“20 世纪 70 年代的小喇叭”

生活用品展区陈列的“祖孙三代”煤油灯

生活用品展区展示的不同时期村民家庭生活用品

为防止自来水管冻坏，还要为自来水管穿上保温棉。

1970年前，沁水营村民生活用水都来自人工挖掘的水井，此后，村里压水井开始普及，村民生活用水以压水井为主，后发展到压水机安装水泵用于园田浇水。1987年7月，在村委会院内打铁管自来水井1眼，井深118米，封上水层40米；9月铺完管道，共计22108米，其中主管道12988米，从此压水机停止了使用。2002年5月，接通长子营镇水厂自来水，至2003年镇水厂自来水和村自来水共用，2004年后统一用镇水厂自来水。

灯光一直是人们赖以生存的照明手段，伴随着人类度过了数千年的漫漫长夜。在电灯问世之前相当长的一段时间里，人类普遍使用油灯照明，在这期间，油灯经过了多次改进。油灯用油从动物油改为植物油，最后又被煤油取代了。灯芯也经历了草、棉线、多股棉线的变化过程。凤河流域农村的照明也经历了从原始油灯到现代电灯的历史。

1958年5月，随着当时大兴区有线广播站的成立，沁水营村在村东西街各安装1只15瓦高音喇叭，晚上播音时，全村男女老少在大喇叭下收听广播。大兴广播站每日早晚广播，早上除转播中央人民广播电台新闻联播外，自办广播节目半小时，晚上重播自办节目，开创了沁水营村有线广播的先河。1970年初，大队请人组装了1台100瓦的广播机，安装了4只25瓦的高音喇叭，大队广播室安装了分线闸，使村内自办节目与转播县、公社节目互不干扰。1972年始，大兴农村推行小喇叭入户。1974年底，沁水营村户户安装了小喇叭，共210只，方便了群众收听广播，至20世纪90年代初，小喇叭全部废止。

20世纪70年代，电视机开始进入农村家庭。1972年，有沁水营村民购买9英寸黑白电视机1台，这是沁水营村第一台黑白电视机。到80年代初，黑白电视基本普及；90年代初，彩电开始进入家庭，逐步取代了黑白电视机。2007年10月，全村有线电视入户，达到户户有彩电。20世纪90代中后期，随着人民生活的提高和科学技术的发展，计算机由机关、企事业单位逐渐走入农家。例如，2009年，沁水营村农户有台式计算机和便携式计算机100余台，村里为计算机用户安装了网线，村民上网看新闻、学技术、玩游戏、观影视、上网购物、聊天等，丰富了村民的业余文化生活。

第三章 乡情村史馆

村史馆是介绍本村概况和村落起源与发展的资料陈列馆。一件件物品承载着历史，一幅幅图片记录了进程，一处处实景浓缩着记忆，村史馆不仅反映出村落的历史特征，更注重典型事件和人物等方面内容的展示。村史馆，在学者眼中是乡村的“文化自觉”；在村干部看来，是告别贫困、记住艰辛的见证；在村民眼中，是存放村子里家乡气息的展览馆；在游子心中，是“乡愁”的味道。村史不仅是当地生产力发展、生活习惯演变的记述，也是让村民产生认同共鸣和情感共融的具体载体，成为乡村建设的重要组成部分。

留住记忆，留住乡愁，这是城市化进程中许多居住在农村地区人们的愿望。近年来，随着美丽乡村建设的深入推进，大兴区很多村庄正处在变迁的浪潮中，为了记录一个村落的生长文脉，为了留住村民们共同的记忆，许多村庄建立了自己的乡情村史馆、成立村史编纂小组。这些村史馆和文史记录，将乡情乡愁保留在地方的风物之中，滋养着厚实的乡土文化，培植更多的村规民约，引导更多淳朴的乡民遵德向善。村史馆记录了大兴农村的发展，也成为中国众多农村的缩影。截至目前，大兴区已建成示范村史馆 32 个，这些村史馆各具特色，原汁原味地保存了当地人过往的日常，成了乡村居民文化生活的新地标。

一、看得见的乡愁

一个村落，一部村史，村史馆中的陈列物件、非遗内容，对村的地理、历史、经济、风俗、物产、人物等进行详细记载，不仅理顺了村域的发展轨迹，也承载了一个个村庄“看得见的乡愁”。在这里，一段段尘封的历史被重新挖掘，一个个即将消失的风俗也被记录下来，丰富了本土文化历史内涵，通过收录反映农村生产情况和生活趣事的农具及农村生活用具，将传统文化收集整理，极大丰富了大兴区本土文化的历史内涵，也详细记录了农村的文化变迁。

走遍大兴区的村史馆能够发现，虽然种田的工具很多，像犁、耙、绳索、耧，是耕种田地必不可少的东西，但它们仍然远远不够，像插苗前的翻地就需要镢头和板锄，插苗后往田里送粪，两齿叉、粪筐、扁担和铁锨，哪一样少了也不行。日常生活中，农家生活所用的工具更多，厨房里除了灶上的铁锅和桐木做的锅盖外，还有水桶、案板、菜刀、擀面杖和碗筷、桌子、水缸、豆腐磨子、吹火筒儿、火钳子。屋檐下，墙上挂的扁担；墙脚里放的是铁筛子、扫帚、桑木杈、木锨、推耙和风车。再往屋子里看，粮柜旁撑着上楼的木梯，墙上挂着皮绳和镰刀，斧子就放在隔墙的地上，拿着很方便。粮柜盖上，有一个磨面用的大笸箩，因为大，里面套着淘麦子的竹筛子、罗面床、细篾儿箩头、木铲瓢和柳条儿簸箕。堂屋的八仙桌上，还放着五升斗、升子之类的物什，用到什么，会随手拿起就走。

念旧的人家，在家里宽敞的地方，都放着往日用过的纺花车、线架子。高大的织布机也架在闲置的房子里，早已不使用的梭子，已经落上了灰尘，主人也没有空闲时间去擦一擦。做木匠活儿的家庭，少不了有锛子、凿子、刨子、拐尺、墨斗儿、一刃斧等工具。几十年前，农村妇女还要做针线活儿的，小竹笸箩里的东西也很多：五色线、纳鞋底的粗针、夹板、锥子，缝衣服的二号针、剪子、针钳儿等，样样都要有，若一样少了还得作难到邻居家里去借。从早上到井上挑水，到晚上上床睡觉，哪一天都要做活儿，而每做一样活儿，都要使用不同的工具。然而，社会发展到了今天，许多农具已经被现代化的作业方式所淘汰。人们耕田种地，采用了更为便捷的机械化，既省力又省时，而使用了几千年的传统工具，慢慢地就变成了文物，供后人们研究。

（一）农耕器具

传统农业生产，最基本的农具有：车辆、犁、锄头、铡刀、石磙、锨、平耙等。

1. 车辆

农用车辆经历了从独轮手推车、地排车到马车的三种阶段。

独轮手推车是以人力作为推力的搬运车辆，它是一切车辆的始祖。虽然物料搬运技术不断发展，但手推车仍作为不可缺少的搬运工具而沿用至今。手推车在生产和生活中获得广泛应用是因为它造价低廉、维护简单、操作方便、自重轻，能在机动车辆不便使用的地方工作，适合在短距离搬运较轻的物品。独轮车可在狭窄的跳板、便桥和羊肠小道上行驶，能够原地转向，倾卸货物十分便利，是20世纪70年代大兴农村田间的主要农用工具。

地排车是比较通俗和常用的称呼。京郊农村的人都跟它叫平板车，因为在制作的过程中，会将装运东西的部分做成一个平板，所以因此得名。平板车对比独轮小推车来说，最大的特点是它能装载很多农作物，因此对于满载的平板车，往往需要套用毛驴作为主要的拉力，否则单凭人的力量，一旦遇到上坡的路段很难拉上去，需要耗费很大的力气，平板车当然也有缺点，那就是没有刹车，因此在满载下坡的时候，就需要拉车的人耗费格外的力气来控制它的速度。

马车是马拉的车子。马车的历史极为久远，它几乎与人类的文明一样漫长。一直到20世纪80年代，马车仍然是京郊农村十分重要的农用工具。随着社会的进步，农用马车也从笨重的大铁车改进为带轴承、轮胎的胶轮车。大铁车，轮子很结实，但很笨重，它的轮子连着车轴一起转动，极不灵活。花轱辘车，则轻便多了，它不但车轮改进为轻巧的多幅条样式，而

天宫院社区乡情村史馆村民推独轮手推车平整土地的场景

且采用细车轴固定，轮子转动时摩擦力大幅减小了。到了胶轮车出现的时候，车轴的摩擦更小，车轮与地面的摩擦也更小了，同时载重与速度还大有提高。

2. 犁

它是一种耕地的农具，用于翻动、破碎土块并耕出槽沟为播种做好准备。据悉，在我国，犁约出现于商朝。犁字下面是一个牛字，由此可见，犁和牛关系密切，牛拉犁自古至今都是田间常见的劳动场景。

目前大兴区的村史馆存放的犁主要有早期以牛作为主要动力来源的铁犁和木制犁。

王庄村史馆存放的农民自制的犁

中华耕织文化园收藏的双铧犁

3. 锄头

它是一种我国传统的长柄农具，其刀身平薄而横装，收获、挖穴、作垄、耕垦、盖土、筑除草、碎土、中耕、培土作业皆可使用，属于万用农具，是农人最常用的工具之一。农民的锄头，就像骑士的马、战士的枪、学生的笔，是战友，更是伙伴。李绅在《悯农》中写道：“锄禾日当午，汗滴禾下土。谁知盘中餐，粒粒皆辛苦。”“锄禾”用的就是锄头。

4. 铡刀

王庄村史馆保存的锄头

天宫院社区乡情村史馆的铡草用铡刀

它是用来铡饲草、高粱秫秸或其他需要截断的稻草等的农用具。它与农业文明一路同行，农耕历史有多悠久，铡刀的历史也就有多长。铡刀主要由两部分组成，第一部分是铡床，由长度1.5米、宽20厘米、高度30厘米的榆、枣、槐等硬杂木做成。铡床中间挖槽以安放落下的铡刀，铡床的两侧用铁皮包上，底部侧面还要开槽，让草屑流出来。第二部分就是铡刀，通常1米多长、10厘米高，刀柄为木质，其余为铁质，刀刃沾钢，刀背成鱼脊型。铡刀和铡床的结合处用一根铁棍作连接棒，可拆卸磨刀。使用铡刀时，必须两个人默契配合共同完成。一个人把草捆填进铡刀里，并尽力把草往铡刀和刀床连接处靠拢，另一个人则成骑马蹲裆式，双手握住刀柄，高高抬起，待填草的人把草送到铡刀下，用力把铡刀按下，草被切断。铡刀在农村用处相当的多，除了饲养大牲畜铡饲草外，还可以铡稻草，铡过的稻草用于脱坯、土墙抹泥、炕土泥、抹房顶泥等。

5. 碌碡（liù zhóu）

农村长大的“70后”可能见过、用过，但是很多“80后”都不知道这是个什么东西，宋时的范成大《四时田园杂兴》诗中提到：“繫牛莫碍门前路，移繫门西碌碡边。”可见碌碡在宋朝以前就在农用生产中广泛应用。

在农村长大干过农活的人都知道碌碡是打麦子碾场用的。粗壮的石头打磨成圆柱体，表面均匀地打磨出了一道道凸起的圆棱和凹陷的槽；两头截面上的中间有个凹进去的圆洞，方便在它外面装上木头做的辊，再用绳子拉起来套在牲口身上。虽然一年中用到它的时候不多，但却是不可缺少的农具。麦子快成熟时，把打麦场上的杂草锄掉，把地面弄松软，再撒上麦穰和水，用碌碡压实。麦子割回来，在烈日下的打麦场上晒得干干的，就开始打场了。人站在中间，拉着长长的缰绳和鞭子，看着牛和驴等牲口拉着套好的碌碡，在场中反复地转，辗去麦子的糠皮。冬天的时候，为了让麦苗安全过冬，人们还用碌碡压麦苗，把开裂的土地纹路压好，防止冷空气把麦根冻坏。

王庄村史馆存放的小碌碡

凤河流域历史展览馆存放的碌碡

天宫院村史馆存放的铁碌碡

后来，脱粒机、收割机兴起，慢慢地，打麦场没有了，碌碡也没有了用武之地。曾经是“劳模”的它也光荣地下岗退休了。

6. 锨

有铁锨和木锨两种。在大兴农村把铁锨叫铁锹。铁锹是常规农具，农民用来开沟、翻土。这种工具是最常见的，不仅仅在农村，只要涉及用它的工程，几乎劳动者都离不开它。在手工劳作时，农民用它开草塘、挖排水沟，用途非常广。木锨是木制的，与铁锨长得一样，只是材质不一样。秋粮收割后，经过脱粒、曝晒、过筛，最后一道工序就是扬场了。农民会选一个合适的天气，风力正好，上场面开始劳作，用木锨把粮食高高扬起，饱满的谷粒落在当场，那些谷皮杂物就会随着风飞到场外。

中华耕织文化园的木锨

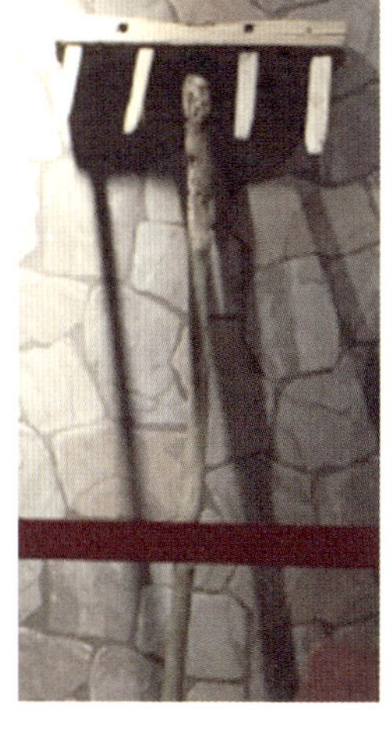

东辛屯村史馆的木质平耙

赤鲁村史馆的牛拉平耙

7. 耙

看过《西游记》的人都对猪八戒的武器——九齿钉耙印象深刻。农村家家户户都有一件类似的工具，叫平耙，也称搂耙。平耙上面的齿数一般不固定，需要根据耙面的宽度来决定，耙面越宽齿数就越多，耙面越窄齿数就越少。农村的耕地在经过翻土以后，需要接着用平耙进行平整，平整完了以后栽种各种各样的农作物，所以平耙的主要作用是用来平整土地，在使用的时候需要灵活掌握耙面与地面的角度，太大太小都不能耙出平整的土地，需要根据自己的经验来灵活掌握。

还有一种用牛拉的耙，是在犁好后的土地上用来平整农具。它由4根硬木组成一个长方形的大木框，两根长硬木上安装着 10 多个略弯的刀片，牛轭上的两根绳子分别系于耙的两边。耙地时，耙田人把大木框平放在犁好后的地面上，钉齿朝下切入土壤，人站在上面，两脚一前一后，分别跨站于前后两根宽木条上，加上人的重量，使得钉齿更好地切入土壤。耙田人一手牵牛绳，一手擎牛鞭丝，牛就在地面上奋力前行，人随着耙一起在地上颠簸起伏。来往几回，在吆喝声中，刚刚犁翻出来的田土，便被刀片切成碎泥。若土要碎些，可以多耙几遍。

（二）生活用具

20 世纪 70 年代的京郊农村，农民的生活全靠自力更生。比如吃粮，带皮的原粮得靠自己加工，去皮成米。这就需要碾子和磨。石头碾子，功用主要是去皮。高粱米、苞米馇子、粳米、小米，全在碾子上出品。石磨，主要功能是磨干面和水面，酱豆、水豆腐都由它完成。

至于日常生活用的用具，那就更多了。动土的铁锹、镐、抹子、瓦刀，碾米磨面的风车、簸箕、笸箩、筛子、细萝，登高的梯子，芰房的拍板，拉庄稼的缆绳和绞棍，打气的气筒，熬中药的药壶等。那时的京郊农户，是无力置办整套的，大家都习惯了相互挪借。

1. 碾子

碾子在农村已快成了历史的陈迹，有的已成为私人收藏的目标。然而，在几十年前的农村，碾子是农家吃粮食必要的工具。碾子分碾盘和碾碌。碾盘是一块一尺厚的圆形巨石，很大。碾碌是一块圆柱形巨石，碾盘中心设竖轴，连碾架，架中装碾滚子，多以人推或畜拉，碾盘和碾滚上分别由石匠凿刻出很有规则的纹理，其目的是增加碾制粮食时的摩擦力，通过碾滚子在碾盘上的滚动达到碾轧、加工粮食作物的目的。

中华耕织文化园的碾子

碾子在很长一个时期，都是粮食加工的主要工具。后来由于电磨在农村的普及发展，效率低下的碾子终于退出了历史舞台。

2. 辘轳

它是提取井水的起重装置。

求贤村乡情展室陈列的辘轳

方法是：井上竖立井架，上装可用手柄摇转的轴，轴上绕绳索，绳索一端系水桶。摇转手柄，使水桶一起一落，提取井水。

辘轳也是从杠杆演变来的汲水工具。据《物原》记载："史佚始作辘轳。"史佚是周代初期的史官。早在公元前1100多年前，劳动人民已经发明了辘轳。到春秋时期，辘轳就已经流行。辘轳的制造和应用，在古代是和农业的发展紧密结合的，广泛地应用在农业灌溉上。辘轳3000年来保持了原形，说明我们的祖先一开始就设计了很合理的结构。我国华北平原长期是缺水地区，京郊农村在20世纪80年代仍在使用辘轳提水灌溉小片土地，如今一些地下水很深的京郊山区，也还在使用辘轳从深井中提水，以供人们饮用。

3. 厨房用具

北方农村的厨房配置一般是：连火炕的锅台，一口铸铁锅，一台风箱，几摞粗瓷碗碟，还有灶台上方的一张灶王爷年画。

火炕是一种宽1.7米到2.3米，长可随居室长度而定的砖石结构建筑设施。搭建炕在北方称为盘炕，用砖建有炕间墙，炕间墙中有烟道，上面覆盖比较平整的石板，石板上面以泥摸平，泥干后上面铺炕席就可以使用。炕都有灶口和烟口，灶口用来烧柴，烧柴产生的烟和热气通过炕间墙时烘热上面的石板产生热量。烟最后从火炕烟口通过烟囱排出室外。一般炕的灶口与灶台相连，这样就可利用做饭时烧的柴使火炕发热，不必再单独烧炕。

赤鲁村史馆展示的农村厨房

烧柴火大锅离不开原始的鼓风机（风箱）。风箱内部有扇扎着鸡毛的活动风板，通过拉动风箱上的拉杆从而产生能促进柴火燃烧的气流。

以前，人们把从水井里打上来的井水倒进水缸存储，作为日常的生活用水。

咸菜缸是曾经的“冰箱”，人们把各种蔬菜放进咸菜缸里，用盐水腌起来，这咸菜缸里的咸菜就是日常下饭的菜肴。

4. 做针线活的工具

以前没有缝纫机，也没有卖衣服的，古代的女子从头上戴的到身上穿的，都需要自己缝制，需要一系列的专用工具。做鞋需要鞋样，纳鞋底需要锥子，缝补衣服需要顶针，补袜子需要袜板等。

袜板：这是一个即将消失了的名词。袜板是一块鞋底形的木板，钉着两块鞋面样的木头，中间连接一根木条，破袜子套在上面，是便于缝补袜子的家庭用具。20 世纪 70 年代的京郊农村，居民百姓都穿棉线袜子，最容易磨窟窿处便是脚底板，家中的女主人便用白色的棉粗布，在袜子上补前掌和后掌。破袜子套在袜板上，补出来针脚细致紧密，又厚实又平整，穿在脚上非常舒服。

鞋样：在农耕社会，自己家里制作布鞋是基本功，那时没有尺码，只用鞋样。按照鞋样来剪裁布匹，以免造成布匹的浪费。

纳鞋底：手工布鞋对于许多“60 后”“70 后”来说，已经是无法忘怀的物件了。锥子和顶针，是做布鞋必不可少的物件。鞋底厚实，必须要用锥子扎眼，然后再用针线纳好勒紧。鞋底儿要想纳得平平整整、服服帖帖，针脚均匀细密，没有多年的功底是不行的。

顶针：做针线活时戴在手指上的工具，用金属或其他材料制成，上面有许多小窝儿，用来抵住针鼻儿所在的一头儿，使针容易穿过活计而手指不至于受伤。

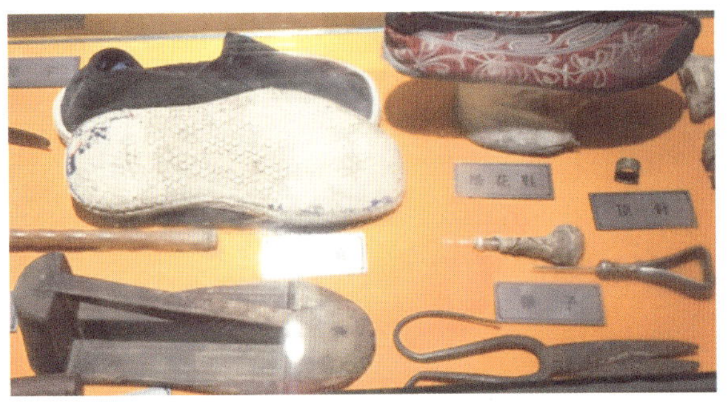
东辛屯村史馆的布鞋、袜板、锥子和顶针

5. 远去的票证时代

“票证经济”曾影响了我国几代百姓的生活。最早实行凭票证供应的就是粮食。中华人民共和国成立初期，粮食无法做到敞开供应。中央政府开始酝酿粮食的计划供应，以满足全国人民的温饱。1953 年，中央政府决定实行粮食统购统销政策，包括粮食计划收购政策和粮食计划供应政策。1955 年 8 月 25 日，国务院全体会议第 17 次会议通过《市镇粮食定量供应凭证印制暂行办法》。紧接着，国家粮食部向全国发布这一暂行办法。很快，各种粮食

赤鲁村史馆的米票、粮票

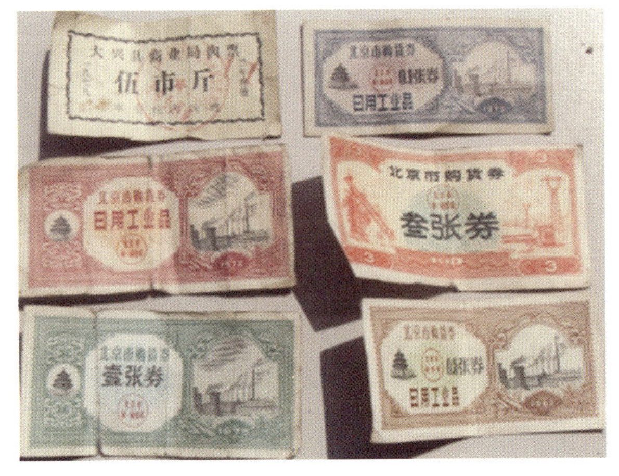

王庄村史馆的肉票、工业券

票证便铺天盖地地进入社会。

票证发放虽然很多，但是仍然不能涵盖所有商品。因此，在票证之外，又发了各种购货本，如粮食本、副食本、煤炭本等。至于购买工业品，国家还发放了工业券，到商店购买自己所需要的商品，需要交一定数量的工业券，大件、贵重的商品，又有自行车票、缝纫机票、手表票等。

与票证时代相配合的，还有严格的户籍管理以及城乡二元制度。农村人不可能自由进城打工，因为他们离开了土地，根本就无法生存。不仅城乡之间，城市与城市之间的迁移，同样由于粮食关系的束缚而相当麻烦。当时的粮票分为全国通用和地方流通两种，只有全国粮票才能在全国都有效。

随着改革开放，物资慢慢丰富起来，商品市场开始活跃，国家逐步缩小了消费品定量配给的范围。1983 年，由国家统一限量供应的只有粮食和食用油两种。1984 年，深圳市在全国率先取消一切票证，粮食、猪肉、棉布、食油等商品敞开供应。1993 年，粮油实现敞开供应，粮票已无用武之地，被正式宣告停止使用。

二、主题突出的乡村博物馆

随着美丽乡村建设深入推进，大兴区出现了不少以村落文化建设为主题的村史馆。这些村史馆强调彰显乡村文化特色，每个村史馆都有自己的主题，且紧紧围绕主题，一条主线贯穿其中。例如，求贤村乡情展馆以美丽乡村建设为主题，以村史馆激活记忆、传承文化，将文化传承融入美丽乡村建设；孝义营村史馆以孝文化为主题，展示以“孝心馒头”为主题的浓厚民俗文化；瀛海文史馆以红星集体农庄建设为主题展现了瀛海的发展变迁。

（一）求贤村乡情展室

留住记忆，留住乡愁，这是城市化进程中许多居住在农村地区人们的愿望。近年来，随着美丽乡村建设的深入推进，大兴区榆垡镇正处在变迁的浪潮中，为了记录村落的生长文脉，留住村民们共同的记忆，榆垡镇求贤村于 2014 年初建立了大兴区第一个村级博物馆——求贤村乡情展室，将乡情乡愁保留在乡村的风物中，意在滋养厚实的乡土文化，培植出村规民约，引导更多淳朴的乡民遵德向善。

求贤村

小小的村史馆，面积虽然不大却内容丰富，不仅有求贤村的历史渊源，还珍藏着不同历史时期的珍贵记忆，再现了改革开放40年来求贤村由贫穷走向富裕、由农耕文化走向乡村振兴之路的艰辛历程，激励着一代代后人记住昨天的“根”、做好今天的事，继续艰苦奋斗，砥砺前行。

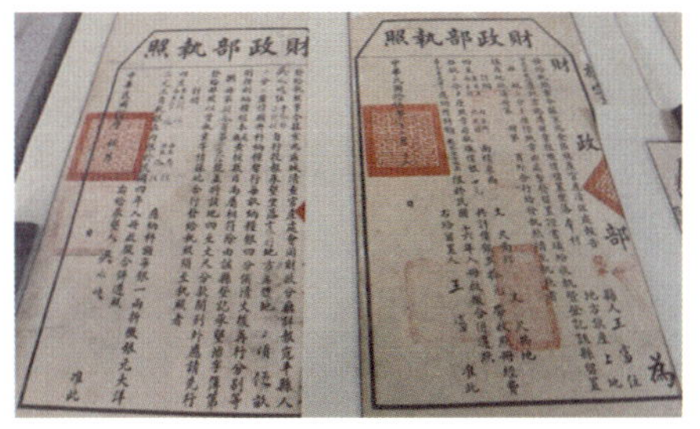

村里的文物——地契

村史馆内陈列的资料包括文字介绍、图片展览、实物展陈和荣誉展示。文字介绍以阐述求贤村概况、发展特色、经济状况、农民生活、典型事例、成就荣誉等内容为主。图片展览与文字资料相结合，包括村容村貌、历史沿革、名人志士、道德模范、工农业生产、文化生活、生态环境、教育卫生等内容。照片资料着重突出新旧对比，充分展示求贤村在美丽乡村建设中体现出的农村面貌大改变、生产大发展、生活大提升的显著成就。实物展陈陈列出不同年代、不同时期的劳动工具、生产资料、生活用品、家居陈设、农耕产品等实物或模型，并配以简要的文字说明以及情景介绍，真实地记录了农村的发展轨迹和历史变迁。荣誉展示主要陈列求贤村获得的各级各类荣誉证书、奖牌、奖杯、奖状、锦旗等，按照不同规格分别展示，并配以情况介绍，充分体现出求贤村在各个领域发展中的突出成绩。

1. 村落起源

求贤村位于榆垡镇西南部，因祠而得名。“求贤”，当地人读作“qiǔ贤”，该村的历史可以追溯到辽代。据说最早时，村民为避浑河（永定河）水患，在村内建祠祭祀圣观庇佑，得名求贤岗，后改为求贤村。此村处于

求贤坝遗址

古永定河冲积平原，西南永定河大堤外沿外，是清代建造的永定河溢洪工程遗址，乾隆四年（1739）在此修草坝，乾隆三十七年（1772）废草坝改建灰坝，同治十三年（1874）又扩展重建，光绪二年（1876）重修。原立有乾隆碑、同治碑两块，现已无存。坝形似簸箕，里沿被大堤掩埋，露出外沿，左右两端用石灰黄土夯实、砌筑雁翅。坝的裸露部分长皆为 19 米，西侧坝的上顶宽 1.7 米，东侧上顶宽 1.4 米，距地面高 1.1 米，西雁翅露出部分长 19 米，东雁翅露出部分长 20 米。此处遗址是研究永定河史的重要实物资料。

2. 峥嵘岁月

收音机、电风扇、黑白电视机、老式桌椅家具，耕田种地的铲子、耙子，十分洋气的留声机……这些烙有时代印记的老物件，如今安安静静地安置在村使馆，就像一部时光机，浓缩了时代的记忆。在一间间展室里，看得见巨变，望得见美好，记得住乡愁。摆在村史馆里的耧车、纺车、煤油灯、泥刀、全家福照片、家训等，这些与农村生产生活息

“峥嵘岁月”

息相关的老物件，无声地讲述着这个普通乡村经历的变迁。

以前买东西都是凭票的。展柜里的粮票、布票、油票、肉票、米票等票证验证了当年“凭票购物”的岁月。20 世纪 90 年代初，群众出行大多骑自行车。当年的自行车是需要行驶证的，而且每年要向国家缴纳税费。

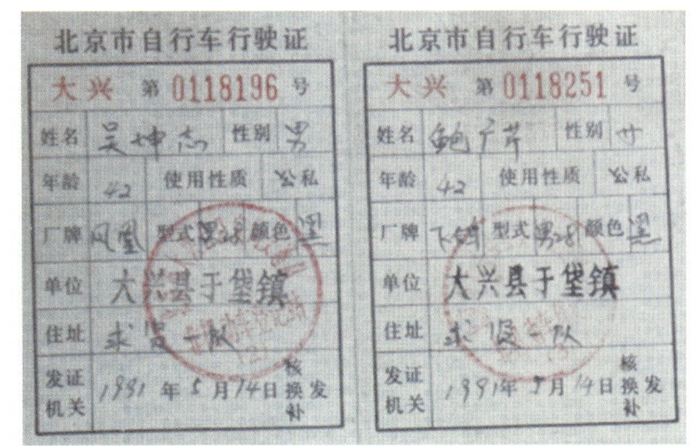
北京市自行车行驶证
大兴 第0118196号
姓名 性别
年龄 42 使用性质 公私
厂牌 型式 颜色
单位 大兴县于垡镇
住址
发证机关 1991年5月14日 核发 换 补

北京市自行车行驶证
大兴 第0118251号
姓名 性别
年龄 42 使用性质 公私
厂牌 型式 颜色
单位 大兴县于垡镇
住址
发证机关 1991年5月14日 核发 换 补

北京市自行车行驶证

3. 新村变化

漫步求贤村，最大的感觉是干净和清静。村里的路修得很平整，街道两旁的宣传栏里是三字经和古诗，村子充满文化气息。以“文化活动培养人、文化活动凝聚人、文化活动改变人”为主题，村里建起了文化大院和能容纳 800 人的农民剧场，修建了健身器材一应俱全的求贤公园、能满足 500 余人参加室外活动的文化广场以及配有乒乓球室、台球室等室内活动项目的文化中心等基础设施。在硬件条件充足的基础上，建立了“季有主题、月有活动、赛事不断”的村级群众性文体活动长效机制。村内的文艺爱好者创作了《榆垡是个好地方》等 30 多个原创节目，把政策宣传引导、弘扬核心价值观理念融入表演中。

求贤村 2007 年被北京市确立为新农村建设试点村，耗资 2000 多万元开始建设新农村，包括加宽修缮了道路 6 万平方米，铺设维护自来水和污水管线 2.7 万米，安装太阳能路灯 300 盏、吊炕 400 铺、太阳能热水器 500 个，改造了全部户厕。同时，栽种树木花草 10 万余株，建造环村林 2.5 万棵，建有两座公园共占地 40 余亩。如今，求贤村已拥有 3 支文化队伍——吵子会、秧歌队和艺术团，节目越演越好、越演越精彩。2011 年，村演出队登上中华世纪坛为建党 90 周年“大兴区主题党日活动”进行了一个半小时的演出，赢得了在场观众的热烈掌声。

2012 年求贤村当选“北京最美乡村”。在推进美丽乡村建设中，求贤村充分发挥农村优秀基层干部、道德模范、最美家庭等榜样的示范引领作用，用他们的嘉言懿行垂范乡里、涵育乡风，弘扬传递社会正能量。多年来，求贤村始终保持着零违法事件、零治安事件、零赌博吸毒、零越级上访的“四零”纪录，家家户户争当文明示范标兵的热情更加高涨。

村庄变化历史

文化队的服装道具是求贤村多年文化发展的见证

（二）孝义营乡情村史陈列室

孝义营村建于明代，迄今已有600余年的历史。村民的祖上为明朝洪武年间由山西省孝义县地区迁至此地的部分百姓，便继续沿用“孝义”之名。成村之后，孝义营沉淀了丰富了的人文历史。为记录孝义营村沧桑的历史变革，以不忘初心、留住乡愁为目的，建设了孝义营村“乡情村史陈列室”，借助回忆古朴淳厚的乡土情怀。陈列室依托村内深厚的民俗文化、农耕文化等历史文化，传承保护乡土文化和民俗风情，坚持一切从历史、客观、真实的角度

村民在村科技图书室学习农业生产技术

出发，以历史沿革、乡村文化、民俗风情、特色产业等为重点，生动形象地再现了孝义营村历史的发展轨迹。

孝义营的“孝”字就是一种孝道文化的传承。所谓孝道文化，就是关于关爱父母长辈、尊老敬老的文化传统，是中国古代社会最基本的道德规范。这种孝道文化融入了孝义营村民百姓的衣食住行中。走进孝义营，村口有简洁而又不失气度的牌楼，入村主干道旁有“孝心公园”，围墙上宣传“孝道”文化的彩色图画引人入胜。孝义营乡情村史陈列室以孝为核心，传承与弘扬着中华民族尊老敬老的文化传统。融入居民生活中的孝心馒头、孝心之星、孝道家庭、千岁宴等，都能体现出孝道文化在此村中的弘扬与光大。

孝义营乡情村史陈列室

孝义营村牌楼

孝心公园

1. 孝心馒头

孝义营村300多年传承的“孝心馒头”，以

“孝心馒头”

其传统手工制作技艺和它背后的孝心传说为人熟知。相传，清代乾隆皇帝之子永瑆在狩猎途中偶然来到孝义营村，见到一位女子自己吃粗粮却让年迈的婆婆吃白面馒头。永瑆被其孝心所感，不仅赠送银钱，还给馒头起名“孝心馒头”。多年以后，嘉庆之子绵忻再次来到孝义营村，村民以孝心馒头相待。绵忻目睹了全村敬老孝亲其乐融融的生活状态。一时间“孝心馒头”声名鹊起，成为孝义营村的一个重要文化符号。

如今的孝义营村在传承“爱老、敬老”传统美德的同时也延续着纯手工蒸制“孝心馒头”的习俗。村民们选取本村自产的优质小麦，通过传统加工方式制成石磨面，面粉是绿色有机面粉，而且不添加增白剂和任何防腐剂，再将这些绿色有机面粉用面肥和食用碱进行发酵，经过纯手工揉制后放入农家大柴锅内，蒸出的馒头不仅松软中带有嚼劲，还散发着浓厚的麦香味，让人回味无穷。2013 年，孝义营村充分依托本村的面食传统文化优势，建成孝心馒头加工厂，形成“孝心馒头”产业链。为了能让孝义营村的“孝心馒头”走出青云店，村里与大兴区总工会签订“京卡”购买“孝心馒头”系列产品优惠协议，与某餐饮公司签订了“‘孝心馒头’进社区”合作协议，同时还购置了“孝心馒头”配送车，让老百姓在家门口就能吃到安全放心的馒头。

2. 千岁宴

“千岁宴”活动是孝义营村的一个传统活动。自2000年开始，每年九九重阳节当天，村两委都会将60岁以上老人请到村委会，为其摆上“千岁宴”，让老人们欢聚一堂，共度佳节。“千岁宴”的意思是同一宴桌的老人岁数加起来要近千岁，也就是说每桌要安排12~13名60岁以上的老人。每年农历九月九日重阳节的一大早，村委会大厅已摆好用餐桌椅，大院支起炉灶，相关人员正在为盛宴忙碌着。宴席的菜肴主要由6个凉菜、6个热素菜、6个热荤菜，共18道菜组成，还有一个大寿桃，老人们一边吃着菜肴、尝着寿桃，一边观看村里准备的文艺节目。

2018年10月17日是农历的九月初九，当天上午，“‘孝满京城德润人心’2018年大兴重阳节主题活动”在北京市大兴区青云店镇孝义营村举行。主会场的活动以“孝心馒头”的美丽传说为切入点，以全区百名孝星评选表彰为主体，以品尝千岁宴为活动高潮，充分体现了孝道文化主题活动的故事性、引领性和传承性。千岁宴是大兴重阳节主题活动的压轴大戏，60岁以上老人都被邀请参加。

事亲行孝是中华民族的传统美德，也是家庭和睦、社会安定的基本要素，是当代社会精神文明建设的一项重要任务。孝义营村是大兴区弘扬和传承敬老爱老风尚的一处缩影，几百年来，这个小小的村庄传承和发扬着孝道文化，家家出孝子、户户敬老人的共识蔚然成风。

（三）瀛海文史馆

瀛海坐落在京畿南海子之内，有史记载可追溯到辽代。据《瀛海镇志》记载，瀛海居住的大多是河间、肃宁人。古时河间称瀛洲，而此地又叫海子里，取两地的首字合起来称为“瀛海”。

1. 红星之耀

中华人民共和国成立前夕，原本属于河北省的南海子地区划归刚刚组建的北京市南苑区人民政府管辖。1952年，时任北京市委书记的彭真同志提出要在京郊建一个示范性集体农庄，南苑区委就提议在南海子中心的姜场村先行建立示范点，北京市委很快同意了这个提议，从此南海子开始了自己的“红色之旅”。

1953年元宵节，在姜场村召开“集体农庄”成立大会，通过《红星集

北京南苑区红星集体农庄主席于潮凯（手持报纸）给播种冬麦的庄员们传达喜讯（图片摄于 1954 年 10 月）

体农庄章程》。这次大会为农庄赋予了一个极具时代特征的名字——“红星集体农庄”，农庄的办公地点就设在姜场村。红星集体农庄下设 4 个生产队，一个大车组和一个饲养组，农庄在工作分配上按劳取酬、评工记分、多劳多得。红星集体农庄是“一五计划”时代背景下的产物，是中国共产党带领人民群众探索社会主义建设之路的生动实践。

1955 年，正值中央制定和实施第一个“五年规划”时期，《北京日报》刊登了北京市委农村工作部和北京市农林水利局帮助制定的《红星集体农庄的远景规划》。这一规划引起了毛主席的关注，他亲自为《远景规划》写下“按语”，肯定集体农庄会给农村生活带来变化。毛主席所写按语表达出的含义有四点：

第一，红星农庄改变了几十万年以来人类的生产方式，由私有变为国有（大集体所有）。

第二，改变了经济模式，由自然经济到计划经济。

第三，过几年会有大发展，充满了希望。

第四，以后各地社会主义农业怎么发展，都仿照这个模式来。

《红星集体农庄的远景规划》在《北京日报》发表并刊登毛主席亲笔所写的按语后，在全国掀起了实现农业合作社化的热潮。南海子地区已经成立的合作社，向社外农民敞开了大门。到 1955 年 12 月底，海子里 95% 以上的农户都加入了农业生产合作社，并纷纷要求走红星集体农庄的道路，取消土地分红，实行按劳取酬，初级社转为高级社。到 1956 年 1 月，海子里的初级社都转型成了高级社，小社合并成大社。最后，海子里合并成 5 个大型的高级农业生产合作社，即红星农庄（瀛海乡）、金星社（金星乡）、曙光社（西红门乡）、晨光社（鹿圈乡）、旧宫社（旧宫乡），当时被誉为海子里的“五面旗帜”。

当年 12 月，《红星集体农庄的远景规划》和毛主席亲笔所写按语编入了《中国农村社会主义高潮》一书，并向全国发行，影响很大。

红星集体农庄成立第一年，就发挥了“农业生产合作社”的优势，在生产上表现出巨大的优越性。农民们有了自己的组织，劳动热情高涨，粮、棉作物的产量大幅提高，到 1954 年底，红星集体农庄就发展到了 1000 多户。

1956 年，红星集体农庄开垦出稻田 1900 多亩，平均亩产 500 斤，揭开了海子里大面积改造盐碱洼地为稻田的新篇章，“南苑稻”享誉京城。红星集体农庄被授予“北京市农业生产模范单位”称号。

1958 年 3 月，原属于河北省的大兴县正式划入北京市辖区，南海子地区也划归大兴县，5 个合作社与京郊农场合并成一个总面积约 160 平方公里的大型组织——大兴县红星人民公社，直到 1983 年取消建制。20 多年里，红星人民公社一直发挥着新农村的示范作用。

2. 瀛海之窗

20 世纪 70 年代，集体企业开始逐渐发展起来，一个个乡办、村办企业如雨后春笋般在瀛海大地破土而出。

80 年代，开始实行家庭联产承包责任制。个体商户、个体运输户等个体经济逐渐形成。同时期，瀛海地区农民开始使用收割机、拖拉机等农用机械，耕种收脱实现了全机械化。瀛海乡东一村、东二村、西一村、西二村、怡乐村被定为北京市第一批商品菜基地。

90 年代，瀛海乡被列为北京商品粮基地，创种“吨粮田”。随着改革开放的深入，瀛海的发展不再局限于农业，农村发展不再局限于土地。这个时期，在党的领导下，瀛海人民大胆地试、大胆地闯，工商业得到了较大发展。一座座崭新的小楼拔地而起，一条条平坦的硬化道路直通农家，一个个富民产业落地生根……瀛海的大地上，一幅幅人民幸福奔小康的画面正在徐徐铺开。

2000 年 3 月，原大兴县瀛海乡与太和乡合并改称瀛海镇。2001 年 1 月 9 日，国务院批准撤销大兴县，设立大兴区，2007 年 10 月 12 日，经北京市政府批准，瀛海镇正式升格为大兴区人民政府的派出机关，瀛海办事处揭牌仪式在瀛海镇政府举行。辖区位于大兴区东北部，北接南海子公园，东临亦庄新城，距北京大兴国际机场直线距离 20 公里，东接京津塘高速公路，北临南五环、南接南六环；104 国道、京台高速、地铁 8 号线、黄亦路、兴亦路，为瀛海镇搭建起“三纵三横”的交通网络，优越的地理位置使瀛海镇成为京南地区重要的交通枢纽。它正以优越的环境、丰厚的资源和改革开放的博大胸襟，坐落在京城“龙脉”上，逐步发展成为名副其实的京南福地。

第三编　馆藏农耕文化

第一章 中华耕织文化园

中华耕织文化园位于北京市大兴区安定镇乡村游览观光大道（庞安路）南侧，是大兴区唯一一个以中华传统耕织文化为主题的展馆。中华耕织文化园由北京京安大宽农业科技发展有限公司设计，历经10年建成，旨在宣传、弘扬中华农耕文化遗产，彰显中国古代农耕文化成就，揭示中华民族在农耕文化方面对世界文明的贡献。

园内苍松翠柏，绿草如茵，优雅的环境、丰富的耕织文化馆藏和多个非遗体验园，展示了我国农耕文化悠长绵延的历史和灿烂的农业兼家庭手工业文明成就，展示着中国作为传统农业大国的古往今来。

展厅占地2000平方米，以“男耕”“女织”为两大主题为主线，由

中华耕织文化园

“男耕”延伸出“中国农业科普展”“中国农业非遗展”两个版块；由“女织”延伸出“传统棉花展”“蜡染扎染工艺展”两个版块，还有农耕、纺织、蜡染、扎染、桑皮纸制作等各种非遗体验区，以及老北京民俗展厅、中医药文化体验园、乾坤石磨大舞台、中华五色土广场等。

一、男耕女织博物馆

（一）男耕与农业文化

男耕女织博物馆以中华悠久的耕织历史为主线，贯穿中华耕织文化、农业科技和纺织业的历史历程，用人物、场景、实物、图片等多种形式向观众展现我国悠久而厚重的农耕文化以及家庭手工织染业文化，体验先人的种种发明创造，从而感悟华夏祖先生存、生活的智慧。

1. 中国农耕文化

如果说历史上的匈奴人、鲜卑人、契丹人、蒙古人是游牧民族，那么，中原汉族是一个以农耕为主体的民族。男耕女织是传统农业社会的分工：男子耕田种地，女子纺纱织布，全家分工劳动。

我国男耕女织的生产方式最早可以上溯到父系氏族社会时期，即原始社会中晚期。随着第一次社会大分工，农业从采集、畜牧业中分离出来，原始刀耕火种的锄耕农业发展成较先进的犁耕农业，同时也出现了原始纺织业。从此，农业生产逐渐转入男子之手，开始了男耕女织的社会分工，这种转变也引起了原始社会由母权制向父权制社会的过渡。

传统小农经济最重要的生产工具有两种：一是男人的锄犁，二是女人的纺车。以铁犁牛耕为主要方式的精耕细作是我国传统农业的一个基本特征，以一家一户为一个生产生活单位，传统农业与家庭手工业相结合，男耕女织、自给自足的小农经济一直是我国传统农业社会生产的基本模式，是中国自然经济的显著标志。

2. 农具系列展示

耕织园根据农耕的完整过程展示各类农具，分为耕地整地、播种移栽、灌溉、收获、打场、运输、粮食加工、储藏等数个单元。其中，中国北方是旱作农业区，主粮是小麦；南方是稻作农业区，主粮是水稻，使用的农具也略有不同。

元代学者王祯（1271~1368）完成于1313年的《农书》中，分《农桑通诀》《百谷谱》和《农器图谱》三大部分，其中《农器图谱》收录农具100多种，绘图306幅，是全书的重要部分之一。王祯不仅搜罗和描绘了当时通行的农具，还将古代失传的农具经过考订研究后，绘出复原图。他写道："每见摹为图画，咏为歌诗，实古今太平之风物也。"在耕织园观摩农具、了解田园生活、了解农业生产的每一个流程，令人禁不住感叹农具乃太平时代的风物，感叹华夏祖先在不同时期取得的丰硕农业成就。

耕地整地工具：用于翻耕土地、破碎土垡、平整田地等作业。《论语》中记载，春秋末年已有"耦耕"法，"长沮、桀溺耦而耕"。(《论语·微子》) 到汉代，畜犁成为最重要的耕作形式；魏晋南北朝时期北方已经使用犁、耙、耱进行旱地配套耕作；宋代，南方形成犁、耙、耖的水田耕作体系。

播种移栽农具：耧车又叫耧犁，是中国最早使用的播种工具，发明于

撒播籽种场景展示

种地农具

锄地农具

称量农具

西汉武帝时期，宋元时期北方普遍使用。它由耧架、耧斗、耧腿、耧铲等构成，分为一脚耧、二脚耧、三脚耧，最多有五脚耧。耧车将开沟、下种、覆土三项作业合并为一，使播种质量和效率大为提高。砘车，可以使种子和土壤紧密接触，更容易发芽，元代王祯《农书》中已有记载。提篓，一种播种工具，用来盛种子，也可以放一些小型刀具。

中耕除草农具：中耕是指对农田进行浅层翻耙，以疏松表层土壤，一般结合除草，在降雨、灌溉后以及土壤板结时进行。展品里除了各种形制的锄耙等用于松土、除草的农具之外，还有喷洒药水的药水桶，以及用于给庄稼浇水、运送肥料的木桶、柳条筐等。

灌溉用具：主要用具有柳罐、木桶、辘轳、水车等。馆藏陈列品中有几架龙骨水车，又叫翻车，于汉代发明，最初是手摇，到唐代后出现了牛踏、脚踏等多种形式，在南方水田耕作地区普遍使用。

打场分选用具：这类农具主要有木锨、叉子、木耙（谷耙）、镰刀、二齿杈等。清选粮食有扬场机和风扇车。扬场机将粮食颗粒与杂质分离，对粮食进行精选和分级。风扇车是汉代发明的工具，也用于清杂和精选粮食。使用时，把混杂有糠皮、秕谷的粮食从上面倒入木斗，利用手摇鼓风，由于糠皮和秕谷分量轻，被风吹出，从后口排出；颗粒饱满的粮食分量重，从中口落下。汉代史游《急就篇》有“碓石岂扇，颓舂簸扬”之句，“扇”即风扇车。扬场机是粮食、糠皮从一个口排下，风扇车有中间和后方两个口，所以风扇车更先进一些。元代王祯《农书》所绘的风扇车是靠脚踏连杆使轮轴转动；明代宋应星《天工开物》中绘有闭合式风扇车，在展览馆中都有实物陈列。

装载运输工具：我国北方农村最常见的是独轮车。《左传》记载，奚仲曾做过夏禹的“车正”，最善于造车，可见夏代已有车辆。汉代陆贾《新语》中说奚仲“挠曲为轮，因直为辕”，可知当时发明了有辐条的车轮。独轮车易操作，比肩挑效率高出几倍，窄路、巷道、田埂、木桥都能通过，适用性广。两轮车或四轮车又叫大车，车身大，载重多，一般需要骡马等大牲口（畜力）拉，对路面宽度要求较高。秦统一后的措施之一是“书同文，车同轨，度量衡一统”，大车两轮轮距统一后，长期碾压在道路上，会形成深深的车辙（车道沟），类似于轨道。

粮食加工用具：有杵臼、磨、箩、笸箩等。《易·系辞下》说：“断木为杵，掘地为臼。”杵是一头粗一头细的圆木棒，臼是舂米器具，用石头或木头制成，中间凹下。杵臼适用于脱谷物的壳，或者把粮食、药物等捣碎成粉末状。使用杵臼费力费时，效率不高，后来又发明了石磨、碾子等用于加工量大粮食的工具。春秋时期，以“杵臼”做人名很常见，可见“杵臼”在生活中的广泛运用。

粮食称量工具：从春秋战国起，各诸侯国都制定出粮食称量单位，有合、升、斗、斛。秦统一了全国的度量衡。斗是称量容积的器具，不同地区用的斗形状不同：口小底大的斗是华北地区常用的，例如北京、河北、山东；口大底小的斗是山西等地使用的，而圆斗是东北地区常用的；斗后来也成为一种计量单位，后来引申为“升斗小民”，意为小老百姓。计量轻重的工具还有秤，秤杆代表平衡，秤砣代表权力，“权衡”一词由此而来，俗话说：“百姓心中有杆秤”。

粮食入仓储藏工具：粮食入仓后，要存放在粮囤中，再用麦糠、白灰、黏土等材料混合，对粮囤封顶，之后盖上粮印。如果取粮食，要从下面拿，不能从上取，否则视为缺粮，不吉利。加高粮囤的芦苇席子叫旋子，高度取决于粮食的多少。“满仓”是粮囤装满，是农家丰收和富足的象征。

3.《康熙御用耕织图》和《庄农日用杂字》

耕织文化园背景图为《康熙御用耕织图》，每一幅图都配有五言、七言诗各一首，五言律诗 40 字，七言绝句 28 字。

《康熙御用耕织图》上的组诗系统描绘了粮食从浸种到入仓的整个过程，表达对农夫织女辛勤苦寒生活的感念。如第十幅图上的《插秧》写道：“千畦水泽正瀰瀰，竞插新秧恐后时。亚旅同心欣力作，月明归去莫嫌迟。令序当芒种，农家插蒔天。倏分行整整，伫看影芊芊。力合闻歌发，栽齐听鼓前，一朝千顷遍，长日正如年。甫田万井水瀰瀰，拔得新秧欲插时。槐夏麦秋天气好，及时树艺莫教迟。”

男耕女织文化园背景墙还有一篇《庄农日用杂字》。该书是乾隆年间山东临朐人马益著编写的农村识字和启蒙教材。《庄农日用杂字》全文共 474 句，2370 字，根据一年春夏秋冬、男耕女织的生活，以五言顺口溜的形式详细记录了北方农家生活的方方面面，通篇用俗语俚句，一韵到底，抑扬顿挫，朗朗上口。其中的一句“人生天地间，庄农最为先”，表明了农业在中国历史上举足轻重的地位。

过去，《庄农日用杂字》是北方村塾的启蒙读物，被农民誉为“农户书”。这部作品流传了200多年，已经列为潍坊市首批非物质文化遗产。

（二）女织与纺织文化

1. 纺织与麻布、丝绸和棉布

据说中华民族的“人文初祖”黄帝之妻嫘祖发明了养蚕和纺织丝绸，可见中国纺织业历史的悠久。明朝在西苑北海建有先蚕坛，是北京“八庙九坛”之一，供帝王后妃祭祀嫘祖。每年春季第二个月的巳日吉时，皇后要来此祭祀并躬行桑礼，以示对纺织的重视。北海先蚕坛与永定门内西侧祭祀炎帝神农氏的先农坛，并为中国男耕女织文化最重要的皇家祭祀。

中国南方适宜养蚕，丝绸纺织业兴盛；北方适宜种植棉花，棉纺织业发达。棉花大规模种植之前服饰的主要材料是麻布。棉花在魏晋南北朝以后才引进中国，当时大概仅在新疆或者云南澜沧江、哀牢山一带种植。这之前，汉语里只有“绵”字，宋以后才出现“棉”字。明末徐光启所著《农政全书·木棉篇》记载，元朝时我国种植棉花才比较普遍。汉代以前，贵族穿丝绸，平民百姓穿麻布所以为“布衣”；麻布多是褐色，又叫“衣褐”，当官后可以脱下麻布穿丝绸，叫“释褐”。

丝绸织品属于奢侈品，多用于出口。汉唐以来，我国的丝绸通过“丝绸之路”向中亚西亚和欧洲输出，博得了极高的声誉。今天，在当年“丝绸之路”的古道上仍然能发掘当时的丝织品。

女织展览馆以棉纺织为主。从采棉花、搓花节到织布等各种棉纺织用具，展示出了一个完整的棉纺织过程。纺织工具有脱籽机、弹棉弓、搓花节，再用手摇纺车纺成粗棉线，再打线、浆线。据推测，纺车可能出现在战国时期，当时纺织的是麻布。纺车的文献记载最早见于西汉末著名学者扬雄的《方言》，提到“繀车”和“道轨”。纺车最早的图像见于山东临沂银雀和山西等地的汉代帛画和汉画像石，可见在汉代纺车已相当普遍。

展馆里有三锭纺车，又叫黄道婆纺车，纺车已由手摇演变为脚踏，大幅提高了生产效率。浆完线后，再络线，在经床经线，最后是上织布机织成布匹。

纺织工具

纺纱器械

耕织园有两个纺织工艺的“镇馆之宝”：一个是宋代的捻坨子，距今有1000多年历史；另一个是从尼泊尔带回的印度纺车，距今有200多年历史。

2. 蜡染

蜡染是我国传统的纺织印染手工艺，蜡染与绞缬（扎染）、灰缬（镂空印花）、夹缬（夹染）并称为我国古代四大印花技艺。今在西南少数民族民间还有流传，贵州、云南一带的苗族、布依族等民族均擅长蜡染。

蜡染分选材、制图、上蜡、染色、脱蜡等几个步骤。制作时，先把白色底布平铺在木板上，再将黄蜡放入金属容器里，用小火熔化，然后用特制的蜡刀蘸上蜡汁，在底布上绘制几何图案或花鸟虫鱼等纹样，最后浸入靛缸（以蓝色为主）浸染上色，再用热水煮脱蜡，布面就呈现出蓝底白花或白底蓝花等多种图案。浸染中，作为防染剂的蜡会出现一些自然龟裂，从而使布面呈现类似瓷釉开片状的“冰纹”，极具艺术效果。

蜡染图案丰富，色调素雅，线条流畅，兼具实用性和装饰性，用于制作服装服饰朴实大方、清新悦目，富有民族特色。各地区各民族蜡染图案形态风格都有不同。贵州安顺是著名的蜡染之乡，被誉为“东方第一染”；湖南凤凰县也被称为蜡染之乡。

3. 扎染

扎染古称扎缬、绞缬，是中国民间独特的染色工艺，制作工艺分为扎结和染色两部分。制作时，先用纱、线、绳子等工具对织物进行扎、缝、缚、缀、夹等多种组合系法进行染色，让织物的一部分被结扎起来，使其不能着色。染色后，再把绞结的线拆除。

秦汉时已有扎染的记载，唐代是古代扎染文化鼎盛时期，“青碧缬衣裙”是唐代时装的基本式样，后来还传入日本，被日本视为国宝。

目前，我国西南部分少数民族还保留着扎染这种传统手工艺。2006 年云南大理的白族扎染技艺、2008 年四川自贡的扎染技艺先后被文化部列入国家级非物质文化遗产。

二、中华耕织文化体验园

（一）农耕文化体验园

1. 五谷种植体验园

与男耕女织博物馆相呼应，中华耕织文化园内有几个与耕织相关的体验园。其中，五谷种植园占地 900 平方米，是根据商周时期出现的“井田制”为依据设计的农作物种植区。“井田”一词最早见于《谷梁传·宣公十五年》：“古者三百步为里，名曰井田。井田者，九百亩，公田居一。初税亩者，非公之，去公田而履亩，十取一也。”

五谷种植园内分片种植有荞麦、谷子、麻籽、黄介、芝麻、小麦、棉花、玉米，以及各种豆类等 28 种北方常见的农作物，种子都是从山西、山东、河南、河北等偏僻农村采购的最原始的自留种子，以便游览者通过亲身所看、所想、所感，体会中国传统农作物最原始的味道。

2. 农村场院体验园

农村场院体验园占地 500 平方米，展示农村场院文化，再现 20 世纪 60 至 80 年代北方农村家庭的场院场景。场院一般建在村头或院外，方便农人收拾粮食。

场院农具

场院地面硬度较高，表面覆盖着一层黄泥。筑场院时，泥要捣细，均匀撒在表层，然后喷上水；待盖土湿润后，再用碌碡来回碾轧，使表面平滑如镜，便于晾晒谷物。场院边上是麦秸垛，还有石碓、石磨等粮食加工用具，有的还有水井。

每年夏收，北方农村最先进场的是小麦，人们用碌碡打场，用木锨扬场；小麦收回家后，接着才是玉米、豆子、谷子、花生等进场。

游人在此可以通过亲身体验辘轳灌溉、石碓舂米、石磨碾面等项目，体会“一粥一饭来之不易”的生活哲理。

（二）手工艺非遗体验馆

1. 手纺手织非遗体验馆

纺织体验馆位于中华耕织文化园最西侧，占地面积 1200 平方米，其中有国家级非遗项目。馆内展示从纺线到织布的整个作业流程。游人在此可以亲自操作纺线机，体会“半丝半缕恒念物力维艰”的古训。

在汉朝以前，中国人纺织的“布衣”是麻布而不是棉布，主要原料是苎麻。汉武帝时期，张骞出使西域，辗转从印度带回来棉花。如今，我国西北的新疆、华北的河北和山东已成为棉花生产大省。

国家级非物质文化遗产项目——手纺手织体验馆

织纺体验馆大厅中展示的脚踩纺线机，即黄道婆纺线机，相传是元朝纺织家黄道婆改良过的纺织机，可以大幅度提高工作效率。

2. 扎染、蜡染非遗体验馆

扎染和蜡染是我国纺织品染色加工的重要环节，也是国家级非物质文化遗产项目。

扎染原理非常简单：扎上的部分无法上色，没有扎上的部分可以上色。蜡染则是使用染刀蘸上蜂蜡，在布上绘画，画完后再浸泡到颜料中；涂过蜂蜡的地方

中华耕织园蜡染、扎染体验馆

无法染上颜料，保持着原布的颜色，没涂蜂蜡的地方则被颜料染上色，形成特定的图案。

据史料记载，汉唐时期的古代丝绸之路上，中国出口的蜡染物品的销售量排在瓷器、茶叶、丝织品之后，位列第四，是大宗贸易项目，可见其十分重要。

3. 桑皮纸制作非遗体验馆

桑皮纸制作也是一项非遗项目。这项技艺起源于安徽六安，现今保存最完好的纸张可追溯至隋朝，即桑皮纸。与其他纸张不同，桑皮纸具有柔软、拉力强、不断裂、不褪色、防蛀等特点，古时多作婚丧嫁娶以及书写房产地契等的契约用纸，古代油纸伞也多用桑皮纸为原料制作，甚至宫廷所用纸张也多是淡黄色的桑皮纸。现代，人们多用桑皮纸作典籍修复、国画、裱褙、包装等特殊用纸。

桑皮纸的制作过程，从粗糙的桑树皮开始，先选料、碾压、打碎，经过拣皮、粉碎，蒸煮后，做成纸浆，再经过制浆、帘捞、焙烤等环节，前后有 30 多道程序，全部采用手工制作，整个造纸过程也叫作抄纸。

2008 年，桑皮纸制作技艺经国务院批准，列入第二批国家级非物质文化遗产名录。

4. 柳编非遗体验馆

柳编是中国民间传统手工艺品之一，使用芦苇条而非柳条编织，但编织技法是从柳条编织、高粱皮编织、竹篾编织、蒲草编织等编织工艺中变化丰富而来，习惯上都称为“柳编”。在古代，人们只把柳编作为普通日常用品，直到 20 世纪后期，柳编才逐渐成为中国部分地区出口创汇商品或

大兴区非物质文化遗产——柳编

当作手工艺术品。

柳编是大兴区本土的非遗项目之一。早年间，大兴区东西芦各庄一带是龙河和小龙河的交汇处，有大片沼泽区，生长着大量适合制作柳编的上好原材料——芦苇条，硬度适中，光洁度好，无分叉、无斑点。由于盛产这种品质良好的芦苇，大兴出现了大批的柳编制作者，也使得柳编成为大兴区的一个重要文化符号，列入大兴区非物质文化遗产名录。

随着沧海桑田的时光变迁，昔日的沼泽地早已干涸而不复存在，失去了原材料的柳编技艺也失去了往日的辉煌。如今，大兴柳编只剩下李久玉这一位非遗传承人。据李老师介绍，柳编工艺的主要技法有平编、绞编、勒编、砌编、缠边 5 种。

平编是编平面席箔类的主要工艺。其特点是经纬交织，互相穿插，可以挑一压一，也可以挑二压二、挑一压二、挑二压一，从而形成不同的交叉编织纹样。柳编席箔要先将苇子压制成平面的片材，再进行编织。其他如高粱皮编织、竹篾编织、蒲草编织也多以平编为主。

绞编也是以经纬编压为主的编结工艺，它和平编不同之处在于经编上。平编的经纬相同，同时动作，往前编织；而绞编则先编排好经桩，经桩可以是绳、条子、竹竿，甚至是铁丝，然后以编条（柳、槐、篾、芦苇）交叉穿行于经桩上下，循环绕行。编成后，表面全为纬编所掩盖，不露经桩。绞编要求编纬的条子要比较柔软，有韧性，故常用蒲草、细柳、桑条编织。

勒编是传统的柳条编结工艺，用勒编做成的器物一般称为“系货”，民间所见簸箕、笆斗、箩筐、柳条包等均是以此法编结主体部分。其法是以麻绳作经，以柳条作纬，麻绳互相交错，穿过柳条间，穿一次就绕扣勒紧。勒编器物的边缘常需另行编板，使周边整齐，不致散落。

砌编是传统手工编织常见工艺，用砌编做成的器物一般称为“砌货”，多用于圆形器物的编织，民间常用的墩子、饭篓、字纸篓等均用此法做成。其法是将编结物聚合成把，然后用较结实的篾片将这些把束穿起来。

缠边是用单条或多条排列整齐，效果朴实大方；多条可以用各种色彩的材料，缠绕时可以编出各色花纹图案。缠边多用于腊杆家具、柳编制品及屏风等器具的包边和衔接部分。

条编是辅助工艺，主要用于编器具的边沿、把手部分。其法多以坚硬材料为芯，在芯的外面用柔软的条子（藤皮、塑料带、篾皮等）按一定方向缠绕，一方面使之固定，另一方面起到表面装饰效果。

现中华耕织文化园已聘请李老师为非遗教授，向前来参观的学生及游客传承柳编技艺。虽然大兴柳编已逐渐被人淡忘，但在李老师的不断努力下，相信会有更多人热爱大兴文化、传承大兴这一民间编织手工艺。

三、老北京民俗展

（一）老北京民俗街

耕织文化园内有一条老北京民俗街，主要展示老北京商业文化中“坐贾”“行商”两部分。“坐贾”指有店铺的大商家，在店铺里做生意。“行商”指走街串巷，挑着货担到处吆喝做买卖的小商贩。

老北京民俗街的物品包括两类：第一是招牌幌子。招幌在商业经济十分繁荣的宋代已经广泛使用。招即召唤，牌一般用木牌。招牌是店铺的店标，表示店铺的名称和字号；幌，原指布幔，悬挂在门前吸引路人视线。幌子是所从事行业的行标，表示经营的商品类别或不同的服务项目。当

老北京民俗街

时做生意讲究“前店后幌”，因为很多人不识字，因此上街买东西需要看幌子。

招牌和幌子是我国商业习俗的一种特殊表现形式。古时商铺招牌种类繁多，为了方便管理，宋朝开始统一招牌的形式，商人不能随便挂招牌，挂错招牌要杀头。《清明上河图》中出现有招牌 12 张，而流传至今的老字号还有 3 家。

第二是各行当的实物展。例如剃头用的响器“唤头”和剃头挑子。“唤头”是两根条铁，一头烧结成把儿，另一头微张，全长一尺二寸。剃头匠使用时，左手拿着“唤头”，右手用一根五寸的大钉子从两根条铁的缝隙中间向上挑，发出响亮的“嗡嗡”声，这就是剃头匠的叫卖声。剃头挑子使用一条扁担挑着，一头装着剃刀、推子、梳子、篦子等理发用具，另一头是一个圆筒笼，里边装有小火炉，火炉上架着脸盆和热水，所以过去叫“剃头挑子一头热”。历史上，汉人的传统是身体发肤受之父母，不能有损伤，男女都留长发，梳发髻。清初在全国强行推行“雉发令”，剃头挑子才流行起来。

展览馆还陈列着一架老字号北京稻香村的糕点车，已经有 100 多年的历史。稻香村是源于苏州的老字号，北京稻香村始建于 1895 年，位于前门外观音寺，南店北开，前店后厂，人称“稻香村南货店”，是老北京生产经营南味食品的第一家。北京稻香村最初也有卖糕点的小推车、糕点盒等，走街串巷，沿街叫卖，后来才成为驰名的老字号。

北京商贩经常出现响器与吆喝叫卖相结合的景象，吆喝的强调语句也非常有意思。

还有一个叫“报君知”的，是为盲人准备的一种步行辅助工具，用以提醒旁边的路人。铃铛是套在牲口上的一种工具，因为大多数牲口可以站着睡觉，把铃铛挂在牲口脖子上，即使它睡着了，也会跟着声音向前走。

老北京民俗街体现的是地道的“京味文化”，是老北京人在上千年文化历史的发展中逐渐沉淀下来的日常生活场景的种种片段。

（二）老北京门楼文化

耕织文化园内复建了一座老北京四合院，展示了老北京门楼文化。门楼文化中最重要的是台阶的高度和门框门扇的位置，由低到高，由前到后，由浅到深，体现的不仅是老北京门楼文化，更能透视古代等级观念。比如，六七品官员门前台阶为二级，五品为三级，四品为四级，三品为五级，二品为六级，一品为七级，亲王为八级，九级为皇帝专用。老百姓只能使用随墙门。宅院大门的门扇越往墙里缩，门厅越宽，表明主人级别越高，所谓“侯门深似海”就是由此而来。

“门当户对”的等级制度形成于元朝，词汇中的用语表明宅院主人的身份。“门当”指大宅门前的一对石鼓，又叫抱鼓石。古人认为鼓声如雷霆，能避邪；门当圆形表明住宅主人为武官，象征战鼓；方形为文官，象征砚台；路人一望便知这家主人是文官还是武将。普通老百姓最多只能用木质方门墩或门枕石。“户对”是置于门楣上或门楣双侧的圆形短柱，也有六角形、六花形柱，长一尺左右，与门楣垂直。“户对”用短圆柱形，代表了古人重男丁的观念，祈求人丁兴旺。“户对”多少也与官品职位高低成正比。三品以下官宦人家有两个“户对”，三品有4个，二品有6个，一品有8个，只有皇宫才能有9个，取九鼎之尊之意。大门的开间也是等级制度的体现，古代皇宫门是五开间，郡王府门是三开间。

因为门楼是古代社会等级的鲜明体现，汉语中有不少与门楼有关的词语都折射出当时的传统文化，如门第、门风、门威、门户之见等。

过去常说的“大门不出，二门不迈”，二门是指四合院的二道门——垂花门，垂花门和外墙之间还形成一个小院，叫南院，大的南院靠南墙还建有房子，朝向是坐南朝北，叫“倒坐”。

屋子瓦片的颜色也有讲究：皇帝用黄色琉璃瓦，如紫禁城的黄瓦红墙，亲王、郡王屋顶用绿色琉璃瓦，其他的房屋均用黑色瓦。

四、中医药文化体验园

（一）《黄帝内经》与“岐黄之术”

中国中医药文化历史悠久，博大精深。中医又称“岐黄之术”，最早可以追溯到中华民族的“人文初祖”黄帝时代，“黄”指轩辕黄帝，“岐”是他的臣子岐伯。相传黄帝常与岐伯、雷公等臣子坐而论道，探讨医学问题，对人的疾病病因、诊断以及治疗原理等设问作答，予以阐明，这些内容都记载于《黄帝内经》中，成为中医药学理论的渊源和最古老的中医经典著作。

中医药文化体验园

《黄帝内经》和不少诸子百家著作一样是“出于众手”，既不是成书于某一个特定时期，也不是某一个人独立完成的，而是先秦时期中国医术集体成果的汇总，大约在战国时期，以对话体的形式写成，秦汉时期完成最后编定。《黄帝内经》包括《素问》和《灵枢》两部分。《素问》研究人体生理病理，是“诊断之法”；《灵枢》研究人体穴位和针刺疗法，被称为“针经”，是“治疗之法”；书中还最早提出了血液循环的概念。《黄帝内经》是中医药学理论的渊源，被尊为“医家之宗”，同时也涵盖了哲学、天文、物候、养生等诸多领域，内容博大精深。直至今日，凡从事中医工作者仍然言必称引《黄帝内经》之论。后世遂将“岐黄之术”指代中医医术。

（二）中医药“十祖”

自黄帝、岐伯开始，中国历代出现了很多著名中医药学家。他们潜心研究中医医理药理，对我国中医药文化发展起了重要作用。中医药文化体验园重点介绍了10位被称为中医药“十祖”的，最重要的中医药学家。

1. 扁鹊（？～？）——中医脉学奠基人

扁鹊是春秋战国时期的名医，姬姓，秦氏，名越人，因医术高明，时人以古代名医“扁鹊”称之，居中国古代医学家之首。据说，他师从长桑君，尽传其医术经方，精于内、外、妇、儿、五官等科，用砭刺、针灸、按摩、汤液、热熨等法治病。扁鹊系统总结了先秦中医脉诊“三部九候”诊法，用脉诊来判断疾病，提出完整的脉诊理论，被尊为我国古代医学祖师，中医脉学奠基人。

2. 华佗（约145～约208）——“外科鼻祖”

华佗是东汉末年著名医学家，与董奉（“杏林”一词源于他治病不受诊金，只要病人种杏）、张仲景并称“建安三神医”。华佗医术全面，精通内、外、妇、儿、针灸各科，尤其擅长外科，精于手术，被称为“外科圣手”。他发明了世界最早的麻醉剂——麻沸散，首创用全身麻醉法施行外科手术，开创了世界药物麻醉的先河，故又称“外科鼻祖”。华佗还提倡养生之道，发明了导引术——五禽戏，是中国古代医疗体育的创始人之一。

3. 张仲景（约150～219）——“医圣”，中医临床学奠基人

张仲景，东汉末年著名医学家，后人尊为“医圣”。张仲景广泛收集医方，写出传世巨著《伤寒杂病论》，是集秦汉以来医药理论之大成并广泛用于医疗实践的专书，是我国第一部临床治疗学巨著，是继《黄帝内经》

后最有影响的医学典籍。他确立了六经辨证的中医治疗原则，奠定了中医临床学基础。

4. 皇甫谧（215～282）——“针灸鼻祖”

皇甫谧，三国西晋时期著名学者、医学家、史学家，是晋代著书最丰富的学者，在医学史和文学史上都享有盛名。皇甫谧所著《针灸甲乙经》是中国第一部针灸学专著，在针灸学史上有很高的学术地位，被誉为“针灸鼻祖”。

5. 葛洪（284～364）——中医养生学集大成者

葛洪，字稚川，自号抱朴子，东晋道教学者，著名炼丹家，医药学家。葛洪的伯祖父葛玄曾师从江东炼丹家左慈学道，以炼丹秘术传于弟子郑隐。葛洪约 16 岁时拜郑隐为师，习导引之术，曾到广东罗浮山炼丹。他著有《抱朴子》内外篇，其中内篇 20 卷论述神仙方药、养生延年之术，系统总结了晋代以前的方术、医术、守一、行气、导引等，为晋代医药学和养生学集大成之作。

6. 孙思邈（541～682）——“药王”

孙思邈是唐代杰出医学家、药学家、著名道教学者，后人尊为“药王”。他精于内科，兼擅外科、妇科、儿科、五官科，在中医学史上首倡并正式开创妇科、儿科医学。他穷毕生之力撰写出医学巨著《千金要方》和《千金翼方》，开创中医方剂学；他所著《丹经内伏硫黄法》记载了把硫磺、硝石、木炭混合，制成粉末，发火炼丹，是中国现存文献中最早关于火药的配方。

7. 钱乙（1032～1113）——“儿科之圣”“幼科之鼻祖”

钱乙是宋代著名儿科医学家。钱乙治学初以《颅囟方》成名，专攻儿科，声誉卓著，被授予翰林医学士。他所撰《小儿药证直诀》是中国现存第一部儿科专著，第一次系统总结了小儿疾病的辨证施治法，使儿科真正成为一门独立学科。后人尊为“儿科之圣”“幼科之鼻祖”。

8. 宋慈（1186～1249）——“法医学之父”

宋慈是南宋著名法医学家，曾任广东、湖南等地提点刑狱官，办案注重实地检验。宋慈著有《洗冤集录》5 卷，是我国第一部系统的法医学专著，也是世界最早的法医学专著，开创了法医鉴定学，被尊为世界法医学鼻祖。

9. 李时珍（1518～1593）——“药圣”

李时珍，字东璧，晚年自号濒湖山人，明代著名医药学家。曾担任楚王府奉祠正、皇家太医院判，去世后明朝廷敕封为“文林郎”。他走遍各地，多方收集药物标本和处方，参考历代医药等各方面书籍925种，记录了上千万字的札记，历经27个寒暑，三易其稿，于明万历十八年（1590）完成了192万字的巨著《本草纲目》，被后世尊为“药圣”。他对脉学及奇经八脉也有研究，著有《奇经八脉考》《濒湖脉学》等多种脉学著作。

10. 叶天士（1666～1745）——温病学派的代表

叶天士名桂，字天士，号香岩，别号南阳先生，清代著名医学家，四大温病学家之一。叶天士生于医学世家，最擅长治疗时疫和痧痘等疾病，是中国最早发现猩红热的医师。叶天士首创温病“卫、气、营、血”辨证大纲，为温病的辨证论治开辟了新途径，被尊为温病学派的代表。

中医药体验园除了对中医起源、古代著名中医药学家做了介绍外，园区还陈列了上百种中草药，对各种中药的药性、作用以及用药方法做了详细说明。游客来此，除了能学习丰富的中医药理知识外，还能自己动手，通过这些药理知识，自由选择搭配，制作一个可以随身携带的养生小香囊。

五、农耕文化大舞台

（一）五色土广场

五色土广场位于中华耕织文化园的中心位置，占地2300平方米，是中华大地东西南北中的地域差异性、土壤多样性的集中体现。其中，青色土代表海岸，白色土代表大漠，红色土代表江南，黑色土代表塞北，黄色土代表中原。五色土象征中华大地如一块钻石般的土地，表明中国幅员辽阔、土壤多样、物产丰富的场景。

五色土广场的设计源于北京天安门西侧的社稷坛。社稷坛为明清两代祭祀社稷之神的祭坛，其设计位置是依《周礼·考工记》中“左祖右社”的帝王都城设计原则，置于皇宫之右（西）。祖与社都是封建政权的象征，祖是皇帝的祖先，即太庙，供奉皇帝的列祖列宗；社稷是“太社”和“太稷”的合称，社是土地神，稷是五谷神，两者都是农业社会最重要的根基。京城有国家的祭坛，地方各级城市也都有祭祀社稷的场所。现在北京社稷坛（中山公园）基本保留着明代社稷坛的格局。社稷坛是一个正方形的三层高台，以汉白玉砌成，象征“天圆地方”；社稷坛最上层铺五色土：中黄、东青、南红、西白、北黑，象征金、木、水、火、土五行为万物之本，也象征东、南、西、北、中五方。东方尊太昊，属木，青色，为木神；南方尊炎帝，属火，红色，为火神；西方尊少昊，属金，白色，为金神；北方尊颛顼，属水，黑色，为水神；正中尊黄帝，属土，黄色，为土神。五色位置刚好与五方、五行相对应。

五谷园石碑

明清两朝历代皇帝于每年春、秋第二个月的第一个戊日来社稷坛祭祀社神与稷神。社稷坛的五色土都是由全国各地进贡而来，表明“普天之下，莫非王土”。

（二）石磨文化大舞台

石磨、碾盘是乡村古老的印记。磨，用于把米、麦、豆等粮食加工成粉、浆，最初叫硙（wèi），汉代开始叫磨，最初用人力、畜力驱动，用水力驱动的磨大约在晋代发明。

石磨通常由两个圆石做成。石磨下扇中间装有一个短立轴，用铁制成，下扇固定；上扇绕轴转动，上扇一侧还有一个磨眼。磨面时，谷物等通过磨眼流入磨膛，均匀分布到四周，被磨成粉末，从夹缝中流到磨盘上，再用筛筛去麸皮等杂物，就得到面粉。一些农村现在还用石磨磨面或者磨豆腐。

过去，北方大部分地区麦黍等粮食脱壳去皮时，还使用石碾子。碾子由碾台、碾盘、碾滚和碾架等组成。碾盘中心设竖轴，连着碾架，架中装碾滚子，多以人推或畜拉，通过碾滚子在碾盘上来回滚动，达到碾轧脱壳的目的。

1968 年，河北省保定市满城汉墓中出土了一架距今约 2100 年的石磨，这是一个石磨和铜漏斗组成的铜石复合磨，这是我国迄今发现的最早的石磨实物。

随着社会的发展，机磨代替了石磨，石磨逐渐成为历史，退出百姓生活，日渐被人遗忘。中华耕织园用了 6 年多时间，走遍全国，收集被人们遗忘在角落里的石磨碾盘，2015 年，中华耕织文化园中建起石磨文化墙和石磨文化舞台。石磨文化墙位于中华耕织文化园中心，长 45 米，高 4 米，舞台宽 10 米，共计使用 3000 块石磨碾盘，以 16 块直径 1.3 米的大型碾盘为中心，给人以视觉上的冲击和震撼，从记忆深处唤起中国的石磨文化，从中感受华夏民族先辈的勤劳和智慧。

石磨文化舞台前是以石碾坨为前沿，用锤布石铺装。大舞台不定期上演中华五千年男耕女织的大型历史情景剧，向世人传播中华耕织文化的历史。

石磨文化墙

第二章
中国西瓜博物馆

中国西瓜博物馆坐落在北京市大兴区庞各庄镇，是绿海田园中一座极具时代特征和鲜明特色的标志性建筑物。它的外形效果为飞翔的西瓜，中间序厅圆顶气势恢宏，酷似巨型西瓜之状，两侧主展厅顶层则状似西瓜叶片，同时也像一对振翅飞翔的翅膀。整体建筑时尚现代，舒展大方，典雅庄重而不失活力，色调协调又富有文化底蕴。馆内展览内容以西瓜历史、西瓜种植、西瓜产业、西瓜文化和大兴西瓜节为主线，通过雕塑、模型、标本、图标等展览形式分版块进行陈列，构成了集科学性、专业性、知识性、文化性、趣味性为一体的陈列。

一、瓜从西方来

顾名思义，“西瓜”与西方有关。元代王祯《农书》云：“种出西域，故名西瓜。”西瓜五代时沿古丝绸之路传入中原，所以西瓜博物馆一进门的大厅中，就在西瓜传播路线图前放上了骑骆驼的胡商塑像，以纪念这些“西瓜的使者”。

（一）西瓜的起源

从植物分类学来说，西瓜属于葫芦科，是从野生植物发展成为人工栽培的农业作物。根据 1983 年联合国粮农组织国际植物遗传资源委员会发表的《葫芦科的遗传资源报告》称，西瓜起源于非洲，在非洲半沙漠地区发现了西瓜属的野生类型，在古代就引进埃及并延伸到印度栽培。在非洲撒哈拉沙漠地带至今还有西瓜的野生种。在非洲埃及发掘的古墓壁画中就有描绘精致的西瓜茎蔓和果实的图案，专家推断，早在 4000 至 5000 年前埃及尼罗河下游一带的古埃及人就已经开始种植西瓜了。正是因为长期受到非洲沙漠地带的气候环境和风土条件的影响，西瓜形成了喜热、耐旱等生物学特性。17 世纪意大利画家 Giovanni Stanchi 的画作中，切开的西瓜虽然同样是粉色的瓜瓤和黑色的瓜子，但呈现出放射状的种子却跟今天吃的西瓜完全不同。这也印证了关于西瓜的起源其中较为流行的一种观点，即西瓜原是葫芦科的野生植物，后经人工培植才成为可食用水果。

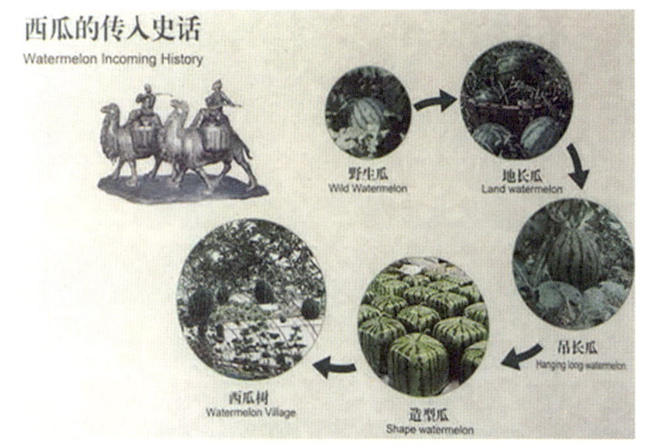

瓜从西方来

（二）西瓜的传播

西瓜以非洲埃及一带沙漠地区为原产地，经过现在伊拉克境内的美索不达米亚，一支沿地中海北岸传至欧洲，另一支传播到中亚地带。而后经波斯，就是现在的伊朗地区，向北至阿富汗，再传入中国新疆地区，后又从中国传入日本等地。

根据现有资料考证，西瓜是在唐代或之前传入我国的。从博物馆中展示的西瓜在中国传播示意图上可以看出，至今我国种植西瓜已经有 1000 多年的历史了。

1981 年，从陕西西安唐朝墓葬中出土了“唐代三彩西瓜”。经专家考证，三彩西瓜的制作年代当在公元 7~8 世纪初的“盛唐时期”。它有力地证明了早在唐朝，西瓜就已传入我国内地。从古代文献记载来看，北宋欧阳修编著的《新五代史》卷七十三《四夷附录二》中记载，五代时期后晋同州合阳（即今陕西合阳）县令胡峤（qiáo）从契丹返回中原后，写有《陷虏记》。其中讲述，他在回中原的途中走到现在的内蒙古巴林左旗南波罗城地区，曾经第一次吃到西瓜，并说这是契丹人从“回纥”得来的瓜种。

Giovanni Stanchi 的静物油画

"回纥"即现在新疆维吾尔族的先民。这是目前所知我国最早记载"西瓜"名称和食用西瓜以及瓜种来源的文献，它确切地说明早在 1000 多年前的五代时期，西瓜已从新疆、甘肃等地区传入内蒙古一带。

1995 年，内蒙古赤峰市发掘出了辽代墓葬中大幅壁画——宴饮图。从图中可以看到 916 年至 1125 年，生活在内蒙古一带的辽代人食用自己栽培的西瓜的图像。这是迄今所知的年代最早的"西瓜图"。再从洪皓（hào）所著《松漠纪闻》的记载来看，在南宋高宗建炎三年（1129），洪皓受当时南宋政府的派遣任出使金国的通问使，被金国留住 15 年，直到绍兴十三年（1143）才回到南方。他回来时曾携带西瓜种子，并在随后推广种植。

南宋时期西瓜的种植不仅得到大面积推广，而且品种也逐渐增多。民国时期在湖北恩施发现了一座南宋"西瓜碑"。此碑刻于咸淳（chún）六年（1270），它记录了鄂西地区种植西瓜的历史。碑文上说，当时鄂西地区种植的西瓜已有"蒙头蝉儿""团西瓜""御西瓜"（也叫"细子儿"）等 4 个品种，并且说前 3 种瓜已"在淮西种食八十余年矣"。当时"淮西"是现在安徽的北部及河南东部淮河北岸一带，宋代曾在此设"淮西路"，所以称"淮西地区"。从碑刻时的南宋后期上溯 80 余年，可知在南宋中期有 3 种瓜已经在淮西地区广泛种植。第四种西瓜，碑文中说是"自庚子嘉熙北游带过种来”。“嘉熙”是南宋理宗赵昀（yún）的年号，“庚子嘉熙”即公元1240年。可见南宋中后期，西瓜已在江南地区获得普遍种植。

二、西瓜文化的形成和发展

西瓜风味诱人、清爽消暑，在炎炎夏日的酷热中，人人都会口干舌燥，若是能吃上甘甜可口的西瓜，定是会有种飘飘然的美感。不过西瓜不光有美丽的外表，也在中国传统文化中有自己独特的韵味。

（一）西瓜礼制

在中国众多的礼制中，西瓜礼制颇具特色。吃瓜必须切开，而切瓜在古代是很有讲究的。大约3000年前的西周就有严格的礼制规定，等级是很森严的。《礼记·曲礼》规定，为天子削瓜，先剖成四瓣，再横切为八，用絺（细葛布）覆盖；为诸侯切瓜，中剖为二，再横切为四，用裕（粗葛布）覆盖；为卿大夫切瓜，亦如诸侯，但不用葛布覆盖；为士人切瓜，横切为两半，去掉瓜蒂；庶人食瓜，只去瓜蒂。切瓜礼制传至清代，则更为讲究，体现了深厚的民族文化传统。根据《燕京岁时记》一书记载，清宫御膳房切西瓜，是先切掉瓜的两端，使瓜呈鼓状，再用铜制的“筒刀”插入瓜心，取出瓜瓤，去籽切片，放入瓷制瓜碟中，呈供皇上、皇后和嫔妃享用。进食时，既不见瓜皮，也不见瓜籽，可谓讲究之极。清时，民间切瓜也渐趋讲究。北京“六月初旬，西瓜已登，有三白、黑皮、黄沙瓤各种沿街切卖者，如‘花瓣’，如‘驼峰’，冒暑而行，随地可食。”这种古老风俗随着生活节奏的加快，已随时间逝去。但是今天的老北京卖瓜，仍多将样品瓜切成莲花形状，放在瓜摊上招徕顾客。

切瓜有讲究，吃瓜就更有讲究了。有冷吃、熟吃；有专吃瓜瓤，也有专食瓜皮的；有加糖的，有放盐的，有加奶的，有撒辣椒末的。明清时代，一般百姓用井水将西瓜拔凉，把西瓜放进井水里泡上三四个小时便可；大户人家通常会买碎冰，将西瓜放置冰中，通体冰凉后食用，现代人的吃法与其可谓一脉相承。

（二）瓜雕艺术

我国的西瓜雕刻艺术有着久远的历史。早在宋代林洪《山家清供》、宋代孟元老《东京梦华录》等古籍中，就有瓜刻的记述。到清朝初年，瓜雕技艺日臻完善，尤其是扬州瓜雕久负盛名，在我国食文化中占有一席之地。瓜雕作品题材广泛，主题多样，造型生动，有的反映现实生活，有的表现名胜风貌，有的刻绘花、鸟、虫、鱼形态，有的表现神话传说，有的仿刻文物器皿。从造型看，有的是整雕，有的是零雕组装成型。既有以观赏价值为主的西瓜灯，又有集观赏和食用融为一体的西瓜盅。表现手法有浮雕、镂空、突环技法。突环技法所刻突出部分，突于瓜体之外，环环相连，但仍与瓜体连接，令人叫绝。

堪称食品雕刻之最的西瓜灯，在清代李斗的《扬州画舫录》中已有记载："……亦取面瓜皮镂刻人物、花卉、虫鱼之戏，谓之西瓜灯。"《扬州画舫录》主要反映的康熙、乾隆年间扬州风貌和地方习俗。传说，西瓜灯最初只是用于祭祀活动，后来才被应用于筵席，或悬于餐桌中央，或立于墙壁之上，或点缀厅堂。当人们步入餐厅时，将主要照明的灯光调暗，瓜灯那古色古香的造型和色彩就可深深吸引进餐者，使之情趣盎然，心旷神怡，进餐的欲望陡增。从实（食）用的角度看，瓜盅比瓜灯更具有生命力，因为瓜灯不可能真正地作为"灯"来照明，在不短的历史时期内，瓜灯仅仅是为了满足人们娱乐、取悦宾客或延续地方习俗的需要，也有烹饪纯粹艺术化之嫌。许多烹饪专家近来设法将瓜盅与瓜灯合二为一，"突环御果园"的出现就是一次成功的尝试。传统菜"水果西瓜盅"是一道甜美菜肴，清凉爽口，赏心悦目，几巡酒之后尝之，惬意至极。传说当年西瓜盅被康熙钦命为"御果园"，流传至今。烹饪家在"水果西瓜盅"的外面加一"突环"外罩，并将瓜灯的灯火效果引入其间，使瓜灯的突环（就是利用一组组的环，使所突部分突于瓜体之外而又与瓜体相连）绝技注入了新的生命力。从此，瓜灯、瓜盅不再泾渭分明，走上了欣赏、实用、食用于一体的道路。

（三）西瓜诗话

千百年来，西瓜也是历代文人雅士咏诗作词的对象，咏瓜佳作有不少留传至今。

南朝梁诗人沈约的《行园诗》："寒瓜（即西瓜）方卧垅，秋菰已满坡。"宋代诗人方回也留下佳句："西瓜足解渴，割裂青瑶肤。"南宋诗人范成大《咏西瓜园》的诗写得更是绝妙："碧蔓凌霜卧软沙，年来处处食西瓜。"元代诗人方夔的《食西瓜》："缕缕花衫粘唾碧，痕痕丹血掐肤红。香浮笑语牙水生，凉入衣襟骨有风。"短短的4句，把西瓜的甘、凉、甜、香、馨，描述得绘声绘色。明代吴宽在《西山杂兴》诗里说："岸头偶遇种瓜翁，为说瓜田可免穷。瓜到熟时钱易得，只愁萤火作蝗虫。"描绘了当时江苏太湖附近有大面积的长势良好的西瓜田，农民靠种瓜可以致富，但也担心受到旱涝灾害的种种心情。清代钱大昕的《竹枝词》中有"吴航贩取秋瓜去"的词句，描绘了当时苏州一带的瓜商用船只到上海嘉定地区走水路贩运沙田西瓜的情景。

（四）艺术瓜

在追求时尚、追求美、追求个性的今天，传统的球形西瓜和椭圆形西瓜对于人们来说已经变得司空见惯了。于是，人们依照自己的幻想和兴趣强制改变了西瓜的形状，有方形、三角形、五角形和拇指西瓜等，还运用一些技术手段使西瓜"长"出各种想要的图案。受到古代人雕刻西瓜灯的启发，如今的西瓜雕刻品越发多样，如惟妙惟肖的花朵、江南水乡的景色、人物脸谱、动漫形象等。传统西瓜是在地上长，现在出现了西瓜长在树上的；原来的瓜是趴着长在地上，现在出现了立着长的；原来的瓜是平铺着长，现在出现了在梗上长的。西瓜属于葫芦科植物，葫芦科植物属于一年生草本植物，匍匐生长在地上的藤开花结果，而且西瓜个头较大，很难想象西瓜能够吊起来生长。现在商场上买的大多是礼品瓜，它的藤可以绑在架子上，所结的西瓜要兜起来固定住。可见，现如今西瓜已从单纯的食用性水果演变成具有观赏性的艺术品。

老宋瓜园的吊瓜

"粉彩瓜蝶如意耳瓶"是清代乾隆年间的作品。

耳瓶上满布了彩色西瓜，其间飞翔着彩色的蝴蝶，亮丽非凡。这件耳瓶无论是造型绘画，还是彩釉、烧制都堪称是清代瓷器中的上品，它是一件古代描绘西瓜的难得的历史文物，现在原件在颐和园文昌苑展出。

三、西瓜品牌的树立与提升

西瓜的英文是“watermelon”，直译为多水的甜瓜，似乎比中文的西瓜更形象、更贴切。西瓜在我国还有一些别名，这些别名都是依照西瓜的独特性状而命名的，诸如寒瓜（因其富有水分且性寒得名）、水瓜（因水分多得名）、夏瓜（因属消夏果品得名）、月明瓜（白西瓜称此名）、雪瓜（取白西瓜洁白如雪之貌）等。自西瓜引入后，我国除少数寒冷地区外，南北各地均有西瓜的踪迹，并一跃成为世界种植大国，产量居全球首位。

（一）西瓜的价值

西瓜是世界十大水果之一，位居第四，尤其是在夏季水果中占有突出的地位，素有“夏季水果之王”的美誉。其营养成分含量很高，胡萝卜素含量高于桃和葡萄，含汁多，热量低，含钙质，属碱性食品，对维持人体吸收及食物的酸碱平衡有一定的作用。同时西瓜也是农民增加经济收入的重要作物，在中国的农业生产中占有重要的地位。

西瓜全身都是宝，其瓤汁多味甜，性凉爽口，营养价值很高，价格便宜，是人们普遍喜食的消暑解渴佳品，又有一定的药用价值。西瓜籽是典型的休闲食品及糕点辅料，西瓜皮是制作腌、渍、脯食品的材料。

1. 食用价值

西瓜在夏季水果中独占鳌头，可制成多种风格的食品和菜撰。诸如，西瓜羹、西瓜糕、西瓜酪、西瓜酸、西瓜盅以及瓜皮蜜饯等，尤其是西瓜盅既可供食者欣赏瓜盅姿色，又能品尝盅中佳味。成书于民国初年的《清稗类钞》记述了西瓜盅的制作方法：“于（西）瓜顶切一片，去瓤，扔入切成整块之嫩鸡蘑菇水盐各物于中，或油鸡汤及炖熟之鸡肉火腿亦可，如是蒸半小时足矣。盖上瓜片，将盛于大碗，隔水蒸三小时，取出，去皮，食之。”

西瓜皮可入菜，其做法是将最外层表皮用刀削去，刮净瓜肉，洗净切

2020 年第 32 届北京大兴西瓜节，印有“西瓜节”烫金字样的特种西瓜展示

成块、片、条、丝、丁、末，可配荤素各料，可拌、炝、炒、溜、烩、煮、煎、炸；可做冷盘、热炒、大菜、汤羹，甜咸两便，主客皆宜。将瓜丝倒入油锅烹炒，再加入盐、糖、醋、味精、辣油，起锅装盘即成，吃来清口鲜辣，略带酸甜，是夏季一道适口的好菜。西瓜还可做酒。其法是先将瓜蒂部切下一块，当作盖子，然后放一把葡萄干进去，盖上盖子，瓜外面用黄泥糊严，放于阴凉处，10 天后揭盖，里面满溢蜜水，略带葡萄酒的香味。喝上一口，有一种心清神爽之感。此外，将西瓜去皮、去籽，倒入缸或坛中，再将发憋后的黄豆倒进去，加盐搅匀，用纱布封口。在此后每天搅拌 1~2 次，在搅拌中若有泡沫出现，要用勺子盛出倒掉。过 15~20 天，即成西瓜豆瓣酱，生食熟吃皆可，别有一番风味。

2. 药用价值

对于西瓜的药用价值，早在明代著名医药学家李时珍的《本草纲目》中就有所记述：“宽中下气，利小水（即尿），活血痢，解酒毒。含汁，治口疮。”现代药理学研究表明，西瓜中的糖和酶等，有治疗肾炎和降低血压等作用；能把不溶性蛋白质转化为可溶性蛋白质，有利于人体的吸收。正因为如此，西瓜的瓤、籽、皮、蔓、叶等均是中国传统医药学中的重要药材，被广泛用于医药。它们被制成汤、膏、霜、散等多种药物，治疗多种疾症。譬如，中药中有一味“西瓜翠衣”，又称“西瓜青”，是以西瓜皮晒干后加工成的药材；有清热利尿之功，对医治水肿、烫伤、肾炎有一定的疗效。

民间有不少以西瓜汁为药用的验方。诸如，用上好红瓤西瓜切开，取汁一碗，徐徐饮下，能治疗舌燥烦渴。另据南宋洪皓的《松漠纪闻》记载：“有人苦目疾，或令以西瓜切片暴干，日日服之，遂愈。”新疆伊犁人还有冬天吃西瓜的风俗习惯。他们认为，西瓜有祛病健身之功效，故有“严冬半块瓜，药剂不用抓”之说。全国许多地区把西瓜当作“宝瓜”，并为之起了一个雅号——天生白虎汤，意指西瓜的营养价值和医疗功效都是很高的。

（二）西瓜品种的更新换代

因我国国土辽阔，气候和生态环境迥然不同，各地瓜农都陆续培育出了独具地方特色的西瓜品种。

早在清光绪年间刊行的《化墅抱瓮录》就有记载：西瓜“皮色有青、有绿；瓤色有探红、淡红、淡黄；籽有红、黑、白诸色”。如今，全国西瓜品种已达数百种之多，西瓜品种已经进行多次更新换代，目前各地主栽品种的品质和生产潜力已达到较高的水平，全国从事西瓜生产的科研人员为之做出了突出的贡献。

20 世纪 70 年代，我国科研人员用常规育种的方法，先后育成郑州 3 号、中育 1 号和浙蜜 2 号等一大批推广面积较大的固定优良品种。20 世纪 70 年代中期，我国已有一代杂交种应用于生产，像广东的新澄、新疆的红优 2 号以及湖南的湘蜜就是我国最早推广的西瓜一代杂交种。20 世纪 80 年代，我国科研人员培育了郑杂 5 号、西农 8 号等一大批在全国推广范围较大的西瓜一代杂交种。中国农科院郑州果树所 1984 年育成的无籽西瓜黑蜜 2 号，是 20 世纪 90 年代我国无籽西瓜的第一主栽品种，约占全国种植面积的 50%。

西瓜的病害较多，主要有枯萎病、炭疽病、蔓枯病和病毒病等。1986 年，全国西瓜抗病育种协作组正式成立，针对西瓜生产需要，决定以抗西瓜枯萎病为主要育种目标，到 20 世纪 90 年代，我国先后育成京抗 2 号、郑抗 1 号等一批抗病新品种。北京市蔬菜研究中心于 1993 年育成了京抗 2 号、京抗 3 号等抗枯萎病、抗炭疽病的西瓜品种。随着科学技术的发展，用人工方法进行组织培养、转基因、辐射和染色体移位等超常规培育的新品种，统称高新技术育种。1987 年以来，我国先后 8 次利用返回式卫星、4 次利用高空气球，成功搭载 65 种粮食及瓜菜作物种子，并通过种植选育出一批高产优质的新品种，有的比原品种增产 20%。北京市大兴县于 1996 年选择 35 个西、甜瓜品种的种子共 749 粒，搭载我国第 17 颗返回式卫星，在太空经过 15 天的诱变，返回地面后，通过四代选种、配种、筛种与培育，科研人员从 315 个自交系中选育出 6 个杂交西瓜新品种。

随着市场经济的发展和人民生活水平的提高，消费者已经不满足于千瓜一面的状况。为了满足消费多样性的需求，西瓜科研工作者推出了一批具有小果型、黄皮、黄瓤和短蔓等特色的西瓜品种。对这些礼品型西瓜品种，我们统称为特色西瓜品种。其中最出名的就是上文提到过的无籽西瓜。无籽西瓜是指果实中没有种子的西瓜，其果肉含糖量高，中边糖梯度小，植株在生长中后期长势旺盛，抗病性强，连续坐果性也强，丰产潜力大，适宜大面积种植。

（三）西瓜栽培技术的创新

据北宋欧阳修《新五代史·四夷附录二》记载："契丹破回纥得此种（指西瓜种），以牛粪覆棚而种。"这说明五代时，契丹人种西瓜的方法是，在西瓜下种后，在瓜地铺上一层牛粪，利用牛粪发酵后产生的热量来提高地温，从而促进了西瓜种子的发芽生长。同时为了防御春寒造成灾害，他们还在瓜田里搭上了草棚。这些都是当时契丹人为使西瓜适应内蒙古草原的气候和环境变化，在西瓜栽培管理方面创造的有效技术措施。又据元代《农桑辑要》记载，元代在西瓜栽培技术上有两个要点：第一是在西瓜出苗以后，在瓜根下培土，这样可以保根，增湿，防风倒；另一个是一步留一棵瓜秧，每棵上只留一瓜，多余的蔓花都掐掉。一棵一瓜，养分集中，结瓜大，质量好。

明代《群芳谱》记载的西瓜栽培技术有 8 项要点：

第一留种：秋天时选择最好的瓜留子晒干。

第二整地：瓜地要耕熟并加牛粪。

第三浸种：用烧酒浸泡瓜子，取出子后拌上柴灰，放一宿。

第四种植：相距六尺控一浅坑，用粪和土拌好放四周，中间留松土，然后下种子。

第五防虫：瓜蔓短时，可做棉兜，捉取蝇虫，以防虫害。

第六掐顶心：瓜蔓长到 6~7 尺掐去顶心，以促进四旁生蔓结瓜。

第七掐蔓花：要想结大瓜，可在每棵上选端正的，长得旺的，只留一瓜，多余蔓花都掐去。

第八性畏香：西瓜忌麝香，如果接触麝香则一棵不收。

而后清代《三农纪》中记载的西瓜栽培技术则是对部分步骤记载得更加详细。

留种：瓜熟后要选个大、味甘、瓤好的收子；将瓜子晒干后放入竹木器内留种，不能用瓷器存种，否则难生。留种的瓜子，不能入口，否则“形变而味减”。

整地：要将瓜种在松软的沙土地，并且是向阳的地里，要用牛粪布地，将地耕熟后，要在瓜地的四周挖好泄水路，以防地里存水，这是因为西瓜喜热、耐旱、怕水淹。

管理：瓜蔓节处要用土掩压，以防风刮翻。

其他如浸种和种植等与明代《群芳谱》记载基本相同。

从以上记载可以看出，古代劳动人民在西瓜栽培管理技术方面已经积累了丰富的经验，有些经验至今还在生产中继承应用。在前人经验的基础上，广大群众还创出了许多实用性强、增产效果好、省工的西瓜栽培种植新技术。诸如露地地膜覆盖栽培、保护地栽培、小拱棚双膜覆盖栽培、大棚日光温室栽培、无籽（三倍体）西瓜栽培、无土栽培等。西瓜的栽培技术也出现了显著变化：果型从大果型到中小果型，上市时间从夏季单季上市到春、夏、秋多季上市；种植方式由露地生产到露地、大、中、小棚多种方式；产品销售由依靠产量到依靠品质品牌。西瓜的栽培技术开创了新篇章。

1. 西瓜无公害栽培

20 世纪 90 年代初，我国出现一定规模的安全无污染、营养价值高的无公害西瓜，促进了传统生产和消费观念的变革，这种西瓜市场潜力大，综合效益显著，前景十分广阔。生产无公害西瓜要求产地的空气、灌溉水、土壤环境质量必须符合中华人民共和国《无公害西瓜生产环境标准》中的规定。其种子要选择抗病、抗虫性强及商品性好、产量高，质量标准符合中华人民共和国国家标准 CGB 16715.1〔1996〕中杂交种二级以上指标的。如果在早春间保护地中种植还应选耐低温、耐弱光、耐湿品种的种子。至于施肥技术，则是以施有机肥为主，无机肥为辅，重视基肥和合理追肥，根据土壤养分含量和西瓜的需肥规律配方施肥。

2. 嫁接栽培

嫁接是将植物的一部分器官接到另一植株适当部位上，使两者愈合成一个新植株。通过嫁接繁殖可以保持品种的优良性状。西瓜嫁接是防止苗期枯萎病及栽培早熟西瓜的主要途径之一。

3. 无土栽培

无土栽培是用非土基质种植的一种新型栽培方式，具有生长速度快、无污染、高产、优质、高效等特点。无土栽培西瓜其基质为固态或液态，通过人工调制出适合西瓜植株生育需要的营养成分，供根系吸收利用。

4. 袖珍小果型西瓜栽培

随着人民生活水平的提高、城市家庭小型化、旅游业的兴起以及夏季亲友间馈赠礼品水果的增多，为满足市场的各种需求，近几年科研人员培植出了小果型西瓜，取得了很好的社会效益及经济效益。

5. 特大西瓜栽培

特大西瓜是用特殊的栽培方式培育得到的超大型西瓜，一般不用作市场销售和食用，只是作为标本展览使用。

（四）西瓜生产的产业化

大兴地处永定河冲积平原，永定河冲积的潮沙土导热性强，土层深厚，质地疏松，土壤内部水、肥、气、热协调，且该地区春季地温回升早，白天吸热快、增温高，昼夜温差较大，可促进西瓜根系生长，有利于水分、矿物质营养的吸收，有利于光合作用和糖分积累，因此大兴独具西瓜生产的自然优势。早在辽太平年间，大兴就已开始栽培西瓜。明朝《宛署杂记》记载，万历年间，大兴所产西瓜被列为皇宫太庙的荐新贡品，其中尤以庞各庄西瓜最为著名。大兴西瓜作为宫廷贡瓜的历史一直延续到清代。

进入 20 世纪 80 年代，随着国家有利于农业发展政策的推行，大兴西瓜种植面积增长较快，1986 年已发展到 3333 公顷。1988 年初，大兴县委、县政府着眼于利用西瓜优势发展西瓜产业化战略，于 6 月 28 日至 7 月 2 日举办了首届“北京大兴西瓜节”。近年来，以庞各庄西瓜为代表的“大兴西瓜”成为市场公认的品牌。为了促进早熟西瓜的生产，扩大优势，提高瓜农收入，2001 年将西瓜节时间提前到 5 月 28 日至 6 月 2 日。到 2020 年，大兴先后已举办了 32 届西瓜节，已成为颇具市场号召力的优秀品牌。早在 1999 年，经国家有关部门评估，“北京大兴西瓜节”标志的品牌价值已达 3.8 亿元人民币。1995 年 4 月 6 日，在北京人民大会堂由国务院发展研究中心等单位举办“首批百家中国特产之乡”命名大会上，庞各庄镇是唯一被授予“中国西瓜之乡”称号的乡镇。

地理标志产品是指产自特定地域，质量、声誉等其他特性本质上取决于该产地的自然因素和人文因素，经审核批准以地理名称命名的产品。经对大兴西瓜品种、口感、外观、重量、品质、营养价值及其土壤、栽培管理、采收等方面的严格检验，国家质量监督检验检疫总局于2006年3月7日批准对大兴西瓜实施地理标志产品保护。大兴西瓜地理标志产品保护范围为大兴区庞各庄、北臧村、礼贤、榆垡、魏善庄、安定6个镇现辖行政区域内，生产的京欣1、2、3号和航兴1号4个品种中单瓜重为4至8千克的适生西瓜。成熟的大兴西瓜果皮薄脆、不超过1.2厘米，瓤色粉红或桃红色，瓜瓤含糖量高，脆沙爽口，甘甜多汁，经过严格的抽查、检验后，方可使用大兴西瓜地理标志产品专用标志。

20世纪90年代以来，随着市场经济的发展，各种形式的西瓜产销联合实体应运而生，形成生产、加工、销售有机结合并相互促进的机制，推进西瓜生产向商品化、专业化、现代化转变。庞各庄镇是全国著名的西瓜之乡，西瓜让北京乃至全国知道了庞各庄。庞各庄镇用西甜瓜产业支撑起农业的半壁江山，每年西甜瓜的种植近3万亩，年产量近8000万公斤。同时镇政府还把西甜瓜做成了农业精品，形成农村经济的大产业，京庞、宋宝森等西甜瓜品牌红遍京城。产业化促进西瓜生产，市场经济带动西瓜专业化、规模化，以乐平为首的22个农民经济合作组织，在全国范围内建立了上百个销售网点。中国西瓜网的开通，使庞各庄的西瓜销售又搭上了电子时代的快行车。

2016年10月21日，大兴区首家民间西瓜产业研究院成立，研究院致力于西瓜产业链的延伸，就建立西瓜技术标准、打响西瓜品牌、打造私人定制瓜品、引入资本运作等方面进行研究，将成功的经验复制到其他农产品产业发展上，探索出从整体带动地方产业的发展之路。其所研究的新的商业模式已经成为整个大兴农业的标杆，为大兴西瓜产业的发展引领了一个新的方向。

中国西瓜栽培历史悠久，成就巨大，举世公认，西瓜的种植面积和总产量都居世界第一，已成为世界农业增收和中国瓜农致富的重要产业。

第四编　馆藏工业文化

第一章 大兴南路烧酒博物馆

大兴南路烧酒博物馆

大兴南路烧酒博物馆位于大兴区黄村镇，隶属于北京隆兴号方庄酒厂有限公司，是集观赏、体验、传承于一体的白酒文化博物馆，馆内主要分为文化展示和工艺展示两大功能区。北京隆兴号方庄酒厂有限公司是北京老字号优秀企业，北京工业科技旅游示范企业，进出口企业。大兴南路烧白酒酿制技艺是北京非物质文化遗产，北京隆兴号方庄酒厂有限公司传承大兴“南路烧”传统烧锅酿酒技艺，是皇城40里内正在酿造的古烧锅。博物馆内藏有历史文物上万余件，陈列展出有年代久远的酿酒工具，复原四眼井、隆兴号蒸锅，酒篓、马车、推车、古窖池等都拥有百年历史。

一、“南路烧”史话

烧酒，即用高粱、大麦等谷物经蒸馏酿制的白酒，“其清如水，味极浓烈，盖酒露也。”因其酿造原料的不同，可分为高粱烧、麦烧、玫瑰烧、茵陈烧等。烧酒以干烧为最，其含酒精度数高。在瓷杯内倾入少许，引火点燃，可燃烧干净，故又名干酒，白干酒。北京酿酒可追溯的历史最早始于金代，至今至少已有800多年的历史。1982年，在大兴出土一块八面经幢，被认为是金明昌五年（1194）右班殿直广阳镇（今庞各庄镇）商酒兼烟火督监李之问为其母所建，成为大兴酿酒历史始于金代的有力佐证，是“南路烧”起源有据可考的佐证之一，也是北京地区唯一一件有关酒历史的实物记载。

清代，北方所产的烧酒以南路烧酒最为著名。主要产地在北京大兴庞各庄、采育、青云店三镇，隆兴号就是起源于庞各庄。其名称源于清北京顺天府南路同知。清康熙二十七年（1688），在北京近郊分设东、西、南、北四路同知，分管顺天府二十四州县。南路厅驻大兴县黄村镇，设巡检司，俗称“南路飞虎厅”，管辖霸州和固安、永清、东安、文安、大城、保定6县。当时大兴地区酿酒烧锅遍布农村各个集镇，其中有明确字号的烧锅酒坊有：庞各庄周边的隆兴号、北裕丰、南裕丰、永和号；青云店周边的德兴勇、大德兴；采育镇周边的同溢泉、同泉茂、源盛茂、万泉生、纯益泉、益源湧；海子角周边的裕兴烧锅；共13家。这些烧酒作坊生产的烧锅酒都是南路烧酒。由于南路烧酒技艺独特，品质俱佳，年年进贡大内，并畅销京师，故大兴地区的烧锅因产地而统称为“南路烧”。

二、百年隆兴号

北京酿酒的历史可追溯到金代，且一直延续到清代，隆兴号始建于清同治年间。

（一）沧桑百年

1. 隆兴号始创

清朝同治年间，山东寇氏兄弟寇文达、寇六自创烧锅酿酒技艺，同治八年（1869），寇氏兄弟在庞各庄北栅栏里路东（今庞各庄粮站位置）创建了“隆兴号”烧锅酒坊。之所以选址于此，是因为看重了这里的一口活泉，此泉四季不竭，水质好，且源源不断，冬季温而不冻，夏季凉而清洌。因其为活水，形成了一丈见方的水潭及一条溪流，每至冬季，雾气蒙蒙，村民多来取水或饮用。寇文达举家迁此，初尝此泉水，顿觉入喉净爽，甘甜怡口，最适宜酿酒，遂让人用青石围而成井，上覆径约九尺青石圆盖，凿四孔，取名为“四眼井”。并在井旁筑亭修道，用以煮粮蒸糟，注缸灌桶。溢出之水经水道汇至井旁石砌方坑，用作洗原粮、酿酒器具。

正所谓“水乃酒之魂”，酒的好坏，水质是至关重要的。

“隆兴号”烧锅酒坊第一代酿酒技师寇文达、寇六两兄弟为纯净烧酒质量进行工艺改革。古时蒸酒时冷却器称为天锅，放入第一锅和第三锅冷却水冷却流出的酒分为“酒头”和“酒尾”，唯有放入第二锅冷水冷却流出的“酒身”口感最为甜净醇和，因此而得“大兴南路烧白酒酿制技艺”，这就是今天北京隆兴号方庄二锅头酒的源头。

2. 兴盛时期

清光绪年间（1875~1908）和民国十年至十五年（1921~1926），是隆兴号生意的兴旺时期。据《申报》1896 年 4 月 11 日记载：京师私酒甚多，沿街通巷多摆酒摊、张贴招子出卖南路烧酒。《京兆公报》1920 年公署公版刊登“宛平烧商隆兴号、大兴烧商同义泉等号，呈请减少税额”批文；《新天津》1934 年 11 月 28 日“旧京社会调查”记载：“北平市市界扩大后，庞各庄南路烧酒畅销九城分驻所，内置巡官管理全镇。”当时庞各庄白酒业的繁华程度可见一斑。

寇文达之子寇景春，少年时期随父学习酿酒技艺，继承了家族酿酒产业。在传承过程中，除扩大了家族的生产规模，还逐渐用谷糠替代稻壳作为辅料进行清蒸，改善了隆兴号烧锅的辛辣感。民国十九年（1930），寇景春注册了“隆兴号”商标，酒坊所酿白酒在 1922~1935 年接连获得了宛平县优秀货品展览会奖状、河北省实业厅展览会奖状、上海总商会商品陈列所第三次展览会金奖等，并在京城各地开设分号，进行南路烧酒的销售。

民国十八年（1929），16 岁的王有贵来到隆兴号烧锅当学徒，由于上过私塾认识字，又聪明勤快、踏实好学、刻苦钻研，加上在山东老家有家族酿酒技艺的根基，很快掌握了隆兴号的酿酒技艺，从学徒升到了酒匠，也深得东家的赏识。这一时期，由于酿酒所用高粱与食用粮食没有过大的冲突，政府遂逐渐放宽限制，开始鼓励和支持酿酒业的发展，使大兴地

康熙二十七年的“隆兴号”牌匾

区的烧锅得到飞速发展。据 1937 年 12 月《北京铁路沿线经济调查报告书》记载：宛平县烧锅 9 家，主要分布于庞各庄镇、长辛店等，大兴烧锅 6 家，主要为前店后坊的私人作坊。

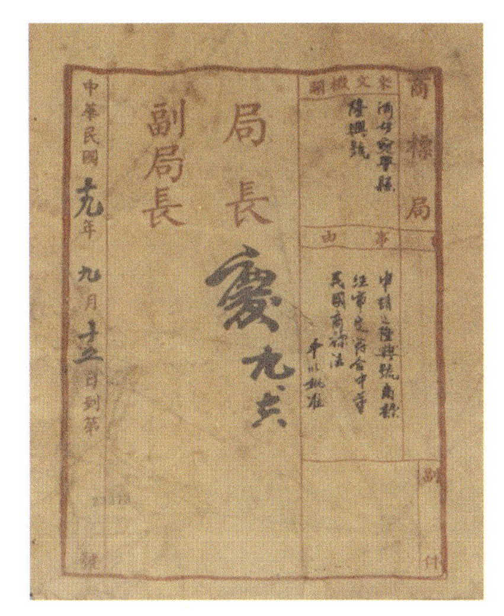

商標局

局長

副局長

中華民國　年　月　日到第　號

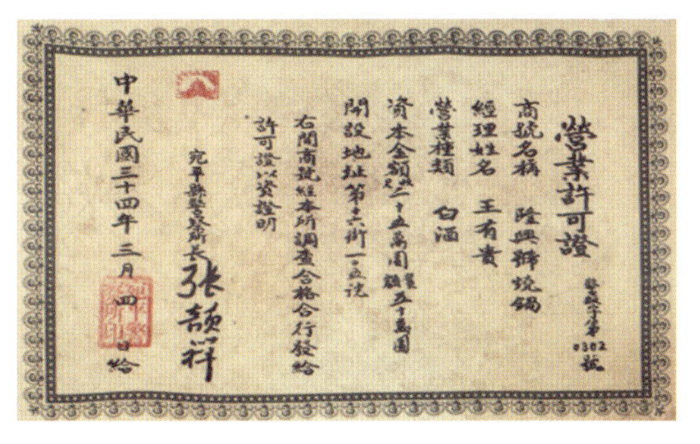

營業許可證

商號名稱　隆興號燒鍋

經理姓名　王有貴

營業種類　白酒

右開商號經本所調查合格合行發給

許可證以資證明

中華民國三十四年三月四日給

寇景春注册“隆兴号”商标

3. 跌宕起伏

由于社会动荡，从直皖战争开始，庞各庄一带军阀更迭，兵匪明压暗抢，隆兴号烧锅财产和资金都遭受了重大损失，生意急转直下。这一时期因国内内忧外患，大兴地区酿酒赋税加重，烧锅行业每况愈下，部分烧锅关张，部分烧锅转为个人手工作坊，隆兴号烧锅也难免于此。东家寇景春看到经营烧锅的前途渺茫，加之后代对本家烧锅技艺兴趣不大，便让子女到京城上学，不再接触烧锅生意。尽管隆兴号烧锅经历了日寇入侵、军阀破坏、土匪掠夺，经营每况愈下，但作为南路烧酒的支柱作坊，其在民众中仍然维持了较好的口碑。为了维持隆兴号烧锅的经营状况，将隆兴号酿酒技艺传承下去，在众多酒匠中反复甄选后，寇景春决定将隆兴号烧锅酒酿制技艺的真传精要传授给王有贵。经过战火摧残的隆兴号烧锅变成了一片残垣断壁，只有王有贵被东家留下来看守宅院。王有贵作为隆兴号烧锅最核心的酒匠，不甘心一生所学酿酒工艺与隆兴号烧锅就此消逝，于是在收拾整理仅存酿酒器具的同时，还将隆兴号烧锅酿酒工艺进行整理并编辑成册，并在家中自营家庭作坊，成为大兴隆兴号南路烧白酒酿制技艺的第三代传承人。此后，大兴酿酒业的形势稍有改观。1941 年 10 月 25 日，大兴、宛平、通县、良乡、涿县、房山、清河 7 县烧锅酒商，在北京组设酒业公会，以资联络。

南路烧传统工艺特点

同年宛平县成立酒业公会，并一致推举时任隆兴号掌柜王有贵为会长，使王有贵和大兴各个酒坊的交流不断加强。隆兴号南路烧白酒酿制技艺，也被各个酒坊相继采用，并成为当时大兴地区酿酒技艺的代表工艺之一。

王有贵在南路烧酿酒技艺方面的主要贡献体现在：

①工艺：清蒸清烧，清蒸排杂，一次投料两次清。既能保持清香型酒的风格，又具有清亮透明、入口绵甜、落口净爽的特点。

②选料：突破了原来以单一高粱为原料的做法，特别加入了北方的小米，南方的糯米、黑米等原料进行多粮生产，使酿出的酒味道更加丰满。

③酒曲：在制曲的生产中，以豌豆、大麦、绿豆为主要制作原材料，形成了南路烧酒独特的制曲技术。

④窖池：采用青砖窖池，四壁外敷培养好的黄泥进行发酵生产，加速酿酒过程中的升华反应，促使醇、酯、酸的形成。黄泥用宛平县本地的黄土，与传承人掌握的秘制发酵材料，按一定比例混合，再加入适量浆水（由小米、糯米、黑米）熬制而成。

1941~1956 年，大兴各个烧锅按此工艺进行生产后，产品的品质得到进一步提高。1956 年公私合营后，全国实行统购统销，南路烧锅全部停止规模生产。王有贵成了庞各庄乡的普通农民，每日下地劳动。

砖楼村村民孙英才 1952 出生，家族为酿制白酒出身，且他本人对烧酒酿制有着特殊爱好，有时在冬季农闲时也自酿烧酒自己饮用。得知王有贵在大兴酿酒业的声望，孙英才于 1969 年开始拜师王有贵学习南路烧白酒酿酒技艺，经过几年的坚持不懈，他学到了王有贵历年积累的南路烧白酒酿酒技艺的真传。1984 年，孙英才开始在家开设烧锅作坊，自行酿制南路烧白酒，除满足自家饮用外，还将酒送与师父品鉴和指导，并送与周边邻里品尝，获得了多方赞誉。此后，又在所在砖楼村设作坊酿制烧酒，私下销往邻近的马村、新立村、北臧村，一度还送到北臧村供销社代销。

4. 辉煌篇章

1994 年北京方庄酒厂成立，得到了王有贵老人的热心指导和帮助，经王有贵老人推荐，孙英才被聘请为南路烧酒酿制的技术酿酒师，后被聘为技术顾问。方庄酒厂在孙英才指导下，所酿制的白酒继承了大兴南路烧白酒酿制技艺，采用清蒸清烧、清蒸排杂、一次投料两次清的工艺，酿出的酒液通过陶缸等器具进行长期贮存，具有清亮透明、香气典雅细腻并带有舒适的米粮香的特点，且入口绵柔、落口净爽、回味绵长，得到了王有贵老人的认可。

方庄酒厂的全部酿制工艺，继承了王有贵老人传承的“大兴南路烧白酒酿制技艺”的精髓，吸收南路烧的传统制作工艺生产各种白酒，一直沿用隆兴号的造酒技艺，发展成为隆兴号方庄酒厂。2007 年，北京方庄酒厂搬到大兴桂村，2015 年更名为北京隆兴号方庄酒厂有限公司，同时成立隆兴号白酒文化产业园，园区位于大兴区黄村镇桂村。隆兴号白酒文化产业园占地 350 亩，其中包括北京隆兴号方庄酒厂有限公司、大兴南路烧酒博

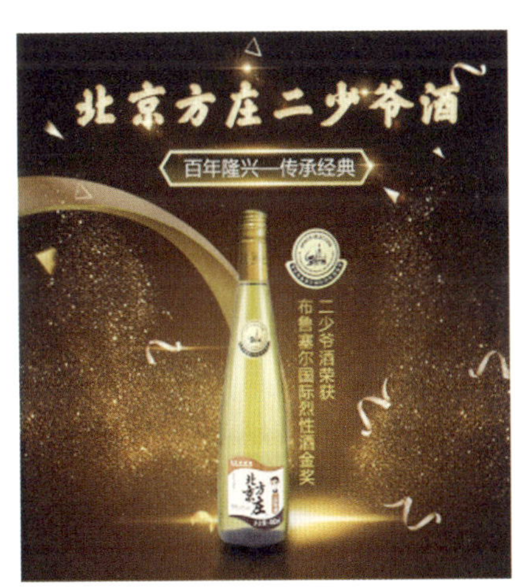

北京方庄二锅头 42 度淡青黄二少爷 480ml 柔和浓香型酒获 2018 年布鲁塞尔国际烈性酒金奖

方庄麸曲原浆酒 43 度 500ml 清香型荣获 2019 年布鲁塞尔国际烈性酒金奖

物馆、隆兴号种酒公园。北京隆兴号方庄酒厂有限公司传承大兴南路烧传统烧锅酿酒技艺，与现代微生物技术相结合，成为新一代二锅头酒酿造的典范。

（二）薪火相传

北京隆兴号方庄酒厂有限公司将传统口传身教的拜师制度与现代酿酒科技相结合，建立了企业化的师传制度。候选“传承人”需要从学徒做起，经过数年的品德、毅力、悟性等多方面观察，才可能成为传承 300 年京酒文化以及大兴南路烧白酒酿制技艺的接班人。

大兴南路烧白酒酿制技艺非物质文化遗产传承人至今经过 6 代传承，其中第一代、第二代为家族传承，第三代到第六代为师徒传承。

寇文达，大兴南路烧第一代传承人。成功创建隆兴号，并对南路烧白酒酿制技艺去芜存菁，所酿美酒声名远播，为南路烧工艺将来发扬光大及百年传承奠定基础。

寇景春，大兴南路烧第二代传承人。子承父业经营有道，经营期间以隆兴号为首的 13 家烧锅不断扩大规模，注册了“隆兴号”商标，所产白酒荣获多个奖项，如宛平县优秀货品展览会奖状、河北省实业厅展览会奖状、上海总商会商品陈列所第三次展览品金奖，声誉日隆。

王有贵，大兴南路烧第三代传承人。1929 年到隆兴号当学徒，得寇景春真传，潜心研究南路烧技艺，突破传统单一原料（高粱）的做法，加入了小米、糯米、黑米等原料，并在传统酒曲（豌豆、大麦）中加入绿豆，改进了窖池，进一步提升了南路烧白酒的酿制技艺，1941 年当选为宛平县酒业工会会长。

孙英才，大兴南路烧第四代传承人。王有贵 1969 年收砖楼村孙英才为徒，将历年积累的酿酒技艺和经验倾囊相授。1994 年，孙英才到北京方庄酒厂担任高级酿酒师，采用南路烧酿酒工艺进行生产，并不断将南路烧工艺进行改革，形成了独特的“大兴南路烧”酿酒技艺。

王志军、周树霞，大兴南路烧第五代传承人。

王志军是北京隆兴号方庄酒厂有限公司总经理，国家一级品酒师、国家一级酿酒师，大兴南路烧第五代传承人。王志军致力于大兴南路烧白酒酿制技艺的传承、保护和发展，让大兴南路烧白酒传统酿制技艺焕发新生，为京酒文化走向世界做出了突出贡献。经过多年苦心钻研，王志军研发出北京特色的隆兴号橡木酒，为北京白酒行业首创。

周树霞同为大兴南路烧第五代传承人，拥有40年的酿酒经验，1981年被评为北京市第一届白酒评酒委员；1982年被聘为农垦部第一届白酒评委；1983年被评为农垦部“先进个人”；1986年被聘为农牧渔业部白酒评委；1987年获得国家级评酒师资格；1991年获得国家一级品酒师资格。

江张生，大兴南路烧第六代传承人。2010年入职隆兴号方庄酒厂，大学本科学历，当年拜师周树霞学习南路烧酒传统酿制技艺。由于其工作刻苦认真，对酒水具有一定的鉴别能力，且在酿制、勾调方面有一定悟性，现已晋升为国家一级品酒师。

（三）非遗技艺

大兴南路烧白酒酿制技艺是大兴区非物质文化遗产，同时也是北京市级非物质文化遗产代表性项目。

大兴南路烧白酒酿制技艺复杂，在选料、制曲、发酵、蒸馏、贮存、勾兑等环节均有独到之处，逐步形成了具有京南特色的酿造技艺：一是工艺独特，突破传统烧锅酒混蒸混烧老五甑工艺，运用清蒸清烧，清蒸排杂，一次投料二次清的特色制作工艺，经长年贮存，生产的酒液具有以清香为主的复合香气，具备醇厚甘洌、回味悠长等特点。二是选料独特：突破北方酿酒固有的单粮生产模式，选用本地优质大麦、小麦、黄玉米，东北辽阳和山西红高粱以及南方糯米为原料，进行多粮生产。三是酒曲独特：在制曲生产工艺过程中，以豌豆、大麦、绿豆为主要制作原料，形成了南路烧锅的酒曲的独特性。四是窖池独特：采用青砖窖池，四壁外敷培养好的黄泥（大兴本地黄泥并加以秘制材料进行发酵培养）进行发酵生产，加速在酿酒过程中的生化反应，促使醇、酯、酸的形成，具有以清香为主，兼有浓香、粮香的复合香气，秘制材料培养好的黄泥在窖池中不更换，长期发酵。

大兴南路烧白酒酿制技艺曾经是传统烧锅技艺的结晶，在烧锅生产过程中起到了规范作用。作为非遗技艺其保护价值主要体现在历史文化价值、技艺传承价值和社会价值三个方面。北京隆兴号方庄酒厂有限公司对大兴南路烧白酒酿制技艺的保护从历史文化传播、技艺传承、社会价值推广三方面进行。

1. 历史文化价值

大兴地区的酿酒文化，有据可考的历史可以追溯到金代，且留存了大量有关地域酿酒的相关记载。大兴南路烧白酒酿制技艺是几百年来丰富的酿酒实践的总结，是酿酒工人智慧的结晶。它很好地继承和保留了古代的酿酒技艺，推动了北方酒文化的发展，并享誉京津冀地区，是著名的地方酒文化品牌。大兴南路烧酿酒技艺的传承历史，是中华酿酒历史发展的缩影和见证，是珍贵的具有重要价值的历史文化资源。

2. 技艺传承价值

大兴南路烧白酒酿制技艺工艺包含酿酒师独到的眼观、鼻闻、口尝，以及手捻酒液等技艺，是口传身授的传统技艺的经验总结。大兴南路烧白酒是京南地区独有的酒文化品牌，具有特色的酿酒技艺有必要进一步在京南地区传承。北京隆兴号方庄酒厂有限公司作为具有一定生产实力和较为完整传承链的企业，一直致力于南路烧白酒酿制技艺的传承。

3. 社会价值

大兴南路烧白酒酿制技艺的文化底蕴深厚，在京南大部分区域内影响深远，具有一定的社会影响力。南路烧白酒醇甘性烈，曾被北京各大药店、饭店用作浸泡虎骨酒的原料，具有一定的社会价值。

三、醇香溢满

北京隆兴号方庄酒厂有限公司主要生产清香型隆兴号种原酒、隆兴号沙土酒、方庄出口型方瓶、方庄二锅头酒、浓香型百年隆兴号、隆兴号橡木酒、蒸功夫酒等共计160多个品种的酒，全国各地拥有800余家代理商，具备多年白酒出口资质，产品远销多个国家和地区。

隆興號種原酒

编号：2区-5405

酒精度：53%vol 净含量：25L

北京隆兴号老酒酒业有限公司

北京隆兴号方庄酒厂有限公司

北京酿酒协会

关于北京隆兴号方庄酒厂有限公司以“沙土埋藏种原酒、种生肖纪念酒”创新营销模式请示的批复

北京隆兴号方庄酒厂有限公司：

你公司申报的隆兴号以“沙土埋藏种原酒、种生肖纪念酒”等方式开展工业企业文化旅游营销模式的请示已收悉。

经研究，你厂以特有地理位置永定河冲击平原沙地“埋藏种原酒、种生肖纪念酒”等方式创新，拉动北京白酒企业发展的营销模式值得借鉴。

希望你公司在保证所种原酒品质上进一步跟踪探索研究，确保所种原酒品质；同时要诚信经营，完善和加强种植原酒的售后服务与管理。

特此批复。

北京酿酒协会

201[illegible]年12月20日

▲ 北京酿酒协会对北京隆兴号方庄酒厂有限公司关于“沙土埋藏种原酒、种生肖纪念酒”创新营销模式的批复

（一）种酒

隆兴号种酒公园——“京城有一怪，好酒种在地里卖”。酒厂以最专业的方式，种酒藏天下。种酒，顾名思义即将多年原浆酒封装在麻坛中，然后将麻坛埋入地下，是一种独特的酿酒工艺。麻坛因特殊烧制工艺形成更均匀的微型气孔，透气而不透水，能有效促进白酒储存过程的老熟，使酒体香气更优雅，口感更绵柔。隆兴号种酒的优势体现在通风性好、土壤环保、恒温恒湿和酒质优良等方面。大兴地区属永定河冲积平原，土壤环境主要由细沙土地构成，地下水位相对较低，地下30米以上无水，为种酒提供了得天独厚的地理优势。细沙土地地质松散，透气性好、通风、恒温恒湿，能促使酒体老熟和陈香，故而种藏一年，胜窖藏三年。

（二）橡木酒

北京隆兴号橡木酒精致味道匠心酿制，是大兴区南路烧白酒酿制技艺非物质文化遗产第五代传承人王志军研发出的，此套技艺在北京的酒行里

隆兴号橡木酒地下酒窖

尚属首创。隆兴号橡木酒，原酒甄选65度优质清香大曲原酒（采用大兴区南路烧传统酿制技艺生产，并由陶瓷酒坛贮存于恒温恒湿的地下酒窖），注入中度烘烤的美国（放香好）和法国（口感好）进口橡木桶中。橡木桶贮存清香大曲年份原酒，使酒液不仅增加了甜美的香气，更增加了酒中单宁成分，有益于增加白酒的陈年风味，其口感更佳。再将注满酒的橡木桶置于地下酒窖贮存三年以上，不仅大曲的陈香风味突出，橡木气息更为明显，闻香舒适，口感细腻。达到贮存年份的橡木酒，经微调至40度，橡木酒酒液呈金黄色，口感圆润，富有浓郁的香草香气和焦香。此产品在2018年11月获改革开放40周年中华老字号优质产品创新成果铜奖。

（三）出口酒

北京隆兴号方庄酒厂有限公司是北京市具有白酒出口资质的仅有的几家企业之一，在发扬传统古法纯手工酿制技艺的同时，推陈出新，原创出北京高粱酒，并将该系列酒作为北京隆兴号

出口食品生产企业
备案证明

备案编号：1100/12036
企业名称：北京隆兴号方庄酒厂有限公司
企业地址：北京市大兴区黄村镇桂村富贵路3号
备案品种：白酒

有效期 2017年10月09日 至 2021年10月08日

2017年10月09日

国家认证认可监督管理委员会监制

北京市出入境检验检疫局2017年颁发的出口产品生产企业备案证明

方庄酒厂旗下原创战略新品推向国际市场。北京高粱酒致力于将老北京的味道与世界共享，出口 10 余个国家。

（四）量身定制的京酒文化——私人订制

隆兴号改革产品营销模式，按照顾客要求将隆兴号老酒量身定制。纯粮食、纯古法、纯手工，采用年份原浆酒及复古怀旧的压盖式包装，加上特有的定制服务，制定属于顾客的私人定制酒。

北京隆兴号方庄酒厂有限公司推进“工旅结合”的企业转型，以大兴南路烧非遗文化为纽带，扩大对南路烧酒文化的宣传。初具规模的隆兴号种酒公园，是集白酒种藏、高粱种植、非遗文化展示等于一体的综合性示范基地，将大兴南路烧原粮的起源及原酒的储存展现出来，通过工业旅游、古法酿酒技艺体验、农业观光、文化交流培训、体验式消费等有效方式，将南路烧酒文化融入百姓生活。

四步专属定制流程

北京方庄酒厂自 1994 年建成以来，自觉承担起南路烧白酒制作技艺传承与推广的任务。首先始终延续南路烧白酒的生产，虽生产规模有所起伏，但始终按照南路烧酿酒工艺的标准坚持一定数量的生产。同时借助生产过程做好传承人的培养，为此厂内制定了传承制度，延续口传身授的传承模式，建立较为完善的拜师制度和企业化的师传制度。

特别是对于非物质文化遗产保护，公司投入一定资金建成了隆兴号酒馆、大兴南路烧酒博物馆、隆兴号种酒公园等传承平台，借助北京老字号与政府机构的平台，通过自媒体线上线下渠道，积极宣传南路烧酒文化，并将传统工艺与百姓生活密切融合，使大兴南路烧酒传统酿制技艺传承创新。

第二章 北京义利食品公司文化展览馆

从1906年到2020年，“义利”，一个恒久、尊贵而荣耀的名字，它秉承“先义后利”的宗旨，历代相承，服务百姓。它蕴含了丰富的文化和历史，其人物、事件及轶闻积淀了厚重的传统文化和百姓情缘。

义利洋行时期使用的商标

这浩荡百年多的历史，曾交织在无数食客的记忆中，而这也不是简单几句梳理就能一笔带过的，个中发展和趣事还是要展开来说。

一、百年钩沉

其实，从正根儿上来讲，义利并不是在京城创的业。当初创业的地方是在上海，而且创始人还是一位外国人。光绪三十二年（1906），一个名叫詹姆斯·尼尔的苏格兰人来到上海，在南京路摆设了一个小摊位，这时的詹姆斯初涉市场，小本经营，自产自销苏格兰风味的西点、面包。连他自己也想不到在不久的将来，这小本生意会发展成为一份大产业——义利，更想不到义利竟成为在中国延续百年的老字号企业。

（一）品牌的由来

自 19 世纪 40 年代，古老封闭的中国被强行“门户开放”以后，列强蜂拥而入，其间夹杂着鸦片贩子、冒险家、投机者、商人……他们怀着对东方古国的憧憬和发财致富的欲望，各显其能，创造着一个“白手起家”的奇迹。詹姆斯·尼尔正是在这样的时候和这样的情况下出现了。

詹姆斯·尼尔原是一名英国海轮上的洋厨子，他在南京路设的摊位就在福利公司的附近。公司在外商中也算是老字号了，至少在 1886 年之前已有相当规模。詹姆斯晚间做，白天卖，虽然辛苦，但租界里的洋人却喜欢吃他制作的味道正宗的点心、面包，因此生意不错。福利公司的老板看中了他的才干，特聘他来经营公司的食品部，从此，詹姆斯的西点、面包从小小的街头摊位跃升上了一个台阶，有了立足和施展之地。一晃几年，詹姆斯在商海里历练成丰富的生意人，手里也着实攒着一笔款子，足以自立门户了。他雄心勃勃地先在上海四川北路租房，后又买下了 4500 平方米的地皮，建厂房、购置机器设备。来华数年在上海的租界白手起家的经历，使老詹姆斯至少比初来乍到的洋人更懂得些中国文化，他引用中国传统的“先义后利”的儒家思想，也结合自己名字的谐音，为自己创办的新企业命名“义利洋行”，厂址在愚园路 421 号，以面包店的形式开始生产和销售面包，这正是义利的前身。

1915 年，义利“星”牌巧克力获巴拿马国际博览会金奖

义利洋行是近代中国半封建半殖民地社会的产物，其产生与发展不可能与外国资本根据不平等条约拥有的在华特权脱离干系。从义利洋行的创始老板詹姆斯个人角度来说，义利的一切确是他经营有道的努力；而从宏观考察，义利洋行确是近代中国的产物。

义利洋行规模可观，拥有糖果、饼干、西点、面包车间，在南京路、静安寺路、贝当路、迈尔西爱路、兆丰公园、法国公园等处设门市部、西餐厅。在那个时代义利食品就可以预定，清晨7时，义利运输车准时将客人预定的面包、西点送上门。为保质保鲜，义利均在夜间生产面包，凡次日白天销售不完的一律切片烘烤后再销往外滩饭店。早在那个时期，义利食品包装纸上就印有出厂日期，买家一看便知。义利食品讲究特色，面包、蛋糕、苏打饼干都是叫得响的。1915年义利“星”牌巧克力参加巴拿马国际博览会荣获金奖，1937年在上海家庭日用工业品展览会再获金奖，人称“金奖巧克力”。

义利以其口味地道新鲜优质的产品，灵活周到、配套便捷的服务，在租界享有盛誉，并声明远扬，到19世纪20年代即成为江南著名的食品企业。

（二）品牌形象的延伸与再造

1939年，詹姆斯·尼尔逝世，其子来华继承父业。第二次世界大战爆发，小詹姆斯回国服役，遂将义利洋行转手卖给了一个叫维克的犹太人。上海沦陷后，日本人逮捕了维克，并抢占义利洋行为日军的军需食品厂，生产罐头和压缩饼干。1945年，维克出狱，但义利的状况令他十分沮丧：设备破坏严重，生产几乎处于瘫痪停产的状态。面对此情此景，维克重振义利的信心彻底崩溃。

1946年，维克在报上刊登广告，宣布义利招盘拍卖。这条消息引起上海一个实业家集团的浓厚兴趣。这个集团有晶华玻璃厂、九福制药公司、大华实业公司、留兰香牙膏厂、杨青长途汽车公司、炎华实业公司等，企业的经理有王敬业、马任全、陆家贤、徐和、徐振东、倪家玺等人。与一般的行业组织不同的是，这是一群学生出身的企业家，都是20世纪30年代沪籍大学毕业生，彼此志趣相投，奉徐和为大哥，情同手足。大家聚齐商议，认为：这是一个将义利洋行从外国人手里盘到国人手中的机会，不可错过；另外，经济上也划算，义利洋行摊子比较大，6个门市部地处繁

北京市义利食品厂

华地带，维克要价250根金条，即使再将门市全部卖掉，也等于白赚了一个厂。上海食品市场大，义利产品素有威信。经慎重考虑，最终决定：盘下义利。至此，义利洋行结束了它作为外资企业整整40年的历史，更名为国人承办的义利食品公司，从此走上民族工业发展道路。公司董事会由倪家玺任常务董事，主持大政；聘喻义为厂长，主管生产；留用原义利洋行食品技师撒哈（奥地利人）。

然而，对于一心想振兴民族工商业的民族实业家来说，上海战后的时局却大为不妙，前途黯淡。抗战结束，战争创伤尚未愈合，内战继起，战后美国资本形成对中国经济的独占地位，民族工商业遭受深重打击，义利位列其中，身不由己，黄金风潮影响下元气大伤，原打算卖掉门市，却始终出不了手；政局动荡外侨离沪，市场萎缩，最后连撒哈也辞职回国，生产锐减，月月亏损，公司难以为继。

直到中华人民共和国成立后，首都北京急需发展食品工业，这也为处于进退维谷之际的义利食品公司带来了机遇。北京新中国食品厂的老板董祖鸿到了上海，他带来了一个信息：北京正在筹建综合性的食品厂，建议

义利公私合营，成立义利食品有限公司时公私代表合影，二排左二是倪家玺

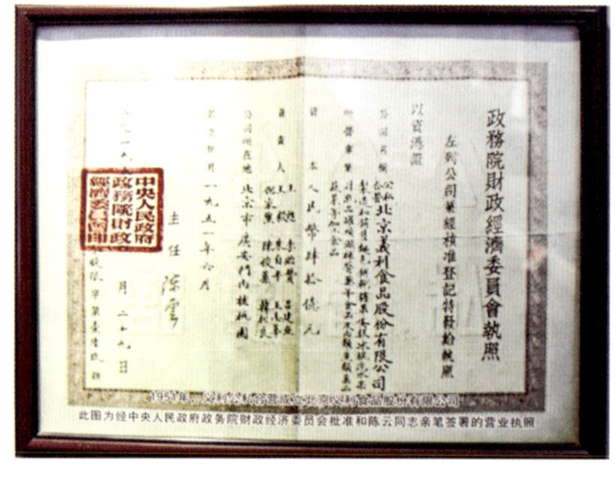

北京义利食品有限公司营业执照

义利迁京。于是倪家玺等人赴京同兴业投资公司达成合作协议。1950 年冬，义利食品公司肩负着发展首都食品工业的使命。在倪家玺为首的公司骨干带领下从上海迁师北京，建立公私合营的北京义利食品股份有限公司，股东 31 家，成为全国食品行业第一家走上国有资本投资道路的食品企业。

随迁职工只有 48 人，暂时落脚在广安门大街 208 号，同时在广内王子坟即今广义街 5 号破土动工兴建厂房，占地 4488 平方米。据史志记载，由于义利食品公司发展成为京城著名的老字号，便取“义利”中的“义”字将广内王子坟改名为“广义街”，“广”是广安门，“义”是义利食品厂。

1951 年 10 月，新厂房落成正式命名为北京义利食品有限公司。因合作者兴业投资公司原已属公私合营性质，所以此时公方代表史自容为董事长，私方代表倪家玺出任经理，喻义任副经理，成立了民主管理委员会，提出了“薄利多销、面向大众”的口号。

1953 年，义利正式实行公私合营，遂更名为公私合营义利食品公司，此时职工人数已达 388 人，初具规模。1955 年后，隶属当时的第二地方工业局，即国有轻工业局，从此义利成为名副其实的国营企业，结束了它长达半个世纪的私营企业历史。

二、记忆中的美味

我虽然已经几十年没有吃过义利果子面包了，但是那种味道，我竟然可以回忆起来，还有它的包装，仅是一层简单的油纸，那上面的色彩也简单到只有红黄蓝，却深入人心。我相信，这些都会让京城百姓记忆犹新，并且成为一段印记。

——诗人、戏剧编剧阿丁

普鲁斯特效应可以让人通过嗅觉开启过去的记忆。义利面包显然走得更远，单看到包装人们就能想到果仁儿满满的果子面包和那交织了数十载的记忆。

（一）名动京城的面包坊

北京食品素以京味中式为特色，在义利来京之前都属于作坊生产，义利进京时带来的仅有老詹姆斯时代遗留的一台和面机、一台英式烤炉和工艺技术。工人们先把小面包码放到大铁盘子里，用大木铲把它推到炉膛内，烤熟后再用微火烤大面包，这套程序全用手工操作。简单的生产设备及手工作坊的形式就是北京义利的雏形，但这并不妨碍它开京城西式食品消费之先河。特别是义利所带来的江南气息、独到的口味、历经 40 余年磨炼形成的西式洋味的花色品种，以及进京后机械化程度的迅速推进，填补了北方食品工业的空白，逐步发展成为中国食品工业骨干企业之一，成为生产经营面包、巧克力、饼干、糖果、快餐等多系列、多品种的优秀食品企业。

20 世纪 50 年代初期义利面包的制作场景

"果子面包""维生素面包"

20 世纪 50~80 年代是义利迁京后的辉煌时期，老字号焕发青春，品牌享誉全国，义利面包在京城独占鳌头。

义利的地位 30 年居高不下，是其所处之主客观环境使然。不可否认的客观环境是，20 世纪 80 年代以前，中国在政治、经济诸方面均处于相对封闭的状态，与国外食品行业的现代化水平差距很大；又由于计划经济体制给义利提供了几乎没有竞争敌手的卖方市场优势。其主观原因是"义利人"不断推陈出新、不负众望，创造了食品行业的数个第一：我国第一台维夫巧克力挂酱机、第一台饼干包装机、第一台酥糖包装机等均出自"义利"。

义利的辉煌植根于北京人的日常生活之中，在几代人中产生了深远的影响。义利进京，为京城普及面包开了先河。1951 年，义利在东安门大街开设首家实体面包店，销售面包、饼干，还现场制作蛋糕，吸引了很多名人，京剧艺术家马连良先生就是常客。

义利的经典果子面包是义利初入京时研发的，从老上海的"圣诞面包"演变而来。起初夹的是新鲜水果，可北京除了四月杏、六月桃，时令水果很少，所以老技师们才转向北京果脯，将其与面包结合。由于选料精良，生产出来的面包既口感好又富含营养，产品质量堪称一流。这中西合璧的口味，加上当时来说很时兴的蜡纸包装，迅速受到了人们的喜爱。

提到义利的拳头产品，果子面包、酸三色、酥糖、饼干，都是伴随几代人成长的回忆，但最具特色的要数维生素面包。现在人们提起维生素，都知道个大概。20 世纪 60 年代中后期，物资比较匮乏，直接受影响的是国人的身体健康情况，人们对食物的要求还停留在"吃饱"上。维生素面包就是义利在当时研发出的超前产品，义利食品厂把当时人们身体急需的维生素 B 加入面包当中，所以加入了维生素的面包颜色呈蜂黄色。维生素面包又好吃又能补充营养，在当时成了提高生活水平的最便宜的方式。也就是从那时起，维生素面包成了老百姓“买得起的补品”，“义利”早已不只是面包的名字，还成了市民的一种生活方式。

义利产品市场覆盖华北，占据了绝大部分北京市场。当时，义利还担负着对苏联、蒙古及东欧社会主义国家和东南亚诸国，还有我国香港地区的出口任务。更令义利荣耀的是，长期以来担当着政治意义重大的国宴特供食品的特殊任务。“文革”时期，义利曾改名工农兵食品厂，工厂没有停过一天产，加班加点增加产量，超额完成国家下达的生产任务，持续 30 年的辉煌发展，令义利人、北京人回味无穷。

（二）跋涉前行

改革开放 40 年，“义利”从“唯我独尊”到落寞衰退，再到今天涅槃重生，这条复杂的曲线，难用“不惑”一笔勾勒。“义利”在中国经济转型和国企改革的浪潮下经历了长时间的阵痛，特别是计划经济向市场经济的转轨过程中，这家老牌国企和民营企业、外资企业互相博弈、此消彼长，一度差点关门。

20 世纪 80 年代，中国进入改革开放的新时期。义利作为国有大中型企业，像灵敏度极强的晴雨表一样，直接、敏感、迅速地感受到巨大的压力。

进入 20 世纪 80 年代，背靠大树的时代好似“黄鹤一去不复返”。从此，义利如同一叶小舟在市场经济的大海里随着风浪颠簸起伏，艰难地前行。产品从包销逐渐变为自销，逼迫企业走向市场，对义利更是严峻的考验。北京食品市场对外开放，外国食品长驱直入，上海、广东等地食品大举北上，北京食品市场由短缺型发展到充裕型，呈现了花样品种繁多，争奇斗艳的局面。而义利传统的产品却相形见绌，不能适应市场和消费者多元化需求。于是，义利曾经巩固了 30 年的半壁江山（长江以北）受到竞争对手进逼，形成四面临敌的处境。市场容量终究有限，供求平衡被打破了，卖方市场转为买方市场，义利产品倍受冷落。

时至 20 世纪 80 年代中期，义利陷于困境，债台高筑，效益跌至谷底。

义利面包哪里去了？

夏之秋

五年前，我们这一带还能够经常买到义利生产的各种面包，如白面包、麸皮面包、果子面包、牛奶面包、咸面包等。后来又出了什么美式面包，但是以后，义利面包却无影无踪了。相反，出现了一大堆名为面包，实为点心的牛角酥、咸味酥、剪刀酥之类，还有自称为“港式”的面包。其实，凡是吃过义利面包的消费者，只要仔细想一下，就知现在的面包究竟是进步了还是倒退了。

不知是消费者变了口味，还是经营者有新追求，抑或义利已经自动放弃了市场？据我，所谓的港式面包，是半个多世纪以前，香港处于落后时期的产品。由于设备差，低速搅拌，造成面粉吸水不充分，只好用压面机多次压面，生产出来的面包，其组织相当细腻，外形美观，体积大，但口感像嚼棉花，不用水冲几乎能把人噎住。这种落伍的面包也不知为什么成了“走红”的商品。笔者拿这种面包给香港来的朋友看，他们竟笑得合不拢嘴。原来这是淘汰产品。看来，还不仅仅是义利面包哪里去了的问题。

《北京晚报》上刊登的《义利面包哪里去了？》的文章

自从1978年以来，在计划经济进而转变为市场经济的过程中，“义利人”从未停下自己的跋涉脚步。

进入20世纪80年代后，随着改革开放的深入，义利大量集中地引进国外先进的机械设备——9条生产线，淘汰服役多年的老旧机器，进入现代化生产阶段。由于原材料短缺和价格上涨造成的利润下降是不可逆转的大趋势，义利只有在生产上开源节流、提高效率、降低成本，开发新工艺、新品种，在销售上千方百计扩大市场，争夺市场占有率，才能增强市场竞争实力。为此，“义利人”痛下决心，大举砍掉虽是义利传统但经济效益低下的产品，由此付出了减少年产量30%的代价；积极上马新产品，形成巧克力、糖果、饼干、面包、饮料和快餐6大系列200余个品种的产品，其中半数是新开发的产品。从1978~1990年，义利有77种产品分别或连续获国家轻工业部和北京市的优质产品奖，其中有4块国家级银奖。

自1906年至20世纪80年代，义利面包堪称中国最好的面包，它起源于英国，但几十年来又揉入中国的风味，形成中西合璧的特有品质，过去在上海、后来在北京一直畅销不衰。但是，1988年义利面包停产了！停产的原因。一是义利面包定价30年基本不变，进入20世纪80年代后，原辅材料价格疯涨，以致成本逾越销售价格之上；二是市场放开，各式面包冲挤了义利面包市场。时光流逝，转眼到了1992年底，《北京晚报》上刊登的《义利面包哪里去了？》的文章，尖锐的“批评”蕴含着对义利面包的怀念之情。这深情厚谊令义利人感动不已，视为知遇之恩，于是决定重新恢复义利传统面包，锁了6年的厂房大门被重新打开，在轰轰的机器轰鸣之中，热腾腾的义利面包又回归了。令人始料不及的是老面包一上市就被一抢而光。

后来，义利又在菜户营创办面包厂，生产新一代的“义利尊王”。义利面包死而复生且大受欢迎，维生素、大果料传统老面包纳入老百姓的生活必需品范畴，花色品种发展到十几个，占领北京市场几百家商场超市。

在市场经济中拼搏的义利人深切地领教了市场的魔力，义利的生存维系于市场，千方百计地扩大市场占有率是义利的一条生路。进入20世纪90年代，义利建立了一系列销售网络和制度，市场从北方向南方渗透，进而进军国际市场，减少中间环节，力争直接谈判、直接订货，开辟销售网点，形成销售网络。义利从20世纪80年代中期即开始每年举行面向全国的产品订货会。在20世纪的最后10年，义利已经完全实现了从坐商到行商的转变，这是从计划经济向市场经济转型在义利这样一个典型的国有企业身上的具体体现，对于义利则是经历了一个痛苦、艰难的转变过程。

义利始终在变，义利一直在改，但是要彻底跳出被动的格局谈何容易。进入20世纪90年代，义利的营业额最高已经突破了1个亿。但年终结算还是亏损、微利，为什么？义利人坐下来算账：企业贷款所还无几，本息合计达1个多亿，已经是资不抵债。半个世纪以来为义利辛勤劳动的退休工人已达1400多人，再加上400多名内部退养职工，还有在岗工人有900人。这就是国有老企业的家底、家境，这就是国企与众多中外新兴企业在同一市场、同一起跑线上竞争的艰难。国有企业的出路何在？义利也设计了多种企业改革方案：搞“经济特区”、承包责任制，划小核算单位、招标上岗……不能不说是历尽探索。

（三）曙光再现

1997年，长期处于探索之中的国企迎来了党的十五大，1999年党的十五届四中全会通过了《中共中央关于国有企业改革和发展若干重大问题的决定》（以下简称《决定》）。党的十五大报告和《决定》是指导国有企业改革、发展跨世纪的纲领性文件，提出国有企业改革和发展的主要目标为“三年两目标”。《决定》突破性地提出了国有经济“有进有退”“有所为、有所不为”的战略调整举措，使国有企业的改革和发展走出了重重浓雾，这像一剂良药，使义利这样一位危在旦夕的历史老人的重症逐渐缓解。义利淘汰了高成本、低产出、低附加值、无竞争力的低档糖果和饼干食品生产；盘活闲置设备等资产，发展外联加工合资、合作；突出巧克力、面包、快餐（营养

2006 年“义利”被商务部评为首批中华老字号

配餐）为优势的经营门类；突破攻坚之端——人员分流，两年间减员 50%，数百名员工转变观念走上了自主择业的再就业之路；上亿元的债务负担在政府、国有资产经营公司与银行的商磋之中，有了利息减免的希望。

新一轮的国企改革借历史机遇别开洞天，2002 年，义利在大兴工业开发区内建成巧克力和面包两大食品生产基地，并都已通过了 QS、ISO 9001、HACCP 质量认证和出口卫生登记证。现代化的厂房、引进的先进设备、完善的生产工艺全面提升了义利食品的品质和信誉。“义利”商标连续五届被评为“北京市著名商标”，“义利”牌巧克力、糖果、面包多次被评为“北京市名牌产品”。2006 年 10 月，“义利”被商务部授予首批“中华老字号”称号。2001 年，中国一轻、义利与美国、新加坡等国家的 5 家法人合资设立中外合资北京义利面包食品有限公司，新体制、新机制实现了义利面包近几年的快速发展，目前义利面包在北京及周边地区销售网点上千个，在北京面包市场名列前茅。2005 年，义利面包又从荷兰引进先进的全自动面包生产线，并迁入现代化的面包生产基地，为面包产品线的进一步发展创造了条件。

三、百年义利

义利公司从成立之初到2020年已经历了114年的风雨。

英商经营40年，民族资本5年，新中国怀抱69年，经过如此曲折起伏的百年历史，义利实现了百年的辉煌。义利产品以其独到的口味、优良的品质连获殊荣。1915年义利“星”牌巧克力在巴拿马国际博览会上荣获金奖，1937年在上海家庭日用工业品展览会上再获金奖。义利维生素面包、大果子面包、乳白面包几十年畅销不衰，素有“面包王”之称。自20世纪70年代以来，义利先后有77种产品如6952威化巧克力、义利果料面包、维生素面包、玉兰巧克力、龙虾酥糖等，分别获国家轻工业部金、银质奖和北京市优质产品奖；1988年，义利荣获“北京市优秀食品老字号”称号；自1994年，义利牌面包、巧克力、糖果连续几届被评为“北京市名牌产品”，“义利”商标连续四届被评为“北京市著名商标”；2006年10月，义利被商务部评为首批“中华老字号”。

回顾百年历史，义利创造了多个中国第一：第一个将欧洲巧克力生产技术引入中国，制造出中华民族自己的第一块巧克力；第一个研制并批量生产出具有中国特色的酥糖；第一个研制并实现面包生产机械化，生产出适合国

“百年义利”连锁店

人消费口味的果料、维生素面包；创造中国第一台维夫巧克力挂酱机，开发出中国的维夫巧克力；第一个实现国内巧克力生产现代化；首创中国第一台酥糖成型机和第一台酥糖包装机，至今国产酥糖成型设备依然是按义利原设计方案制造的；首创中国第一台饼干包装机，第一家实现饼干机械生产连续化；第一个取消在食品中使用糖精和合成色素；第一个出口创汇的中国食品企业……

城南大兴区的一家“百年义利”连锁店，一位大妈进了店门，熟练地向左拐，抓起两个“果子面包”，一分钟不到就结完了账。老伴儿在门口等她，她讲不出几十年来独爱这一款的确切理由，或许是喜欢带着核桃仁香味的筋道，或许拆惯了浸着黄油的蜡纸包装。门楣上，暗红色的招牌上喷着令人眼熟的大字：“百年义利”。

2011 年，义利食品第一家门店在西城区福长街开张，义利综合性食品专卖店从此在京城遍地开花。截至目前，义利连锁店已超过 130 家，并将持续扩展新板块。从 2018 下半年开始，百年义利按照北京市政府更好地服务民生的要求，经专业团队策划，重新对连锁门店进行定位，一方面引进居民生活“名优”必需品；另一方面改革店面的管理模式，全面提升连锁店的服务质量，提升市民购物体验。

连锁公司一系列的改革，不仅是重新装修提升店内的整体环境，全面营造更加温馨、舒适的购物环境和品质化的消费体验；还通过合理陈列，使布局更加清晰，积极调整商品结构，定期根据百姓生活需求增设新品，打造了更加丰满的产品体系，为消费者提供了更加便捷的社区购物模式。

第五编　馆藏艺术文化

第一章 东方宝笈艺术馆

东方宝笈艺术馆是一家专业从事珂罗版临摹复制的书画艺术馆，位于大兴区生物医药基地永大路31号，隶属于东方宝笈文化传播（北京）有限公司。馆里藏有创办者、国家高级工艺美术师李东方的全部心血。“东方”既是取自李东方之名，也含有“东方古国”之意；“笈”是“书箱”，内装中华瑰宝。

这些年，东方宝笈艺术馆与北京故宫博物院、中国台北故宫博物院、上海博物馆、辽宁博物馆、敦煌研究院等文物保护收藏单位合作，采用传统的珂罗版技术复制了不少珍贵的书画作品，并努力实现产业化、市场化运作。

一、传移摹写：珂罗版技术兴衰

“传移摹写”一词出自南齐艺术评论家谢赫的著名画论《古画品录》，与“气韵生动”“骨法用笔”“应物象形”“随类赋彩”“经营位置”并列为古代绘画六法之一，指临摹作品不仅追求外在形象的逼真，还追求内在的精神本质的酷似。《汉书·师丹传》：“令吏民传写，流传四方。”绘画的传移流布靠摹写，谢赫称为“传写”，“善于传写，不闲其思”。把“摹写”作为绘画美学名词确认下来并作为“六法”之一，表明古人对这一技巧的重视。东晋著名画家顾恺之还留下了《摹拓妙法》一文，也是讲“摹写”的重要性。

随着近代工业革命兴起和新技术的出现，中国古代“传移摹写”的绘画技法在珂罗版印刷（collotype printing）技术中可以得到近乎完美的实现。珂罗版印刷是最早的照相平版印刷之一，多用厚磨砂玻璃做版基，涂上明胶和重铬酸盐溶液，制成感光膜，再按原稿层次，制成明胶硬化图文，用阴图底片敷在胶膜上曝光，制成印版。因此，珂罗版印刷又叫“玻璃版印刷”。

大约在19世纪60年代，德国摄影师阿尔贝特发明了珂罗版技术。大约在1876年，珂罗版技术从日本传入中国，“珂罗”是日文“胶质”的音译。中国第一件珂罗版印刷品是在上海徐汇区土山湾宗教印刷所印刷的“圣母像”。1876年，上海有正书局首先采用珂罗版技术印制印刷品。自此以后，珂罗版技术在印制手稿和书画作品等方面显示出了特殊的魅力，经过我国印刷工作者上百年的学习、应用、融合，它已经成为我国一项传统印刷技术了。

珂罗版印刷讲究画面、色彩、线条、层次的精细还原，忠实反映图像原貌。由于该技术是平版印刷，无网点，比木版水印和人工临摹仿真度高得多，可以最大限度地再现原稿的色彩和层次，效果逼真。在前期制版时，要采用照相分色处理；由于胶片感光度有限，胶片对书画原稿的信息记录难免有丢失，又需要进行人工修版。珂罗版印刷适用于笔触变化多，墨色层次丰富的书画作品，印刷出来的作品层次感强，复制精美，可以达到毫发毕现的逼真复制效果。它可以印于纸张、绢及丝绸等各种材质上，而且珂罗版印刷是专色压印，不会造成颜色偏差，能充分表现书画艺术品原稿的色彩搭配和墨韵彩趣。因此，珂罗版印刷最适合印刷名人书画，以及影

东方宝笈艺术馆创始人——李东方

东方宝笈书画艺术馆珂罗版工作室

印墨迹、碑帖、珍贵图片、文物典籍、古籍善本、古籍图录等精致的艺术品，许多文人雅士都非常喜欢它。

珂罗版印刷经历了从单色制作、双色套印、多色套印到多色接版套印等发展过程。经过不断的技术改进，现在可以通过与计算机扫描制作、电子分色机自动分色等现代化技术相结合。珂罗版印刷越来越科学化，复制效率和复制质量大幅提高，复制周期缩短，在满足广大书画爱好者的愿望的同时，方便了珍贵书画作品的流传。

珂罗版技术全凭手工操作，相当于一步步还原绘画时的每一个过程，需要手工临摹者具有长年累月的相关经验，对色彩的高辨识力以及相当深厚的绘画功底等。因此，珂罗版技术自发明以来，全力从事这项技艺的也不过 200 多人，真正掌握珂罗版复制全套技艺的专业人员更是少之又少。

珂罗版印刷的特点是逼真传神，甚至能达到连书画作者本人都无法准确辨识的程度，这对于物品的复制保留和文化传承有举足轻重的作用。珂罗版印刷的全部步骤均需手工操作，对工艺要求极高；一台机器一天最多只能印几十张，一般一块印版仅能承印 100~500 份，最多不超过 1000 份。印刷要用木版水印，工艺复杂，成本高，效率低，不适合大批量生产。因此，随着胶版印刷技术的出现，珂罗版印刷一度趋于衰弱，许多珂罗版印刷厂关闭，工艺也渐渐被人们遗忘。到 20 世纪 70 年代，珂罗版临制技术几近断代。

二、流动的敦煌，复活的经典

2018 年 5 月 11 日晚，由国家文化部艺术基金立项，中国残联、北京市残联、大兴区委宣传部、大兴区文委、大兴区残联共同组织，北京市“让爱飞翔”残疾人艺术团精心打造的跨界融合舞台剧《流动的敦煌》在北京市大兴区影剧院成功举行了首演。该剧以新概念、新观念、新思路、新形式全新打造的唯一一部跨界融合、展演兼具的特殊艺术作品，开创了跨界融合表演艺术形式的里程碑，是世界首部非遗传承、多维展演的情景舞台剧。

《流动的敦煌》重点讲述北京女孩李东方放弃故宫博物院优越的工作环境和优厚的待遇，置身到大漠敦煌，专心致志地用珂罗版技术复制敦煌壁画，用一生的经历保护国家文物，传承民族文化的故事。

敦煌艺术有着数千年的悠久历史，具有极高的文物价值、艺术价值和欣赏价值。然而，一千多年来，由于风雨侵蚀、人为破坏，这些珍贵的历史文物大多日渐剥蚀、脱落和不断氧化，显得残损不堪。面对这些残损的珍贵文物，面对荒无人烟、极度苦寒的环境，李东方将自己的青春、梦想、心血全部投到了敦煌壁画的珂罗版复制与保护工作中，肩负起拯救敦煌壁画的使命，用珂罗版技术复制保护传承敦煌莫高窟中的部分精美壁画，如千手千眼观世音、美人菩萨、伎乐飞天、反弹琵琶、三菟藻井、剃度图、维摩诘图等。

时光倒退到 1973 年，当时在病榻上的周恩来总理批复了一项工作：“不惜一切代价，恢复珂罗版技术。”1974 年，刚刚毕业的李东方分配进国家文物局，成为第一批在故宫博物院工作、学习珂罗版技术的人。李东方到故宫博物院的前 3 年都在画素描、写生，画兰花、石膏像和故宫里的各个场景，苦练基本功。在回忆这段往事时，她说：“从最开始找不到感觉，到后来一打眼就能看出一个场景该怎么画出来。”之后，她开始接触珂罗版临制技术。

当时，珂罗版技术主要应用于文物复制和复制档案馆的文字资料，比如毛泽东的书信诗词、鲁迅手稿等。原稿是珍藏的，展出或需要使用时要用复制品。复制时要先拍照，那时候没有现在的计算机绘图软件，全凭眼力和手感。一开始，她修的底片总是出现颜色偏差；在底片上修完了，印出来还是能看出修过的痕迹，不得不重新进行修补。琢磨了两年多，李东方才掌握了颜色这一关。她也越来越爱上了珂罗版临制技术。

1983 年《人民日报》报道：日本画家平山郁夫访问中国，参观敦煌莫高窟后，提出想以日本的技术帮助中国复制敦煌壁画。看到这则消息，26 岁的李东方执笔给时任敦煌研究院院长的段文杰写了一封信，希望去敦煌学习修复文物。她说："我们也是做文物复制工作的，他们能做，我们也能做。"

半年后，李东方收到了来自敦煌研究院的回信："我支持你们，来吧！" 在领导安排下，1984 年 7 月 30 日，李东方和她的师父坐了三天三夜的火车，终于来到了千里之外的敦煌。当时，段文杰正在临摹敦煌第 220 窟的《维摩诘大士》壁画。怎样复原古画，并保留壁画上岁月留下的斑驳感，是他一直没有解决的难题。于是，他出了一道考题：让李东方临摹第 220 窟《维摩诘大士》壁画。出乎意料的是，短短一个多月的时间，李东方就拿着一幅色彩丰厚、几可乱真的维摩诘图展示在他面前。她终于拿到了进入敦煌各个洞窟的通行证。

李东方年轻时在敦煌洞窟中工作

之后，李东方一头扎进了敦煌壁画的复制工作中。珂罗版复制文物需要制版照相机，而莫高窟却连地面都是文物，过重的相机容易对洞窟的地砖造成损坏。为此，李东方特地找木工做了框架，前后装上玻璃，中间装上镜头，利用简单的材料设计制作了专为莫高窟使用的珂罗版土相机。这个工具陪伴她走过了漫长的时光。

用珂罗版技术临制文物，需要经过照相、修版、晒版、印刷 4 个阶段。在照相前还需要分析作品颜色的色调、层次、下笔先后顺序等诸多内容，这需要高超的眼力和巨大的耐心。根据前期分析，再进行分色制版，往往一种颜色就需要制作一张版，复制一幅画有时需要数十块版叠加才能完成。每一块版都需要独立修版，版和版叠加时，不能有一根头发丝的差错，否则前功尽弃。敦煌壁画穿越历史沧桑，色彩丰厚，壁画的很多锈迹和墙皮脱落的斑驳感也要如实复制下来。

为了接近原作的颜色和材质，李东方需要逐一分析古代画家作画时的步骤，细致到每一个线条、颜色的顺序，然后通过照相获得与原稿同等大小的底片，每一张底片是一种颜色；在印版时，要将每张底片的颜色层层叠落，丝丝相扣，最终达到原作的效果。

经敦煌研究院专家讨论，同意让李东方以莫高窟第 112 窟“反弹琵琶”作为试制。在洞窟的两个多月里，她每天不断拍摄、比对、涂色标、修版。之后，李东方带着做好的版返回北京，将壁画还原到纸张上，然后再拿回敦煌，对照原作，再反复修改，前后 8 个多月才完成第一张珂罗版壁画临制作品。专家们拿着临制的壁画，放到洞窟中的原位置上，发现这幅画竟然和原壁画浑然融为一体。段文杰对李东方的临制品评定是：“形象准确、色彩丰厚，表现了人物精神，体现了壁画特色，是成功的”。

李东方在敦煌研究院珂罗版工作室工作

李东方复制的这幅“反弹琵琶”由国家文物局呈送到中央文物工作扩大会议上，中央责成国家文物局作为技术性试验项目，在敦煌研究院建立珂罗版工作

珂罗版临制的敦煌壁画观音像

室，开启了用珂罗版工艺间接保护敦煌莫高窟壁画的历史。而李东方在目睹了敦煌洞窟中那些日渐侵蚀剥落的壁画后，感到无比痛心。她毅然决定辞去故宫博物院的工作，扎根敦煌，用珂罗版技术逐步复制这些精美的壁画。

几十年来，李东方对敦煌莫高窟 9 个特别精选的洞窟及壁画局部进行了精心复制，复制出来的敦煌壁画作为文物资料被有关部门永久留存，给后人研究敦煌壁画留下了翔实的图像资料，也让这些稀世国宝从墙壁上“移动”下来。这些壁画包括“美人菩萨”“伎乐飞天”“反弹琵琶”等，还有耗时近 3 年复制的 180 厘米 ×170 厘米的“千手千眼观世音”。

20 多年的戈壁生活耗尽了李东方的青春年华。她每年有半年时间坚守在戈壁滩，饮食营养无法保障，最劳累时甚至出现过短暂失明症状。余下半年时间，李东方回北京寻找工作，筹措资金，筹划开展下个阶段的复制工作。往返于敦煌和北京 20 多年，李东方耗尽了自己的全部积蓄，在复制敦煌壁画上前后投入资金 67 万元。敦煌研究院第三任院长樊锦诗知道后，深受感动，专门拨款 10 万元奖励她，她又将这笔钱一分不剩投入壁画复制中。她用这笔钱完成了第 003 窟“千手千眼观世音”的临制工作。这个观音被认为是敦煌最美的观音，绘制在大约 4 平方米的墙壁上；而珂罗版的最大尺寸是 50 厘米 ×60 厘米，这幅“千手千眼观世音”远远大于这个尺寸。最后，李东方用 84 张珂罗版底片进行分色制版，再进行更复杂的拼接。12 个月后，这件稀世国宝终于从墙壁上“移动”下来，备受世人瞩目。2015年，这幅临制的《千手观音图》获得了有“印刷届奥斯卡”之称的中华印制大奖艺术品复制的唯一金奖。

1998年，曾有日本画商出1700万元的高价购买李东方复制的5种敦煌壁画，被她拒绝了。她说：“这些都是国家文物，不是敛财的工具。”

2008年，李东方已在敦煌工作了20多年，又拍摄了大量图片资料后，告别了敦煌，回北京主持复制了大量国宝级文物，其中有宋徽宗的《千字文》、李公麟的《五马图》、王希孟的《千里江山》、杨徽的《二骏图》和欧阳询的《梦奠帖》等。

2014年，李东方被评为敦煌研究院成立70周年杰出贡献人物，2016年获全球华人影响力人物“文物保护终身贡献奖”，2015年至2017年，她的参赛作品连续两届获中华印制大奖“毕昇奖”唯一艺术品金奖；2017年获得首届两岸四地“毕昇奖”暨第六届中华印

李东方临制的敦煌第003窟“千手千眼观世音”

李东方用珂罗版临制的敦煌壁画“反弹琵琶”

李东方与她复制的敦煌壁画

制大奖杰出人物称号。后来，德国在为珂罗版申请世界非物质文化遗产的时候，特别加上了李东方和中国珂罗版的发展成就，以此证明珂罗版技术不仅是西方的，更是世界的。

如今，李东方和她的团队还在不断寻找流失海外的中国书画，努力用珂罗版技术将它们逐一复制，以这种方式带国宝回家，让更多人有机会看到国宝的“本来面目”。

三、国宝合璧

本着对珂罗版艺术的执着追求，东方宝笈艺术馆汇聚了国内珂罗版临制的专家和众多业内精英团队，并配有全套技术设施，曾先后为北京故宫博物院、中国台北故宫博物院、上海博物馆、辽宁博物馆等多家国内外博物馆、档案馆、图书馆及众多著名书画家、收藏家等临制了大量珍贵馆藏作品，得到了专家们的一致赞扬。其中，两岸故宫博物院镇馆之宝《三希帖》《明解增和千家诗》等国宝首度用珂罗版合璧制作出版，为后人留下了珍贵的文化财富。

故宫博物院文物由于在历次战争中数度迁播，造成一些珍贵文物分居两岸。如“元四家”黄公望的名画《富春山居图》被誉为中华山水画的第一国宝，它的后半卷藏于中国台北故宫博物院，前半卷藏于浙江省博物馆。后来，北京荣宝斋耗时 3 年，用 300 年独创的木版水印技术按 1 ∶ 1 复原，2011 年 6 月在台北首度合璧展出，开创了国宝合璧之先河。但木版水印技术在复制古代书画作品时，显示不出层次感，拿放大镜看，图片有网点，显得美中不足。2015 年，保存在两岸故宫博物院的书法名作“三希堂”帖由李东方和东方宝笈艺术馆以精湛的珂罗版技术临摹复制，合璧出版《三希帖》，完成两岸华人百年夙愿，再一次实现了“国宝合璧”。

清乾隆皇帝酷爱书法，尤其珍惜王羲之的《快雪时晴帖》、王献之的《中秋帖》、王珣的《伯远帖》，“三王”代表了中国书法艺术的最高水平。乾隆皇帝把“三王”法帖视为珍宝，专门在养心殿西暖阁隔出一间小屋子，命名为“三希堂”，“三希帖”因此得名。“三希帖”是中国书法史上一个无与伦比的作品集。

20世纪初，清皇室挥霍无度，偷盗变卖文物成风，王献之的《中秋帖》、王珣的《伯远帖》被光绪帝的妃子偷偷卖掉，后来成为袁世凯的账房先生郭宝昌的私人藏品。1949年，王羲之的《快雪时晴帖》运往我国台湾，珍藏于中国台北故宫博物院。后来，郭宝昌之子郭昭俊因父亲去世，生活落魄，也流落到台湾，想出售“二希帖”。当时国民政府自身难保，于是他把“二希帖”抵押给了一家英国银行。1951年，北京故宫博物院院长马衡得到消息，抵押期将近，建议购回，得到周恩来总理的同意，终于购回“二希帖”。从此，“二希帖”保存在北京故宫博物院，王羲之的《快雪时晴帖》保存在中国台北故宫博物院，65年来一直被一湾海峡分隔开来。

在北京故宫博物院成立90周年时，经海峡两岸故宫博物院的共同努力，“三希帖”终于以一种特殊的方式跨越海峡聚集一起，复制出来完成合璧。上膜、压印和母版制作需要一系列复杂的工艺流程，“三希帖”中的《快雪时晴帖》，全篇共28个字，有行书、草书、楷书，书体多变，用笔自由潇洒，制作珂罗版母版花费的功夫最大。12种颜色就得拍12张底片，然后在底片上刀刻、修片、上色，在底片上作画，控制底片上的线条和细节；再用10厘米厚的玻璃经过磨砂，磨成很细的磨砂面；再在磨砂面上涂一层感光液，烘干；再把修好的底片覆盖在这张烘干的感光玻璃上，然后再晒版、感光、发生化学反应；对某些笔画中皴出来的干笔，还要用刀子一点一点抠。

“三希帖”珂罗版制成母版，完成印刷后，由于《快雪时晴帖》是比较复杂的册页装，李东方亲自到天津一家古字画装裱厂现场指导手工装裱，对布面装帧、裁边宽窄、甚至放置的首尾位置都仔细核对，精益求精，力求与原帖一模一样。珂罗版复制的“三希帖”几可乱真，得到台湾古籍专家的高度肯定和赞扬。

中国台北故宫博物院院长冯明珠说：博物馆的典藏是文化遗产，而这些国宝书画作品是纸质的，经历几百上千年，终究要慢慢变质、变脆、损耗的，再不设法保护就将濒临灭绝，而如何保护是个大问题。台湾两仪文化事业股份有限出版公司总经理谢玉玲说：“‘三希帖’合璧出版，复原如真。通过珂罗版复制，几千年的帛书帛画不仅可以收藏，还可以拿出来做

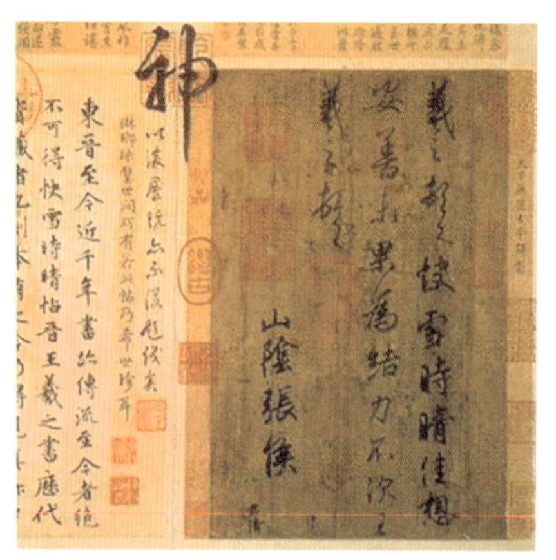

王羲之《快雪时晴帖》

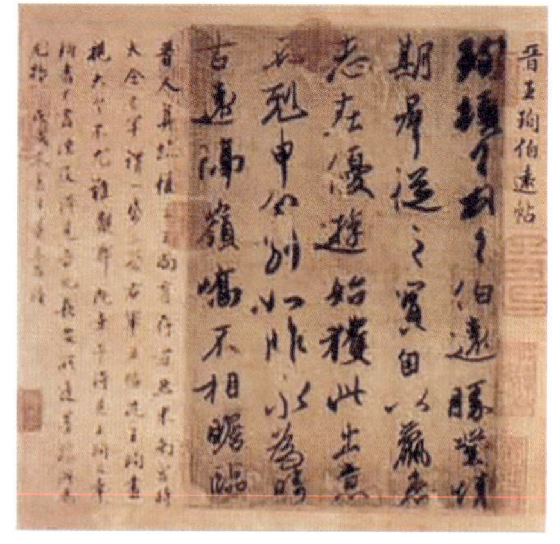

王珣《伯远帖》

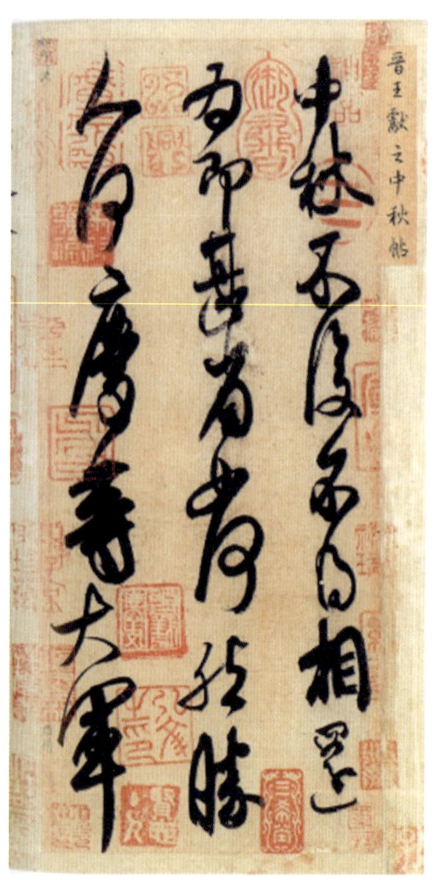

王献之《中秋帖》

研究。”

国宝“三希帖”创作于一千年多年前，又分开几十年，历经世事沧桑，当国运衰微时颠沛流离、四处流转；当国运强盛时，终于实现了“合璧”。

有了“三希帖”的国宝合璧经验，更多的文化纽带在李东方的努力下实现了联结。

如今，东方宝笈文化传播（北京）有限公司为满足社会各界对书画艺术的需要，对古老的传统工艺实施了更新改造。在保留传统的珂罗版工艺特点的基础上，又配以现代化技术手段和设备，使这一传统工艺在新时代又焕发了青春。

作为世界级非遗珂罗版技术的传承人、创新者，李东方和东

东方宝笈艺术馆复制的古代书画精品展厅

方宝笈艺术馆用珂罗版技艺让无数国宝文物“活”了起来，将中华数千年传下来的艺术珍品再现世间，将流亡海外的国宝带回祖国，让世人共赏历代名作风采，感悟中华历史精髓，品味先人笔墨神韵，提升中华民族整体的文化艺术水平。

珂罗版复制技术是不计成本的、高难度的技术劳动，需要有高超技艺和丰富经验的工艺人才来临制，临制者还需要有高度的责任感和意志力。李东方说，她的技术团队最初曾招过一批40多名美术学校的毕业生来学习，但后来很多人都耐不住，陆续离开了，只留下十几个比较踏实、能沉下心来做事的人组成了现在的技术团队。

如今，年过六旬的李东方希望跟有关单位合作，来共同举办珂罗版技术传承班，把自己这门独有的技艺无保留地传给下一代，并希望中国珂罗版能作为独立项目成功申请世界非物质文化遗产，将珂罗版技术发扬光大，让珂罗版的东方之花永远盛开。

第二章 李可染画院

北京市大兴区西红门北兴路星光公园1号，有一座国内目前唯一一个以中国现代艺术大师的姓名来命名的画院——李可染画院。画院规模宏大，集馆藏艺术、学术研究、艺术教学、艺术培训等功能为一体，是兼具国家事业单位资质和民间学术研究团体双重功能的一个综合性画院。

李可染先生（1907~1989）是20世纪中国最具影响力的艺术大师之一，是融合传统与现代、东方和西方的山水画大师。李可染先生43岁任中央美术学院教授、中国画研究院院长，72岁任中国美术家协会副主席、中国文学艺术界联合会委员，同时还是第五届至第七届中国人民政治协商会议委员。

在探索中国画现代风格的道路上，李可染先生以独特的视角重新诠释了中国山水画美学。他师从老一辈画家齐白石、黄宾虹，与徐悲鸿、张大千、林风眠等美术大师为挚友，他的绘画风格融汇东西方艺术特色，鲜明有力，与众不同。

一、李可染画院的成立

李可染先生是山水画一代宗师，一生致力于中国画的传承与发展。在近现代西洋美术进入中国、中国绘画艺术走向世界的过程中，他不断探索绘画现代风格道路，重新诠释了中国山水美学。他的作品翻开了中国美术史上绘画的新篇章，他的艺术实践与学术思想是一笔巨大的艺术遗产。

李可染生前一直致力于创造“中国派”的绘画艺术，希望能建立一套符合中国画传承特点的教育体系和研究机构。在李可染先生众多的老朋友、学生和弟子的强烈要求下，经李可染先生的夫人，著名美术教育家、雕塑家邹佩珠女士提议，李可染艺术基金会理事会成员集体商议，历经4年多的准备，组建了李可染画院，完成了李可染先生生前的夙愿。

李可染

2012年是李可染先生诞辰105周年。当年8月19日下午，经文化部及国家事业单位登记管理局登记备案，学术型事业单位李可染画院成立大会暨揭牌仪式在钓鱼台国宾馆芳菲苑举行。文化艺术界的领导、嘉宾，李可染家属、学生以及来自全国各地的艺术家共千余人参加了大会。

李可染画院首任院长由李可染先生的夫人邹佩珠女士担任，现任院长为李可染先生幼子、艺术家李庚先生，美术理论家邵大箴担任画院艺术委员会主任。同时，画院副院长及研究员均为艺术界及理论界有影响力的艺术家和学者。

李可染画院旨在继承李可染先生“为祖国河山立传、为人民群众立碑”的创作思想和艺术精神，研究李可染的学术体系、艺术思想，发扬李可染先生“苦学派”精神，建立“中国派”画院，传承中国画艺术的研究与创作，开展中外文化交流，并通过开展各种学术活动、艺术教育和中外美术交流，以科学研究、艺术创作、文化交流、教育培训等为主要工作，推动中国当代美术

李可染画院

事业的蓬勃发展。

画院内设李可染纪念博物馆、李可染画院美术馆、李可染艺术研究中心、教学研究工作室、青年画院、典藏部、展览部等机构，还有自己的图书馆和学术报告厅。

李可染画院自建院以来，在国内外举办了上百场学术水准较高的主题展览，如李可染画院院展、芥子园研究展、日本浮世绘精品展、近现代巨匠系列展、古代木雕遗产展、日本屏风画研究展、“峰高无坦途——李可染画院研究成果展”“无涯惟智——李可染青年画院全国作品邀请展”“只争朝夕——李可染画院研究员展”“追本溯源——李可染画院临摹展”以及中法、中德、中乌、中俄、中韩等交流展，并在美国、法国、英国、意大利、俄罗斯、德国、奥地利、日本、西班牙、乌克兰等国家举办过多次国际学术交流活动和展览，扩大中国画派的国际影响。

目前，李可染画院还在全国各地开设了 10 余所艺术研究中心，并与地方政府、大学建立合作关系，共同促进地方文化艺术的发展。

二、李可染纪念博物馆

（一）20 世纪文化转型中的李可染大师

李可染先生在世时，李珠女士就开始收集、保管李可染先生的文章、资料、画作等，通过数十年努力，她整理出纪念馆中的全部图片和文字资料，对后人了解、研究、学习、评价李可染奠定了可靠的文献基础。

李可染是江苏徐州人，从小喜爱绘画，常用碎碗片在地上画戏曲人物，引得邻人围观。1916 年，李可染入徐州吴氏兄弟小学读书。学校图画老师王琴舫见李可染聪慧好学，赞扬他“孺子可教，素质可染”，遂给他取学名可染。13 岁时，他师从乡贤画家钱食芝先生学习中国画；16 岁入上海私立美专师范科学习。1929 年，他以优异成绩考入杭州西湖国立艺术院研究生班，师从留法归来、最早倡导美术“中西融合”的著名画家、院长林风眠，以及向来华任教的法国“新印象主义”著名画家安德烈·克罗多学习素描和油画。正是这两位先生开启了中国现代主义艺术的改革之路。后来，李可染因参加“一八艺社”的进步文艺活动而被迫离校。返回家乡徐州后，他在民众教育馆工作，并兼任教职。

1937年全面抗日战争爆发后，他以满腔的爱国热忱投入救亡洪流。1938年，他参加了郭沫若领导的国民政府军事委员会政治部第三厅，先后辗转于武汉、长沙、重庆等地，绘制了大量抗敌救亡宣传画。1943年，他在重庆国立艺术专科学校任教，开始深入研究中国画，提出“用最大功力打进去，用最大勇气打出来”的口号，推动中国画的改革与复兴。

1945年8月抗战胜利后，李可染到北平任教于北平国立艺术专科学校。1947年，他又拜齐白石为师，并师从20世纪中国画坛上承前启后的大师黄宾虹。这两次拜师成为可染先生艺术道路上的重要转折点。

20世纪50年代，李可染为了变革山水画，以“可贵者胆”“所要者魂”的精神，行程数万里，旅行写生，“对景创作”，强调艺术源于生活，融汇中西艺术之长，使古老的山水画表现新的时代内涵和新的审美风貌。十年磨一剑，到60年代前期，李可染达到了他艺术上第一个高峰，他自成一体、博大沉雄的山水画派成为中国绘画史上一个划时代的里程碑。同时，在教学实践中，他逐步形成了自己的山水画教学体系。

“文革”结束后，古稀之年的李可染深入生活热情不减，洋溢着爱国情怀的《无尽江山入画图》《树杪百重泉》等杰作标志着他的绘画艺术进入了一个新的高峰期。李可染晚年的作品超越了“对景创作”，转而追求神韵，在意境营造和笔墨语言上已进入化境。1983年，德意志民主共和国科学院授予李可染“通讯院士”称号与和平勋章。

评价李可染的艺术地位需结合大时代背景和20世纪中国文化历次转型的过程。李可染画院图型学美术馆馆长、艺术评论家王鲁湘先生认为，20世纪中国文化大体上经历了5次语境转换：

第一次语境转换是20世纪初至新文化运动，以启蒙话语为主导，西学作为新学，挟其崭新的价值观念和观察了解世界的方法论，成为中国青年知识分子的追求。

第二次语境转换始于20世纪30年代，由于日本侵略，民族救亡运动兴起，文化复兴成为知识分子救亡图存运动的组成部分，传统的价值和意义被重新认识。

第三次语境转换肇始于20世纪40年代的延安，到五六十年代形成了

“古为今用，洋为中用”“文艺为政治服务，为工农兵服务”的文艺路线。

第四次语境转换发生于在 20 世纪 80 年代，是五四时期启蒙话语的重新表述，但西学的重点放在 20 世纪西方现代文化，包括现代哲学思潮和现代主义艺术。

第五次语境转换开始于 20 世纪 90 年代，在全球化和地域化的话语张力中，随着对西学和中学认识的双向深入，文化出现了多元化语境。

王鲁湘先生认为，李可染一生的艺术实践几乎完整对应了这 5 次文化语境的转化，所以，他的文化地位和艺术成就才显得这样独特和博大。

（二）百尺楼、师牛堂、有君堂

1. 百尺楼

在李可染画院有一座百尺楼，陈列着李可染先生一生重要的绘画作品。

百尺楼是李可染先生晚年的书斋名。“百尺楼”典故出自《三国志·魏志·陈登传》：“（刘备）曰：‘君（许汜）求田问舍，言无可采，是元龙

百尺楼

师牛堂

（陈登）所讳也。何缘当与君语？如小人，欲卧百尺楼上，卧君于地，何但上下床之间邪？’”后世借此指志存高远、抒发壮怀的登临之处。晚年李可染的绘画艺术水平已经达到了很高的成就，但是他并不满足。

《行到烟霞里，息足且看山》

站在现代艺术的制高点上，李可染看到的是山外更有万重山，在艺术的道路上，他仍然要不断地去探索、去努力，正如“百尺竿头，更进一步”。故而，他把自己的书斋号取名为“百尺楼”，用以自勉。

2. 师牛堂

师牛堂是李可染先生晚年画室的堂号。1981 年，李可染担任中国画研究院院长。为纪念鲁迅先生（1881~1936）一百周年诞辰，李可染写了几幅鲁迅的联语，题词“鲁迅先生联语云：俯首甘为孺子牛”，并给自己的画室取名为“师牛堂”。当时，可染先生已是 74 岁的高龄。

牛是李可染绘画的重要题材之一。在中国绘画史上，唐代画家韩干善画马，戴嵩善画牛，人称“韩马戴牛”。在 20 世纪中国画坛上，齐白石善画虾，徐悲鸿善画马，黄胄善画驴，李可染善画牛，并称为 20 世纪“中国水墨四绝”。

20 世纪 40 年代，李可染居住于重庆沙坪坝，家与牛棚相邻。窗外蜀中水牛早出晚归的田园风景与国破山河的景象形成强烈对比，因此李可染画了大量的牛。郭沫若曾特地为李可染所画的牛撰文《水牛赞》，把牛誉为“国兽”，象征全国人民坚忍不拔、不屈不挠、坚持抗战的民族精神。画牛成为李可染抗战岁月心性和真情的流露。

晚年李可染更着意画牛，画的最多的是《五牛图》。他还特制了“孺子牛”印章一方，钤印在赠送友人的作品上。在给自己的画题款时，他经常写这句话：“牛也，力大无穷，俯首孺子而不逞强；终生劳瘁，事农而安不居功。纯良温驯，时亦强犟，稳步向前，足不踏空。皮毛骨角无不有用，形容无华，气宇轩宏。吾崇其性，爱其形，故缕缕不倦写之。”其中“足不踏空”正是李可染的人生观和艺术实践的写照。

3. *有君堂*

有君堂是李可染在重庆时的书斋名。1943 年，李可染辗转迁徙到大后方，居住于重庆东郊、嘉陵江南磐溪的一处房舍。巴蜀一带地低潮湿，黄

有君堂

芦翠竹绕宅而生；到春天时，他的屋子里竟然长出了竹笋。于是，他想起东晋名士王徽之（王羲之第五子）“何可一日无此君”的典故（《世说新语·任诞》），古人一向把“有节、中空”的竹子誉为“君子”，于是，他把书斋取名为“有君堂”。

这一年，李可染和邹佩珠新婚，堂上有君，“窈窕淑女，君子好逑”“琴瑟友之，钟鼓乐之”。这是“有君堂”的另一层含义。

三、山水画大师李可染和他的“李家山水”

山水画历来是中国画之大宗，因山水乃宇中之大象。天地氤氲，万物化醇，如此大块文章，非具宇宙在手之大胸襟、大手笔者不能图画，所谓“横数尺之纸，而体百里之迥”。尤其是宋元画家，在晚唐五代山水画南宗的基础上，推陈出新，以造化为师，山水之作意境恢宏深远，故论山水画境常以宋元气象为上。

李可染的山水画号称“李家山水”，这个名词化用了北宋画家米芾、米友仁父子的“米家山水”。米芾（1051~1107）是北宋“苏黄米蔡”四大书画家之一，开创了“米点山水”；长子米友仁（1074~1153）也是著名书画家。米芾、米友仁父子继承了五代董源（934 ~ 约 962）、巨然（生卒年不详）的山水画南宗风格并加以发展，追求一种自由自在的写意风格，营造出画面烟云氤氲、雾霭迷蒙的气象，形成“米家山水”，后世学习者甚多。

李可染的山水画直师造化，上追宋元，立足当代，放眼世界，以新意境、新格式、新题材、新笔墨而一新中国山水画的风格，以其宏伟的气势、深远的意境、浑厚的笔墨、清新的题材，形成“李家山水”，形成 20 世纪的中国山水画之大宗。

“两崖苍苍暗绝谷，中有百道飞来泉”“四顾山光接水光，凭栏十里芰荷香”“浮天水送无穷树，带雨云埋一半山”“江南二月多芳草，春在蒙蒙细雨中”“三万里河东入海，五千仞岳上摩天”……这些恰是李可染的“李家山水”画才能描绘出来的意境。

（一）《苏州拙政园》（1956）

李可染的山水画世界中有一个别致的“园林系列”。中国古典园林是

李可染《苏州拙政园》

东方文化的奇葩，表达了中国古代文人士大夫亲近自然的生活情调，包含深邃的宇宙观和高雅的审美情趣，叠山理水，经营位置，“虽由人做，宛自天开”，亭廊楼阁，花草树木尤见艺术心机。

李可染作于1956年的《苏州拙政园》，虽然只画了苏州名园拙政园的一角，却涵盖了江南私家园林的诸般要素，一方面力图洞见造园大师当年的匠心经营；另一方面要表现出中国画的构图、意境和笔墨趣味。

无论是造园还是作画，虚实关系是第一要义。《苏州拙政园》中，李可染选择了一个很好的视角，以曲廊（本身即含虚实）为穿插，间隔出大的虚实关系，以假山林木之实，涵水池之虚；又于密实之林木中，置一“实中涵虚”的小亭，虚实相映，表达了老子“知其白，守其黑”（《老子》）和庄子“虚室生白”（《庄子·人间世》）的哲学思想。

（二）《万山红遍》

20世纪60年代初，正是李可染行程数万里，旅行写生，“对景创作”的时期。因机缘巧合，李可染在天津得到半斤上等的宫廷传出的乾隆朱砂；刚好此时毛泽东同志早年词作《沁园春·长沙》公开发表，其中有“万山红遍，层林尽染”8字，极写湖南长沙湘江之畔、岳麓山的秋风红叶之美。

抗战期间，李可染曾在长沙小住一段时间，熟知湖南民居风格和地域风貌特点。从1962年到1964年，李可染曾以此诗意为题，反复作画。《万山红遍》是这类题材的集大成之作，有里程碑式的意义。

《万山红遍》构图博大雄伟，画中红叶满山，瀑布飞泻，白水流淌，山坡上几栋民居，黄墙黛瓦；通幅用大面积朱砂点染，是山水画中少见的辉煌灿烂之作。吴冠中说，《万山红遍》是李可染艺术道路的转折点，更偏重“综合概括”，回过头来能与荆、关、董、巨及范宽（950~1032）握手较量了。从此以后，他的山水画开始追求层峦叠嶂的雄伟气势，追求重量，开始塑造，开始建筑。

《万山红遍》是李可染创作的最具时代感的作品，也是以毛泽东同志诗词为题材的众多山水画作品中的最成功之作。

李可染于1972年画的《阳朔》、1978年画的《枫林暮晚》、1988年画的《山水清音》等山水画作是这一雄伟壮丽风格的延续，而且他在一幅画内大多采用大致相同的主色调，或凝重，或飘逸，或朴茂，一改中国宋元以来文人传统山水画多偏于纤巧妩媚、深邃悠远的柔美意境，而在总体上体现出一种宏大壮丽的阳刚之美。

《万山红遍》（135厘米×86厘米）

《阳朔》（69 厘米 ×95 厘米）

《枫林暮晚》（69.5 厘米 ×46.2 厘米）

《山水清音》（83.7 厘米 ×50.9 厘米）

（三）《执扇仕女》

除山水画创作之外，李可染的水墨逸品人物画和牧童水牛题材画作及书法艺术也取得了很高的成就。有评论说，李可染画山水的心态像一位儒家圣贤，庄严敬畏，如登太岳，如临深渊；画人物的心态则有点像漆园吏庄周的游戏心态，自然飘逸。在题材上，他总是选择一些古代逸士，画他们的逸情逸事；或者选择几个素妆仕女，画她们的才情诗思。

人物画并非李可染革新中国画的主攻方向，却是他最早取得成就的领域。抗战时期，他在大后方重庆举办个人首次画展，即以人物画为主。当年，中华全国文艺界抗敌协会常务理事兼总务部主任老舍先生在重庆看过他的画展，对他的画评价甚高，认为他的画在表现人物个性上，不仅当代画家无出其右，甚至弥补了中国传统人物画不注重个性刻画的缺陷。美术史学家对李可染的人物画也给予了很高的评价，认为这些逸品人物画不仅是李可染绘画艺术的高度成就，而且是中国水墨人物画所能达到的艺术极致。

《执扇仕女》是李可染于1943年在重庆国立艺术专科学校任教时，课堂上的示范之作。通过飘逸的笔墨，轻灵的长线，淡敷的丹青，画出了仕女不胜衣衫、轻愁薄颦的神态；以干笔淡墨画出衣领，团扇半掩，极薄透影；利用宣纸的自然透亮画出了仕女双眼，仿佛隐隐有泪光闪现，含蓄地表达了秋风纨扇、见弃妇女内心的愁苦；满头青丝云鬓只是用一笔出，尤见画家的非凡功力。

《执扇仕女》（52 厘米 ×30.3 厘米）

四、产、学、研、展四位一体的画院

李可染一生以“白发学童”自勉，用“苦学派”相号召，培养了一大批有较高素养的艺术家，培育了几代绘画传人。

在艺术思想上，李可染以“东方既白”来表达自己对民族文化复兴的期望。他深感中国画是一颗蒙尘的明珠，坚信东方文艺复兴的曙光一定会到来，中国画会在世界上有很高的地位。画院秉承李可染先生“可贵者胆，所要者魂”的艺术思想，致力于研究中国画艺术，吸纳了当今画坛上众多活跃的优秀艺术家、文艺理论家，共同研习继承李可染的“苦学派”精神，积极参与建构李可染的“中国派”理想。

在学术研究上，画院艺术研究中心秉承李可染先生既立足于民族传统，又积极吸收外来艺术精华的精神，着眼于汉文化圈与世界各国美术的互动与借鉴，包容并蓄，并在全球化、多元化的背景下，紧跟时代审美与艺术的新趋势，关注东西方艺术研究的新动向以及艺术人才培养的新方法，以课题研究的方式带动艺术研究、艺术教学与创作实践。

在教学理念上，画院努力与国际接轨，追踪国际前沿的美术表现新形态及新材料、新技法，丰富国内美术的表现形式，为国家培养具有国际视野、当代人文理念、通晓审美变化、具有多元艺术修养与创造力的艺术人才。

在人才培养上，画院相继开设了宋元明清山水、青绿山水、李可染山水、壁画、日本画、重彩画、坦培拉、坦培拉混合技法、古典油画、铜版画、湿壁画、花鸟画、书法篆刻等研究科目，并开设海外研修项目，邀请国内外优秀艺术家及学者参与教学。2017 年 2 月，画院成立山水画研究中心、没骨画研究中心、重彩画研究中心、西方绘画研究中心、综合材料绘画研究中心、国际艺术教育研究中心等几大教学培训部门。由李庚教授、王海鲲教授担任山水画研究中心主任、副主任，李魁正教授担任没骨画研究中心主任，郭继英教授担任重彩画研究中心主任，李晓刚教授担任西方绘画研究中心主任，唐承华教授担任综合材料绘画研究中心主任，杨起教授担任国际艺术教育研究中心主任。画院学术顾问由李宝林、姜宝林、孙美兰、王鲁湘、田黎明、李魁正、蒋采苹、钟涵、潘世勋等教授和艺术评论家担任。

画院以发掘和培养青年艺术家为己任。2016年，李可染画院成立青年画院，为青年艺术家提供舞台。青年画院现有画家三百余人，由各大美院青年教师、硕士生以及各画院青年画家组成，举办了多届“为祖国河山立传全国写生活动”，得到社会各界的一致好评。在画院带领下，朝气蓬勃的青年艺术家凝聚成一股力量，推动中国书画事业的进一步发展。

（一）山水画研究中心

画院山水画研究中心遵循李可染先生立足民族传统、注重自然体验、关注艺术创新的独特精神，践行李可染先生对传统艺术的辩证主张——“用最大的功力打进去，用最大的勇气打出来”，紧随时代审美趋势和山水画表现语言的变化，以苦学精神贯彻“传统·生活·创新”三位一体的教学理念，并以课题研究的形态带动山水画的教学与创作。

山水画研究中心的各教学关键环节都有名师讲座相配合，形成一套适用于学员接受能力的教学实践，形成科学合理的教学体系。在教学实践中，注重因材施教，尊重个性发展，启迪学员的创造性思维以及对传统艺术形式“化腐朽为神奇”的开放性发挥，注重培育学员与时而进的人文理念、审美追求与艺术修养，为国家培养专业的山水画创作人才。

（二）重彩画研究中心

画院重彩画研究中心以研究中国画的色彩表现为核心，将学术视野拓展到汉文化圈，吸收外来绘画艺术在色彩表现上的精华，立足于当代丝绸之路各国绘画多样化的审美需求，抓住现代审美的自然性、生活化趋向，力求拓展出新变化，以提高重彩画创作水平为目标，以发散性的多维研究带动教学与创作。

画院彩画研究中心的重点，一方面是在纵向上强调中国画传统的挖掘和整理，坚持继承与创新一脉相承的民族性；另一方面是在横向上主张放眼世界，重视东西方绘画互动的历史演变与发展的动态现状，试图突破由于自身文化的局限性而产生的遮蔽性制约，借鉴东西方艺术并融会贯通、与时俱进。

在实践教学中，重彩画研究中心注重培养学员的国际化视野，涵盖文史哲全面文化修养，系统传授形态各异、表现多样的绘画技法，努力创作出既着眼于东方，又具有世界视野一流水准的中国画。

（三）没骨画研究中心

在中国毛笔书画里，把笔锋所过之处称为“骨”，其余部分称为“肉”。没骨画是中国画传统花卉（花鸟）画的一种画法，即直接用丹青颜料或墨色绘出花叶，没有“笔骨”（用墨线勾勒轮廓），不勾轮廓，不打底稿，更不能放底样拓描。没骨画讲究将墨、色、水、笔融于一体，巧妙结合，依势行笔，重在意蕴。作画时，要求画者胸有成竹，一气呵成。

在教学中，画院没骨画研究中心通过示范解析，引导学员领悟中国没骨画的“线性意识审美观”“凹凸平面立体观”“固有色表现观”及“以意立象”“立象尽意”等国画的本体要法，洞悉中国没骨画传统法理与精神内涵，同时吸纳西方现代绘画中的印象主义、表现主义乃至立体主义中有关平面构成、色彩构成、立体构成等因素，融入中国没骨画的创作实践中。

在教学实践上，没骨画研究中心把握因材施教、尊重个性、发掘潜能的教学理念，探索现代没骨画的人文精神与时代品性，坚持“立今承古，立中融西；立足本根，勇于开拓”的宗旨，遵循当代审美趣味的生活化、感性化倾向，强调生活感悟，注重文化学养，拓展思维观念，开发审美视角。

（四）西方绘画研究中心

画院西方绘画研究中心通过对西方古典绘画中的湿壁画、圣像画、坦培拉，以及坦培拉混合技法、古典油画技法等绘画类型和技法进行系统研究与梳理，力图弥补我国学院派绘画教育在这些领域的缺失，并带动相关教学与创作。

经过研究探索与艺术实践，西方绘画研究中心在研究、掌握西方古典绘画的各种形式语言与绘画技法的基础上，相互借鉴、融会贯通，并在教学实践中结合当下审美文化中寻求自然性、感性化与生活化的新诉求，探讨挖掘西方古典绘画表现语言的种种潜力，引导学员运用到创作中，创作出具有时代精神、适应现代人审美需求的优秀作品。

第三章
钧天坊古琴艺术中心

一、钧天坊：从古琴艺术到生活美学

在北京大兴区南中轴线上的魏善庄前苑，有一座融古琴研发制作、古琴展览、琴艺传承、艺术演出、空间设计、音视频制作、生活美学和文化修行等艺术活动为一体的艺术园区——钧天坊古琴艺术馆。

“钧天”即中央。中国古籍记载：“中央曰钧天。”战国屈原《楚辞·天问》云：“九天之际，安放安属？”汉代王逸注：“九天，东方曰皞天，东南方阳天，南方赤天，西南方朱天，西方成天，西北方幽天，北方玄天，东北方变天，中央钧天。”《吕氏春秋·有始览》曰：“中央曰钧天，其星角、亢、氐。”《淮南子》云：“中央曰钧天，东方曰苍天，东北旻天，北方玄天，西北幽天，西方皞天，西南朱天，南方炎天，东南阳天。”秦汉时期对八方之天称呼略有不同，而称中央为“钧天”则几乎是一致的。

把“钧天”与音乐连用，出自《列子·周穆王》：“钧天广乐，帝之所居。”东汉张衡《西京赋》：“昔者，大帝说秦缪公而觐之，飨以钧天广乐。”《史记·赵世家》：“赵简子疾，五日不知人……简子寤。语大夫曰：‘我之帝所甚乐，与百神游于钧天，广乐九奏万舞，不类三代之乐，其声动人心。’”唐代杜宝《水饰》：“穆天子奏钧天乐于元池。”

在北京倡导“中轴线”系列文化遗产保护的背景下，“钧天坊”恰好契合了“中正之音”的中国传统音乐美学。

钧天坊由当代斫琴与演奏兼善的古琴艺术家王鹏于 2001 年创办，涵盖以古琴研发创作为主的非遗传承工作室和古琴艺术教育机构钧天琴院；以

“钧天坊”

琴器收藏为主的古琴博物馆；以古琴为核心的专业乐团钧天云和；生活美学空间设计钧天空间；古琴专业剧场耘剧场及录音棚；琴学文献研究出版地琴学编辑室，是一个多元化、全产业链的古琴文化产业示范基地。

作为古琴艺术国家级非物质文化遗产代表性项目，钧天坊坚持本真性传承传统制琴工艺，两年工期、采用天然珍稀材料、手工打造，使旗下的钧天坊古琴、王鹏工作室古琴成为古琴传统制作技艺的典范。2010 年 12 月，钧天坊成为第四批“国家文化产业示范基地”。

钧天坊旗下的教育机构钧天琴院以“琴者，心也”为院训，以“生活美学”来格物致知，以“文化修行”来知行合一，将“清微淡远、中正平和”的琴学思想更多元化地融入当代生活，求之于法内，而得之于法外；从心所欲，顺理而行，让古琴艺术的“天地精神”与“人文情怀”鲜活地传承与弘扬。

钧天坊旗下以古琴文化为核心的专业乐团钧天云和，是由一群热爱中国传统文化、致力于推广古琴艺术及生活美学、实践文化修行的多领域艺术家组成，以视听艺术为载体，融合多种艺术形式进行演出，力求彰显古琴的美感、力量与灵动，以期在世界范围内获得更广泛的知音。

作为“国家文化产业示范基地”“国家级非物质文化遗产保护研究基地”，钧天坊多年来不仅立足于古琴传统制作技艺的传承与研发，致力于古琴文化的推广和研究，近年来更倡导将非物质文化遗产保护融入当代生活理念，将古琴艺术、中国传统美学与当代生活美学设计相结合，以展览会、音乐会等形式走访了荷兰、丹麦、德国、以色列、韩国、俄罗斯、澳大利亚、沙特、英国、巴西、秘鲁等国家，在实践中走出一条非物质文化遗产与当代生活相融合的保护与传承之路。

二、琴器：古琴制作技艺传承及生产性保护

2008 年，在北京第 29 届奥运会开幕式上，一开始是一幅水墨画卷在“鸟巢”中心缓缓展开，弦音响起，古朴悠扬，身穿白袍的琴者悠然演奏着一张名为“太古遗音”的古琴。这张古琴就是钧天坊创办者王鹏制作的师旷式古琴，让全世界都看到、听到中国上古时期流传下来的古琴。

“太古遗音”师旷式古琴是仿照唐琴制作的古琴。师旷是春秋时晋国著名音乐家，他生而无目，博学多才，精音律，善弹琴，辨音力极强，以“师旷之聪”闻名于世，相传《阳春白雪》一曲即为师旷所作。西汉学者刘向在《说苑》中载师旷言云：“人君之道，清净无为，务在博爱，趋在任贤，广开耳目，以察万方；不固溺于流欲，不拘系于左右；廓然远见，踔然独立，屡省考绩，以临臣下，此人君之操也。”可见琴道与治道、君道与人道的相通之处。

“钧天坊”创始人王鹏

（一）造琴：文人造琴及琴师造琴

琴是中国最古老的乐器之一，相传由神话时代的伏羲创制，历经 5000 多年，是中国文化最有代表性的具象表达。在古代，琴是文士必备器物，古琴制作多为士人参与和制琴家族合力为之。钧天坊古琴制作技艺可上溯至晚清古琴一代宗师、川派鼻祖——张孔山，后传给顾玉成；再传给他两个儿子顾哲卿、顾荦；顾哲卿再传给顾梅羹。1964 年，顾梅羹在沈阳将多年授琴、制琴心得写成《琴学备要》，详尽记录古琴制作之法，经沈阳音乐学院乐器工艺系主任赵广运整理传承，授于王鹏。

王鹏 1990 年毕业于沈阳音乐学院乐器工艺系古琴制作专业，是受过高

等教育的古琴制作与演奏的艺术家。20多年来，王鹏一直致力于恢复古琴制作传统工艺，以其传承古琴文化之历史责任感及独特审美观，使钧天坊古琴制作技艺成为当代古琴制作工艺之典范。他本着唐代著名斫琴世家雷氏家族总结的“选良材，用深意，五百年，有正音”的原则，凡做出一张好琴，需以时间来检验；在多年斫琴实践中，他对传统斫琴工艺进行了总结和扬弃。据清代《五知斋琴谱》所记，3000年来，共有51种琴的式样流传于世，著名的有楚庄王为了国事忍痛割爱砸碎了的“绕梁”琴，秦始皇庆祝六合归一首创剑器式样的“秦琴”式，西汉梁孝王刘武赠给“赋圣”司马相如的桐梓木制作的“绿绮”琴，还有东汉学者蔡邕用梧桐木制作的“焦尾”琴等。

经王鹏研究，这些流传于世的古琴有20多种，在式样、形制和结构上并不十分合理，音色也不算上佳。通过20余载深掘经典和反复实践，他不断对比鉴别、去芜存菁，整理恢复了30余种古琴样式加以传承。他还结合自己独特的审美理念与艺术构思，在遵循古法的基础上创制出百余种新琴式样，自创的琴式有“刀币式”“大鹏式”等。2013年11月，王鹏制作的“创意蕉叶式——青云”“倚道琴剑式——无痕”参加中国艺术品综合拍卖公司嘉德的秋拍北京总部预展，青云琴以210万元、无痕琴以300万元成交。2015年嘉德秋拍会上，王鹏亲斫的“青鸟”琴拍出了356.6万元，刷新了当代古琴的拍卖纪录。青鸟是《山海经》记载的上古神鸟，传说中西王母的信使。

“王鹏自斫琴”造型简洁，线条流畅，音色均衡，余音悠长，从造型到声音都既合乎文人审美，也精于制作工艺。王鹏认为，琴有“九德”——奇、古、润、透、圆、净、芳、清、匀。古琴的工艺造型是内敛的，从外表到声音要追求端庄素雅的美感；好的琴声音匀净，韵味绵长，能够引发哲学思考。在多年潜心研习古法斫琴技艺的同时，王鹏还将诸子百家的思想和儒、释、道精神融会其中，终得大成。2010年，王鹏将他创新的80余种古琴形制，连同精选的20余种既有的古琴样式，把样式制作要领与工艺传统编撰成制琴专著《钧天斫琴录》，供后人斫琴参考研习。这是中国斫琴史上的重要一笔。

钧天坊古琴兼具文人造琴及斫琴师造琴的特点。在钧天坊的四合院中，最后一进院落里有10余间房子，是钧天坊古琴制作基地，几十名技师在这里分工合作，制作出几十种样式的古琴。钧天坊古琴选用材料多是百年老杉木和桐木，杉木是从各地搜购的明清时用于制作梁柱的杉木，木料要年轮均匀，四善兼备。琴的底板用梓木制作，灰胎用纯大木木漆、纯鹿角霜，面漆用纯大木木漆，岳山、承露、焦尾、龙龈、雁足、弦轸等用红酸枝，琴徽用螺钿，琴弦用上海定制的乐圣琴弦，选料用料讲究。钧天坊古琴制作技艺，包括选材、造型、槽腹、合琴、灰胎、研磨、定徽、擦光、安足、上弦十大步骤，每个步骤又包含若干细节，用传世手工艺古法制琴，一张琴往往要历时2~5年才能完成，做工精良。

正如钧天坊所介绍的："斫琴如树人，一雕一斫都是无法逆转的时光，造就了每一个独一无二的灵魂和每一床独一无二的琴；她们或低沉，或悠扬，或清脆，或婉转，每一次振动都是匠人用自己的时光灌注出来的绝响；她们从不以价值论高低，只是在等待心仪的灵魂。"

（二）钧天坊古琴博物馆

钧天坊古琴博物馆有数百平方米，布置成数间屋子，一色黑砖铺地，白粉墙体，色彩对比鲜明，风格简约洁净；数百张红色、棕色、褐色、黑色古琴或悬挂墙上，或平置案几上，其余则空无一物，让参观者心头涌起一种巨大的震撼。

20多年来，王鹏亲手修复的唐宋以来传世历史名琴百余张，自己设计制作新琴式百余种，除了部分赠送友人或拍卖，或放在其他博物馆陈列外，大多陈列在这个古琴博物馆中。

本真传承与融会贯通的创新是王鹏斫琴的精髓。他制作与修复的古琴曾在维也纳金色大厅、悉尼歌剧院、纽约卡纳基音乐厅、耶路撒冷剧院等世界各地演奏，并作为国礼赠予国际友人。2013年8月20日，王鹏先生将亲手斫制的"蕉叶式——蕉林听雨古琴"和"倚道琴剑式——无痕"两张古琴无偿捐赠给中国艺术研究院中国非物质文化遗产保护中心。

2007年，王鹏在个人工作室的基础上成立了古琴制作传承人工作室，培养古琴制作技艺传承人。10多年来，钧天坊制琴工作室培养了大批古琴专业制作人员，形成老中青三代平稳发展的梯队，技优者在传统制作工艺上已颇有建树。钧天坊在这些技术骨干的带领下，在传承基础上不断发

钧天坊古琴博物馆

展，并融入符合文人审美的创新，践行“非遗项目生产性保护”。2012年，王鹏古琴制作工作室以其出色的生产性非遗保护工作，被评为“大兴区首席技师工作室”，并成为北京市总工会认定的创新工作室。2012年6月，钧天坊被授予“北京市非物质文化遗产生产性保护示范基地”。2013年12月，钧天坊被授予“国家级非物质文化遗产保护研究基地”，2014年11月，钧天坊被授予国家级非物质文化遗产代表性项目单位（古琴艺术）。

（三）高山流水音乐厅

钧天坊里有王鹏先生自己设计的高山流水演奏厅、钧天云和音乐厅、山居音乐厅等音乐厅，是空间美学设计的范例。王鹏先生也是空间美学设计师，中国室内装饰协会陈设艺术委员会副主任，他凭借独特的美学理念与空间设计获得中国室内设计“陈设中国——晶麒麟奖生活艺术家”的荣誉。

钧天坊高山流水演奏厅有六七十平方米。高山流水的园林景致作为整个舞台背景，两边的门是假山，意为开门见山。演奏厅正对钧天坊院内的太湖石和水池，寓意“高山流水”。演奏厅地面呈黑色，流水纹墙体，星空顶棚，整体空间是黑白灰三色，把传统文化精神融入当代设计理念，融入当代生活。

“高山流水”典故最早见于《列子·汤问》。相传春秋时期，伯牙善鼓琴，钟子期善听，两人并为知音。《吕氏春秋·孝行览·本味》载：“伯牙

钧天坊高山流水演奏厅

鼓琴，钟子期听之。方鼓琴而志在太山，钟子期曰：‘善哉乎鼓琴！巍巍乎若太山。’少选之间，而志在流水，钟子期又曰：‘善哉乎鼓琴！汤汤乎若流水。’钟子期死，伯牙破琴绝弦，终身不复鼓琴，以为世无足复为鼓琴者。”后世用“高山流水”喻知音、知己。明末小说家冯梦龙《警世通言》首篇即《俞伯牙摔琴谢知音》。

《高山流水》原为一曲，唐以后《高山》与《流水》分成两首独立琴曲，其中《流水》之曲谱见于明代音乐家、江西南昌宁王朱权的《神奇秘谱》。今有管平湖先生演奏的《流水》被录入美国太空探测器“旅行者1号”铂金唱片，并于1977年8月22日飞向外太空，作为地球人的文化符号向茫茫宇宙寻觅“知音”。

（四）钧天云和音乐厅

钧天坊钧天云和音乐厅是文人、音乐人、艺术家雅集之地，80平方米左右，能容纳百余人，是一个多功能会议厅，可放投影。音乐厅里有流水梅花图案，地面铺设的是明清故宫铺太和殿用的金砖。

音乐厅的设计有声学上的考量，舞台有6组音响，隐藏于舞台边的柱子里；舞台对面是吸音墙，上面是穹顶结构，穹顶吊灯设计成梅兰竹菊等人文元素，从低到高，形成剧场式效果。舞台后面是一幅传统水墨画，包括近景的假山池塘，形成文人山水画意境，舞台对面是一幅当代水墨作品。

（五）钧天坊“山居”音乐厅

钧天坊二楼还有一个更具空间设计效果的“山居”音乐厅，是钧天坊博物馆的公共文化空间。进门是北宋著名书画家“苏黄米蔡”四大家之一米芾的砚山。这座砚山是米芾收藏的一方灵璧石，砚与研谐音，所以称“研山”。四周墙体全是由曲线交织画法画成的山水画，形成“山脉”，即文脉。厅中因有这“两座山”，故称山居。“山居”音乐厅地面铺设的也是故宫太和殿用的金砖。地面上随意放置有一些蒲团，参加雅集活动者可以席地而坐，边上还有几排原木座位，是根据人体曲线设计的。

“山居”音乐厅两边有两个景致，一侧是几只长颈鹿，意为“呦呦鹿

钧天云和音乐厅

钧天坊“山居”音乐厅

鸣，食野之苹。我有嘉宾，鼓瑟吹笙”（《诗经·小雅·鹿鸣》），曹操《短歌行》也原文用过这几句；另一侧是几尊犀牛雕像，象征“心有灵犀”。两个景致中间是一个徽派砖雕古典式门楼，门楼内为王鹏工作室。

王鹏认为，古琴能够提升审美能力，这种审美能力运用到生活中，能逐步使自己成为有品位、有格调、与众不同的人。文人讲究琴棋书画诗茶，君子讲究礼乐射御书数，美好的东西积累越多，就越能成为懂得美的人。他以多年来对古琴艺术境界的理解，通过琴、棋、书、画、茶、花、香等传统美学元素设计出这样一些具有浓厚传统文化气息的美学空间，借以探讨中国传统文化与非物质文化遗产在当代生活中的传承与运用，对当代文人生活方式与生命态度的思考，是中国传统文化题材与当代艺术相结合的文化与生活美学的新呈现。

三、琴人：“钧天琴院”、古琴艺术传承及生活美学展览

（一）古琴教育：“钧天琴院”

王鹏是国家级非遗项目“古琴艺术”代表性传承人，他不仅精研斫琴，还精于古琴演奏，抚琴手法严谨细腻、气韵雄浑古朴，是著名古琴艺术家，

中国民族管弦乐学会古琴专业委员会（中国琴会）副会长。

王鹏多年从事琴学研究，著有《钧天斫琴录》《习琴精要》《古琴传统丝弦的恢复与制作》，古琴音乐专辑《皋鸣钧天》《钧天云和》《无痕》等，还主持出版了《自远堂琴谱》《天闻阁琴谱》《刘少椿琴谱墨迹选》《古琴——广陵琴社百年纪念专刊》等。他的系列讲座《中国古琴艺术》《琴器与琴道》曾在北京大学、清华大学、北京师范大学、中央美术学院、厦门大学、国子监博物馆、西湖博物馆、国家大剧院艺术讲堂以及美国、荷兰、丹麦、德国等国家的著名院校举行，将自己多年对中国古琴文化与艺术的理解与公众分享，讲座中还加入古琴演奏与琴歌表演，生动地诠释了古琴文化与当代生活的关系，在海内外文化领域产生广泛共鸣。

“琴有四美——良质、善斫、妙指、正心。钧天坊赋予每张琴良质、善斫的品质，而妙指、正心的蜕变过程则由首任琴主来完成。”促使古琴文化融入生活中，古琴教学与生活美学的普及尤为重要。2009 年，钧天坊创办古琴教育机构——钧天琴院，以“琴者，心也”为院训，将清微淡远、中正平和的琴学思想更多元化地融入当代生活，让古琴艺术的天地精神与人文情怀更鲜活地传承与弘扬。

钧天琴院基于古琴演奏技法的传授，融入音乐美学、生活美学、东方哲学等课程，用茶道、花道、香道等专题体验，使受众在学习、自省中不断提升审美境界，修身养性，寻找失去的天真自然，逐渐形成平和健康的生命态度和世界观。

钧天坊的教育理念是以琴棋书画、诗酒花茶这些生活中的外“物”去寻找内“心”的智慧，去格物致知，然后借助文人化的生活与修行去知行合一，把心学文化用实践的方式呈现出来。

“琴者，心也；琴者，吟也，所以吟其心也。”音乐是一种语言，是另一个维度的世界。琴声能让人感受喜怒哀乐，琴声能进入人心深处，动荡血脉，形成精神，影响品格。音乐的世界是思维无法想象、语言不能全面表述的；如果懂音乐，就可以用语言无法表达的状态在音乐世界里畅游，去理解其中的意境和美好，在音乐世界里形成自己的感受。孔子云：“兴于诗，立于礼，成于乐。”弹奏古琴是一种生活方式，正音需正心，音正而行正。儒家说“琴者，禁也”，道家说“琴者，心也”，古琴具有中国审美文化最原始的节奏，充满东方哲学和美学意境，承载着中国文化的核心智慧，即天地精神、人文情怀、清微淡远、中正平和；而琴者的处世之道是中正平和，不卑不亢，中道正行，内心平衡。

钧天坊中随处可见的中国古代琴谱符号

司马迁在《史记·乐书》中说：“故音乐者，所以动荡血脉，通流精神而和正心也。故宫动脾而和正圣，商动肺而和正义，角动肝而和正仁，徵动心而和正礼，羽动肾而和正智。”可见美好的音乐能激发人的正气，改变人的心情，调动身体提升免疫力，人就能健康长寿。

钧天琴院创办以来，先后开办古琴研习班培训共 32 期，培养学生 600 余人，包括海内外的大中小学生、传统文化研习者、社会各界精英等，很多学员成为古琴教学培训的重要力量；还适时开展提高精进班、单曲游学班、山水班等多种教学形式，积极参与学校、社会团体的古琴教学活动。

目前，钧天琴院在北京当代艺术核心区的恒通国际商务园、国家新媒体产业基地的华商创意中心、魏善庄镇月季文化交流中心建了 3 个古琴艺术与生活美学教育体验馆，开展木工课、生活美学体验课等，将古琴艺术向全社会推广。

钧天琴院向社会提供古琴及传统文化师资，在全国建立类似的文化书院。钧天琴院还走向社会，提供社会服务：与大兴区采育中学合作，建立古琴及传统文化教室；与大兴区魏善庄中学合作，建立古琴教室等；与大兴区政协、海淀区中关村学院等合作，给各地琴馆进行师资培训等，稳步推进古琴艺术普及工作，并将钧天坊的文化修行风尚传播出去。

（二）文化雅集：钧天坊古琴文化园

2013 年 10 月 15 日至 17 日，北京中关村学院组织海淀区近百名中小学校长造访钧天坊古琴文化园体验交流。王鹏老师做了琴学美学讲座。他认为，在教授孩子们衣食住行等具象知识、实用技能的同时，作为东方文化精髓的心灵、品性、德行教育也应偕行；如何寻求恰当的方法实现这种心性德行的熏习，值得共同思考。随后，钧天云和乐团奉献了精美节目。这是钧天坊古琴文化园的活动之一。

钧天坊古琴文化园区自建成以来，致力于将传统美学融入当代生活的设计理念，视听触感全方位的审美体验，迎来一批批海内外传统文化爱好者。外交部、文化部、商务部、住建部、北京规划委、国家图书馆、各级文化主管机关、各级人大政协委员、各级文明办及宣传部、文物局、民主党派团体、国内外博物馆学会、非遗专家学者、清华 EMBA 研修班、中央文化管理干部学院涉外研修班、中央美院、在京中小学、国外演出经纪人团体等纷纷前来参观访问、学习交流。

钧天坊古琴文化园的“文化雅集”活动倡导文化修行与生活美学，融合琴棋书画、香道、茶道、花道等艺术门类，并结合东西方艺术如钢琴、大提琴等一同演绎，海内外艺术家如韩红、琼英卓玛、方锦龙、敬善媛、塔娜、全胜等都纷纷参与其中，为文化艺术的社会普及做了很好的示范推广。这是将古琴中蕴含的艺术精神升华到美学层面，融入空间设计，将非遗保护融入生活，是世界范围内非遗保护的优秀实践形态。

2012 年，钧天坊古琴园被评为大兴区“工业科技旅游示范企业”。2015 年，钧天坊古琴园成为大兴区中小学社会大课堂资源单位，中央文化管理干部学院的现场教学点。

四、琴事：创办“钧天云和”乐团与整理出版古琴图书音像

古琴作为人类非物质文化遗产的意义，不仅限于乐器本身，还承载着超越年代和地域的永恒的人文精神。王鹏认为，传承古琴艺术的本质在于“清微淡远、中正平和”的精神，传承需要使其更有生命力地与当代生活相结合，并根据当代生活和审美观念的变化不断创新。这样，一方面拓宽非物质文化遗产的生存空间，另一方面实现这种人文精神对当代人的社会意义，即净化人心、开阔思想、产生真善美的思辩，进而热爱自然、尊重生命、实现和谐。因此他创办“钧天云和”乐团，开创人文空间美学音乐会，并开始整理出版古琴图书音像。

（一）“钧天云和”乐团：开创人文空间美学音乐会

在探索中，钧天坊逐渐找到古琴这门非遗所承载的人文精神最适宜的展现与传播方式——以古琴为核心的人文空间美学“场景化”音乐会，用生活美学与当代艺术手段诠释中国传统文化精神，将传统文化元素如琴棋、书画、茶道、花道、香道等融入空间美学设计，创造出具有文化意蕴的审美世界。

2006 年，钧天坊举办“钧天琴韵”古琴系列音乐会，之后每年在海内外各大音乐厅及艺术殿堂举办，邀请众多海内外名家同台演绎。2010 年，创办以古琴为核心的“钧天云和”乐团，开创了当代人文空间美学音乐会，多次成功巡演海内外。乐团对演奏曲目不断进行发掘创新，包括古琴、琴歌、箜篌、箫、鼓等中国传统民乐，吉他、大提琴等西洋音乐，并融合太极拳等形态，节目形式不断丰富，使传统艺术形式与当代艺术形式融合无痕，以期在美学空间布景中，用视听艺术呈现以传统文化为核心的当代文人生活美学观。

2012 年，钧天云和乐团成功举办了上海新年音乐会“钧天云和”古琴音乐会——无痕，开创了“人文美学空间音乐会”之先河，社会反响巨大。此后每年与全国各省地剧院、演艺中心合作，在全国巡演不断，结合商业演出与公益演出，既保证了艺术高度，又注重了社会普及。2013 年 4 月在中国人民大学逸夫会堂举办“钧天云和 · 古琴音乐会”，2013 年 5 月广州星海音乐厅举办“钧天云和古琴 · 琴歌音乐会”，2014 年 6 月在山西大剧院举办“琴晋——钧天云和古琴音乐会”，2014 年 9 月在温州大剧院、杭州大剧院举办“高山流水——钧天云和古琴音乐会”，

钧天坊——云水间

2014年10月在闽南大剧院举办“海陆丝语——海峡两岸名家古琴音乐会”，2014年12月在重庆大剧院举办“高山流水——钧天云和古琴音乐会”，2015年6月在上海东方艺术中心举办“耘耔——钧天云和古琴音乐会”，2015年10月在西安大剧院举办“高山流水——钧天云和古琴音乐会”等。

在成功举办了一系列音乐会后，2010年钧天坊与北京国家大剧院形成战略合作伙伴，钧天云和人文空间美学古琴音乐会每年在国家大剧院上演几场。2016年钧天坊获得国家艺术基金资助举办“乘物游心——中国古琴艺术与当代生活美学”展演，2017年钧天坊获得国家艺术基金资助，在全国多个城市巡演“乘物游心——钧天云和古琴音乐会”。

2009年11月，钧天坊参加“根与魂——中华非物质文化遗产大展”进台湾。2014年4月在台北中山堂举办“高山流水·两岸古琴艺术雅集”，成为“2014两岸城市文化互访系列·北京周”活动的开幕式，这些展览及演出有力促进了海峡两岸的文化艺术交流。

文化需要引进来，也需要走出去。近年来，钧天云和乐团人文空间美学音乐会走访过韩国、泰国、马来西亚、沙特阿拉伯、以色列、荷兰、丹麦、德国、俄罗斯、澳大利亚、美国、毛里求斯等国家，走遍五大洲，演奏《平沙落雁》《牡丹亭》《流水》等中国传统曲目，渲染出古代中国自然和人文之美，传播中国博大精深的艺术与文化，同时进行现代作品的演绎，传递当代中国的开放与包容，带回了世界各国人民的掌声与友谊。

2013年4月，文化部、国家宗教事务局、北京市人民政府、江西省政府、甘肃省政府及中国驻沙特阿拉伯王国大使馆共同主办的“杰纳第利亚遗产文化节”在沙特首都利雅得举办，钧天坊应邀参加，将中国传统文化中琴道、书道、茶道、香道、花道展示给国际友人。

2014年10月，钧天云和乐团应邀参加澳大利亚墨尔本的艺术节，在墨尔本演奏中心做“曲水流觞——五道”展览及古琴专场音乐会；2018年，钧天云和乐团在墨尔本艺术节上演古琴音乐舞剧《初·无垠》，王鹏与澳大利亚首屈一指的竖笛师吉娜维芙·蕾西合作演出了这出音乐剧，5000多年历史的古琴和起源于15世纪意大利的古老木质竖笛开启了一场跨越时空与文明的对话。王鹏作为联合作曲家，获得澳大利亚 Green Room Award 最佳音乐作曲奖，成为首位获得该奖的中国音乐家。《初·无垠》体现了道家“一生二,二生三,三生万物。万物负阴而抱阳，冲气以为和”的思想。

“琴为雅事”，琴艺是士大夫群体精英文化的产物，钧天坊一直坚持这样的理念：中国文化与世界的交往方式不能只有民间文化，应该用中国核心的经典文化、精英文化与世界对话，博大精深的中华文化为我们民族生生不息提供了强大的精神支撑；当今世界风云变幻，需要世界各民族的经典文化共同合作，为人类前进指引方向。钧天云和乐团努力用经典音乐的形式去推广中国的经典文化，希望东方古老文化的精深思想有一天可以拨开云雾，为世界带来文明和谐的灿烂未来。

（二）琴学编撰室和“钧天印象”工作室

2008 年，钧天坊琴学编撰室成立，先后出版了《钧天坊古琴谱》读本、《钧天斫琴录》《习琴精要》《刘少椿琴谱墨迹选》《刘少椿琴谱书法选》《古琴——广陵琴社百年纪念专刊》《天闻阁琴谱》《自远堂琴谱》《天闻阁琴谱》《澄鉴堂琴谱》等一大批在国内外产生广泛影响的古琴文化书籍。其中,《钧天斫琴录》作为当代古琴制作的重要文献，更是王鹏大公无私的奉献。

钧天坊艺术中心设有录音棚，积极为国内古琴艺人出版古琴演奏专辑。目前已经录制出版了《皋鸣钧天》《钧天云和》等 CD，身体力行地为保护老艺人的音像资料出力，促成古琴艺术传世长流。

钧天坊艺术中心还建有“钧天印象”工作室，涵盖摄影、摄像、录音、后期制作等一系列音频视频制作。目前，“钧天印象”工作室正与南京市博物院合作，拍摄江苏省非遗传承人的纪录片。

多年来，钧天坊逐步走出了一条从古琴制作延伸到古琴教学、人文空间美学场景化演出、艺术展览、琴谱书籍和音像出版、空间美学设计等立体的发展道路，为非物质文化遗产的保护做出了重要贡献。钧天坊非物质遗产保护项目是王鹏先生将传统文化与当代艺术设计相结合的实践项目，在非遗保护与传承中提炼出传统文化精神，使其更有生命力地与当代生活相结合，从而使非物质文化遗产获得更广阔的生存和发展空间。钧天坊多次参加文化部主办的海内外非遗展演和公益活动，来提高民众对中华文化整体性、连续性的认识，增进国际社会对中国非物质文化遗产和中国艺术

钧天坊琴学编撰室

精神核心与实质的了解。

钧天坊通过琴艺和琴文化努力向世界与当代展现东方人文精神的魅力，并分享东方文化和智慧，在艺术中寻找生存智慧、寻找道德标准与行为规范，实现文化艺术的社会意义。正如司马迁在《史记·乐书》篇中所载："凡音者，生人心者也。情动于中，故形于声，声成文谓之音。是故治世之音安以乐，其正和；乱世之音怨以怒，其正乖；亡国之音哀以思，其民困。声音之道，与正通矣……是故审声以知音，审音以知乐，审乐以知政，而治道备矣。"琴道和治道相通，家国情怀、胸怀天下是中华民族的文化传统，为天地立心、为民族铸魂是文化传播的神圣使命，钧天坊就是这样自觉的文化传播者与践行者。

第四章 北京董陶窑陶瓷制作技术研究所

陶瓷既是日常用品，又是艺术品，在中国艺术史上有着重要地位。陶瓷不仅承载着艺术，而且涵盖了经济、科技、文化等诸多范畴。

坐落在京城大兴区的董陶窑被业内誉为“京城第一窑”，是一座集设计、生产、销售、定制于一体的陶瓷艺术公司。一座古朴典雅的徽派小院，粉墙黛瓦，红柱青砖，古色古香，隔开了院外的车水马龙，显得安静别致。它立足于北京，服务国内外陶瓷市场，其陶瓷艺术品造型典雅，画面生动，设色别致，釉色莹润，文化内涵深厚，其产品多次受邀参加国内外展览，多次被中央外联办选用为国礼，赠送给俄罗斯、新西兰、马耳他等

董陶窑

多国首脑及政要。

2009 年 7 月，中国文化管理学会授予董陶窑“中国陶瓷文化产业示范基地”，现正进一步向更大范围的文创产业拓展。

一、“京城第一窑”：“伴陶居士”与董陶窑的创办

董宁，号伴陶居士，北京董陶窑创始人、董陶文创科技发展有限公司董事长、董陶窑陶瓷制作技术研究所所长。1969 年生于福建闽北建瓯，故乡是中国陶瓷名品“建盅”的发祥地。早年在家乡生产经营茶叶，进而把市场做到北方的大连和京城茶叶第一街——马连道。

茶行业有“好茶配美器”之说，琴瑟相合才是一次完美的品饮体验。长期受茶文化和陶瓷文化双重熏陶的董宁从经营茶叶进而对陶瓷茶具产生了浓厚兴趣。为提高技艺，他曾专门去中央工艺美术学院国画院高级研修班学习了两年，之后又在清华大学工艺美术学院美术大师高级研修班学习。

2000 年，他创办了紫陶阁商贸有限公司，开始建立自己的茶具生产线。产品涵盖了青花、粉彩、斗彩、洋彩、颜色釉，以及紫砂、陶器七大类，品种达 2700 余种。

根据市场需求，董陶窑将各个产品线以不同的品牌标识区分。“紫陶阁”品牌有瓷器、紫砂、竹茶具、木茶具等多种大众化日用茶具产品；“董陶窑”品牌主要生产中高档精品艺术瓷器；“董记”品牌主要生产高档紫砂器。“董记”名壶系列以泥料纯正细腻，做工精细，款式高雅，深受业内好

董陶窑陶瓷博物馆

评，被公认为赏壶收藏的对象。

20年来，董陶窑越做越大，知名度越来越高。从2003年开始，董陶窑参加了历届国际茶业及茶艺博览会。2004年5月，韩国汉城（2005年改名为首尔）召开第二届世界茶博会，董陶窑是唯一到场的中国茶具参展商，在展会上取得了轰动效果。2005年4月，老舍茶馆向台湾人士赠送由董陶窑制作的瓷器礼品。2007年7月，中国领导人向俄罗斯总理普京赠送国礼茶，其茶叶罐由董陶窑设计制作。2008年8月，董陶窑向萨马兰奇先生赠送“玉壶春荷花瓶”作为奥运礼品。

董陶窑瓷器获得首届国际中国书画节（佛罗伦萨，2015）“金泉奖”

2008年，董陶窑在大兴区黄村镇建起了一片12亩的园区。2009年6月，圆明园还原基金会与董陶窑签订了《圆明园复原工程》战略合作协议，指定董陶窑为圆明园国宝陶器艺术品还原唯一再建单位，委托董陶窑烧制一批将军罐，分别赠送给我国台湾地区的政要。2015年，董陶窑陶瓷作品被赠予马耳他总理收藏。

董陶窑创始人董宁

2010年10月，北京董陶窑陶瓷制作技术研究所正式挂牌成立，同年又成立董陶窑陶瓷书画艺术协会。2012年，董宁获得国家职业资格培训鉴定实验基地颁发的“国家高级手工艺术师”称号；2014 年 12 月，其作品获得第一届中国国际传统工艺技术研讨会及博览会金奖，董宁荣获“中国传统工艺领军人物”奖，担任中国工艺美术协会理事、中国文化艺术人才库艺术品鉴定师、中国社会艺术协会传统文化艺术委员会副会长；2013 年受聘为东方文化艺术院副秘书长兼组织联络部部长、北京手工艺术协会副秘书长、中国博物馆协会会员、北京大兴区政协委员。他还获得了大兴区科技领军人才、大兴区首席技师工作室首席技师等一系列荣誉称号，多家杂志、报纸都对董宁和他创办的董陶窑做过广泛的报道。

三分工艺情，七分历史情，妙手丹青铸匠心。董宁自号“伴陶居士”，即取与陶瓷为伴之意，“伴”又通“半”，他认为在中华博大精深的陶瓷文化中，自己的经验和体悟只是一知半解，是一个永远在赶考路上的人。

二、陶瓷：“土与火的艺术”

（一）两个现代窑口

“董陶窑”贵在“窑”。用窑烧制陶瓷，是一门土与火的艺术。在原始社会后期，人类就用黏土或者陶土捏成器形，烧制陶器，是旧石器时代进入新石器时代的文化标志之一。陕西西安半坡村为代表的黄河中游地区新石器时代的仰韶文化，又被称为“彩陶文化”；山东济南龙山镇为代表的中国黄河中下游地区新石器时代晚期的龙山文化，又被称为黑陶文化。陶器不透明，吸水性强，风格粗犷朴实，烧制需要 800~1000 摄氏度，击之声浊；瓷器发明较晚，以黏土等为原料，半透明，不吸水，胎质坚硬紧密，烧制需要 1300 摄氏度以上高温，烧制后表层为玻璃质，硬度高，叩之声脆。中国的瓷器大约要到东汉才出现。

民国学者许之衡（1877~1935）在《饮流斋说瓷》书中说：“书画、织绣、竹木、雕刻之属，全由人造，精巧者可以极意匠之能事。独至于瓷，虽亦由人工，而火候之深浅，釉胎之粗细，则兼藉天时与地利，而人巧乃可施焉。”陶瓷器在高温炉中烧制，存在很多不确定因素，当一件瓷器放入窑炉，经过 1300 多摄氏度的高温炼制，没人能预料最后出窑时的面貌，因此历史上经常出现“窑变”，陶瓷器的烧制可谓“凤凰涅槃”。

十几年前，为做出满意的陶瓷，董宁曾亲自开车去景德镇采购当地特有的高岭土，和以北京永定河的水，制出茶具坯胎后再运回景德镇烧制。后来在北京大兴区创办起了董陶窑，终于在园区里建立了两个自己的窑口，用现代方法烧制自己设计的陶瓷器具。

好的陶瓷要传统与现代相结合。在秉承传统手工瓷器制作技术同时，董陶窑融会现代理念，在产品的造型、纹饰、釉色、用料等方面不断推陈出新，技术与艺术相结合、实用性和观赏性相交融。当一件件精美的瓷器走出窑炉，流畅的线条、生动的画面在莹润的釉色烘托下，焕发出艺术的光辉。

为了烧制出经得起时间考验、经得起历史检验的陶瓷，在董陶窑 10 周年庆典仪式上，董宁把自己过去所烧制的不满意的陶瓷当场全部砸掉。他说："我希望做出有血有肉、有思想、有灵魂的陶瓷。"

（二）扭曲中的方正："正本清源"

"正本清源"方樽，2015 年完成，裂纹釉，青绿色，正方形顶口，正方形底座；上下两个平行平面，象征四方平和，不可偏颇，是天地正气的化身；四个侧面中，两侧面各绘有两个蜘蛛在努力结网，象征人们在编织各种社会关系的网；另外两个侧面绘有钱币正在进行交易，象征人类社会运行中金钱的媒介作用；方樽从底座开始，仿佛经过强力扭曲向上，但仍坚持底座正方形的初心。方樽通体全用绿色，翠色四合。

整个"正本清源"器型如文士挥毫，行云流水；又如武士操练，拔山盖世，显示冲顶之力。方樽的气势既预示着中华民族的文化自信，又预示着当下世界，人们每时每刻都需要与人类社会中各种错综的关系和物质

"正本清源"方樽

诱惑等“扭曲力量”做不懈抗争，自始至终保持本源清正，向着自尊与高远、强大与和谐展示开放的明天。

（三）望天吼钵：“祈天问”

“祈天问”器形如钵。钵乃佛陀圣物，古代僧人托钵化缘，游方人间，感悟世事变化，饱尝人情冷暖。钵底部绘有一幅太极图，寓天地乾坤之象；钵内站一望天犼，脚踩太极图，有乾坤任我行之势。

望天犼乃“龙生九子”之第四子，又称蒲牢。明代大学士李东阳《怀麓堂集》载：“龙生九子不成龙，各有所好。……蒲牢，生平好鸣，今钟上兽钮是其遗像。”四子蒲牢，形似龙而小，性好吼，有为民请愿之意。观音菩萨坐骑也是此灵兽，更增加了其为天下苍生奔走呼喊的形象，为世人所推崇。

“祈天问”中，望天犼脚踏乾坤，昂首向天，正气凛然，设计造型独特，用料匠心独具，采用陨石磨粉为料，平添天地交合之象，与太极图浑然一体，陨石釉色古朴而神秘。望天犼探问天地之象让人想到了屈原的《天问》，从而使器物增加了历史的厚重感和大气磅礴之象，故取名“祈天问”。

望天犼钵：“祈天问”

“祈天问”问世于2020年全国同心抗疫之际，富有时代气息，传达出艺术家仰望苍天时的思考与期盼，包含了忧国忧民的情怀和对天下太平的祈天之愿。

（四）陨石茶盏：“万相盏”

2020年，董陶窑推出新作“万相盏”茶盏，造型古拙内敛，盏内壁呈金石之色，注水后呈现出浩瀚星空般的感觉。这是因为“万相盏”胎体陶土经过精心筛选，釉面含有来自宇宙的陨石成分。由于陨石含铁量很高，黏合紧密，釉水浓稠，质地坚硬，色彩变化繁复，所含微量铁离子还对人体健康有利。

包含陨石的“万相盏”

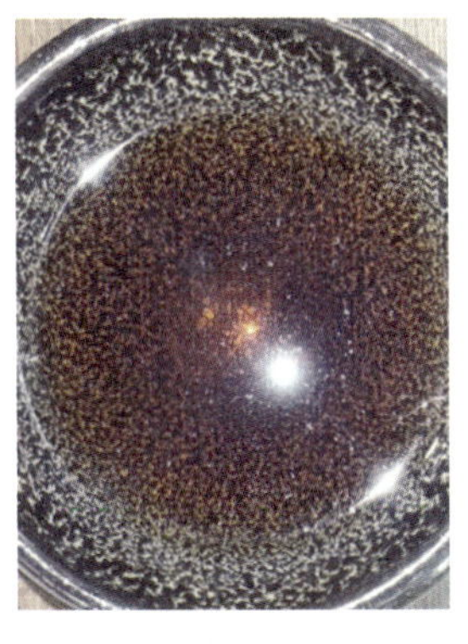

注入茶水后的“万相盏”内壁

注入茶水后的“万相盏”内壁犹如星空

茶盏经过高温烧结，不会析出重金属。“万相盏”厚重朴实的盏体代表了君子的端正敦厚、木讷沉稳，体现了君子不重则不威，“望之俨然，即之也温，听其言也厉”（《论语·子张篇》）的君子之道，外表古朴而内心独具明智豁达之个性，一盏在手，仿佛胸怀宇宙、手握乾坤。有人特为“万相盏”赋诗：“陨铁凝金盏，粗陶敷锦麟。古拙虚万相，惟念道生津。”

（五）“中国饭碗”的复古格调

“中国饭碗”的设计源自几年前董宁随团出访日本时的一次深刻感受：当他们在当地一家日本料理餐厅用餐时，餐厅里考究的日本陶瓷餐具让人爱不释手；隔天他们去当地一家中餐厅用餐，却发现这里大多使用的是塑料仿瓷制品。这引起了董宁的深思：什么是文化？

民以食为天、食以器为先、器以瓷为贵、瓷以礼为尊。2019年，董陶窑设计并烧制出“中国饭碗”瓷器套装。该套装以天然陶土为原料，手工塑形；器型吸取宋明瓷器的造型特点，外观敦厚稳重；青釉着色，高温烧制。“中国饭碗”套装由碗、筷子架、盘子、渣斗、筷子5件瓷器组成，与温、良、恭、俭、让的儒家“五德”相契合，被称为“五德之器”。器以载道，意在化民，耳濡目染，知行合一。

在外包装色彩上，“中国饭碗”瓷器5件套顺应大兴发展规划，率先使用“大兴橙”。这不仅因为橙色色感较红色更温暖、尊贵、神秘，而且橙色与新建大兴国际机场顶部的橙色系相呼应，有助于展现新大兴、新国门“首邑之区、腾飞之城”的新形象，所以用“中国饭碗”作为大兴礼物来传

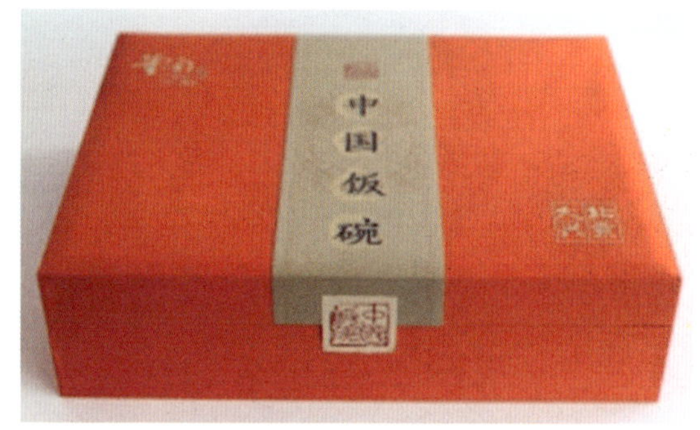

中国饭碗五件瓷器套

播大兴品牌、大兴文化是非常恰当的。

据史学家考证，中国自先秦至明代一直实行“分餐制”，至清代游牧民族入主中原，始流行“合餐制”。“中国饭碗”项目旨在复兴中国传统餐饮文化，重新倡导古典中国“分餐制”餐食礼仪规范，恢复中华民族的礼仪之邦、大国之貌。

2020 年 2 月 22 日上午，董宁向在大兴区委党校隔离观察的疫情防控一线轮休的医务人员捐赠了 100 套“中国饭碗”餐具，为奋战在一线的医务人员送去实实在在的关爱。有助于一线医务人员减少一次性塑料餐具的使用，减少与病毒接触的概率，更好地保护自己、保护他人。同时，以此次新冠疫情为契机，重新发掘“分餐制”传统，汲取几千年中国餐食礼仪的精髓，引导全社会转变传统聚餐习惯，恢复分餐制，降低因餐具混用和“合餐制”造成的交叉感染风险，提倡新时代国人餐食礼仪的新观念、新典范。

三、“大象无形”：茶道器具展厅

佳茗配美器，饮茶之风与陶瓷艺术的结合，成就了中国千年的茶文化。好茶具对茶汤的色泽、香气、滋味都有很大影响，茶具的细腻、淡雅、脱俗、隽永与名茶的色绿、香郁、味醇、形美相映成趣，品茗赏器，方显茶艺之道。陶艺是中华国粹，茶艺是民生传统，唐代“茶圣”陆羽的《茶经》集茶瓷文化之大成，并将其推向一个新高峰。

以陶瓷茶具开始创业的董陶窑专门设有茶道器具展示厅，陈列着数千件精美的茶具和工艺品，风格摹古而不媚俗，清新而不娇艳。

老子曰：“埏埴（shān zhí）以为器，当其无，有器之用。”人们常用“形”来表述器物，而器物之“用”恰恰是它的虚无，如竹之空，如谷之虚，虚以容物。茶具是功能、技术和艺术的综合，是“道器合一”。董陶窑为饮茶爱好者设计的茶具既是生活实用品，又具有审美效果。《易经·系辞》曰：“形而上者谓之道，形而下者谓之器。”这里陈设的品茗佳器属于上乘的艺术品，符合大道至简、大美不言、天成万物，与道共融的哲学意味。

其中，董陶窑设计的青花瓷茶具有大小茶叶罐，各种型号的将军罐，各类平顶罐，各种形状的盖碗、公道杯、赏茶荷、滤网、品茗杯等青花、青花釉里红茶具，类型多达千种，造型庄重大方，色泽清新明丽，纹饰题材广泛，装饰有人物、花鸟、山水、龙凤、走兽等图案，绘画有工笔、写意，各尽妙趣。

董陶窑还烧制了颜色釉产品，有豆青、影青、粉青、天青、钧红、玫瑰紫、翠绿、孔雀绿、茶叶末釉等。颜色釉有特殊配方和烧制工艺，釉面须经 1250 摄氏度以上的高温煅烧才能显现出光若鎏釉、色若红霞、纹若流云飞瀑的艺术效果。董陶窑还设计了粉彩（又名软彩）瓷器，彩绘时掺入白色彩料“玻璃白”，画出的图案可以发挥渲染技法，呈现粉润的感觉，将器物中的历史典故与风和日丽、锦绣山色联系在一起，如诗如画，具有象征性的艺术效果，充分展示了粉彩装饰辉煌的艺术魅力。

四、“道器合一”：从纸上书画到陶瓷书画

为丰富陶瓷艺术风格，提高艺术水准，董陶窑先后聘请了国内数十位知名陶瓷专家、书画家、篆刻雕刻家担任董陶窑的艺术顾问。许多书画名家去董陶窑亲自动手拉坯，然后在瓷器上留下墨宝，烧制留念，作品摆放在展厅的显著位置，形成了一个独特的陶瓷书画艺术展厅。

书画与陶瓷分属艺术的不同门类，在宣纸上作画与在瓷坯上作画差别巨大，在瓷器上写字作画难度远大于在纸张上挥毫泼墨，因此，历代陶瓷书画或出自瓷工之手，或临摹而来，书画名家亲手创作者甚少。随着岁月变迁，尤其是改革开放 40 多年来，我国在经济、社会、文化等各项事业上都取得巨大发展，生活、生产、交通条件改善，原来在偏僻地区的陶瓷业向经济文化发达、交通便利地区延展，书画家们在陶瓷上进行创作的热情和兴趣也与日俱增。

董陶窑陶瓷艺术馆的“道器合一”

“京城白描第一圣手”王森先生的《三驼图》

在陶瓷艺术品上创作书画，要熟悉坯体的性状、质地，在创作中展现浓淡、虚实、刚柔、提按、轻重等笔画，表现笔触的正侧、顺逆、疾涩、折转等变化轨迹和韵味，将真、草、隶、篆、行不同书体融入丰富多样的青花瓷器型，如筒、瓶、罐、缸、觚、尊、盘、碗等，以获得不同层次、节奏、立体感等艺术效果，使书法艺术、诗词和青花瓷三者合一。

著名书画家享有“京城白描第一圣手”之誉的王森先生与董陶窑合作，完成了一批以书法艺术为主体、以青花瓷为载体、以中华文学名篇为主题的青花瓷书画作品 200 余件，挑选精品推出

瓷器上的王森《三驼图》人物画

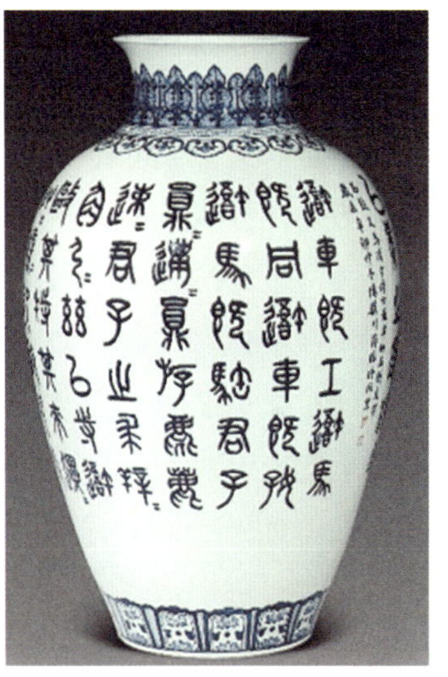

高罗汉瓶《临石鼓文》（大篆，局部），口径 25 厘米、底径 25 厘米、高 75 厘米

艺术家现场在大罗汉瓶上进行《与朱元思书》瓷书创作

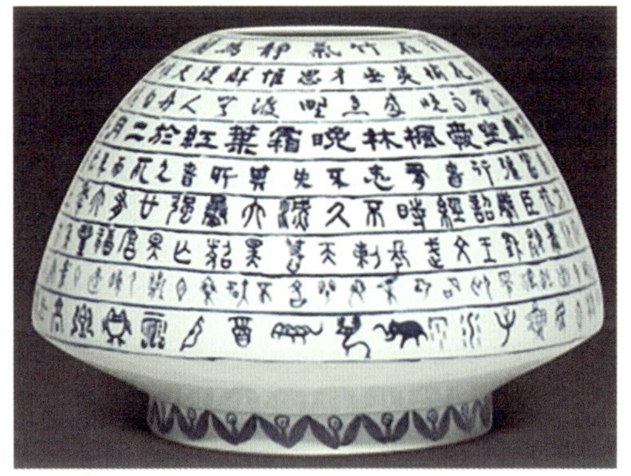

蘑菇罐《年轮》（楷、行、草、隶、篆书等），口径 13 厘米、底径 24 厘米、高 28 厘米

《青花瓷书法作品集》。如青花瓷笔筒《三驼图》，根据民间故事“张驼提盒去探亲，李驼一见问原因，赵驼拍手呵呵笑：原来世上无直人”而创作，名诗、名画配有名瓷。

董陶窑青花瓷书画将名家书画、青花瓷及文学艺术融为一体，将书画挪移到瓷器上，为拓宽中国书画的艺术载体进行了大胆的探索与尝试。著名书法家陈翰彬、杜宪章、淳一、杜西维等，著名书法家、篆刻家丁伯奎，著名画家张得一、郑樵、毛水仙、杜希贤、杜玉寒、邵辰、杨宝军等也纷纷在董陶窑瓷器上创作书画，都成为收藏家的抢手作品。青花瓷书画艺术由此开始大行其道。

另外，董陶窑还制作了一批仿宫廷御瓷的瓷器，特别是将清雍正时期宫廷画师丁观鹏的纸质画搬到瓷器上，将绘画艺术与高端瓷器有机结合起来。丁观鹏擅画道释人物和山水，画风工整细致。乾隆十九年（1754），他曾仿过顾恺之的《洛神赋》。董陶窑经过精心设计，将丁观鹏的画搬到瓷器上变为瓷画。鉴于董陶窑这些仿瓷和书画作品的高贵品质，茶界和收藏界人士都赞誉董陶窑是京城里的当代“官窑”。

五、中国古代十大名窑非遗展厅

（一）中国瓷器

瓷器比陶器出现要晚很多。中国真正的瓷器大约出现在东汉时期（23~220）。历史上，中国瓷器制作涌现出许多著名的官窑和民窑。在浙江绍兴上虞县发现过东汉晚期瓷窑址和青瓷，瓷片质地细腻，釉面有光泽，胎釉结合紧密牢固。魏晋南北朝时期，陶瓷主要是越窑，以青瓷为主。

到宋代，瓷业最为繁荣，名瓷名窑遍及大半个中国，产生了“五大名窑”“十大名窑”之说。著名窑场与附近生产同类产品的一些窑场构成一个窑系，窑系以最主要的和最有影响力的窑场来命名。

董陶窑作为陶瓷研究和创作基地，专门辟有“十大名窑”非遗展厅，供来宾观摩研习。

宋代著名窑场有“定、汝、官、哥、钧”五大名窑，还有磁州窑、吉

中国古代“十大名窑”非遗展厅

州窑、龙泉窑及景德镇窑（湖田窑）。明代有龙泉窑青瓷、德化窑白瓷等，宜兴紫砂、山西珐华彩瓷均负盛名，陶瓷品种齐全，风格独特。

明代以前的瓷器以青瓷为主，明代以后以白瓷为主，特别是青花瓷、五彩瓷成为明代白瓷的主要产品，瓷胎也趋向薄、细、白，有的在坯身上标有年代、堂号、人名等款识，便于购买者辨识，也为后人研究和考据提供了依据。

（二）中国十大名窑

中国瓷器十大名窑有：官窑、哥窑、钧窑、定窑、越窑、汝窑、磁州窑、吉州窑、耀州窑和龙泉窑。

1. 官窑

官窑是宋代五大名窑之一，公元 1127 年，宋室南迁临安（今杭州）后，先后建立了修内司官窑和郊坛官窑。历代对官窑评价很高。不过，北宋官窑至今尚未发现窑址。

2. 定窑

定窑是宋代五大名窑之首，窑址在河北省曲阳县（宋时属于定州）。定窑是继唐代邢窑白瓷之后兴起的一大窑系，特点是瓷胎硬白、釉色暖白、器型典雅，曾被定为官窑和贡窑。宋室南迁后，定窑工人一部分迁到景德镇，一部迁到吉州，称为“南定”。

3. 钧窑

钧窑是宋代五大名窑之一，窑址以钧州（今河南禹州）为中心，属北方青瓷系统。钧窑能烧造一种复杂的花釉瓷，成为异军突起的名窑。宋徽宗把钧瓷定为御用珍品，民间历来有“纵有家产万贯，不如钧瓷一件”之说。

4. 哥窑

哥窑是宋代五大名窑之一。相传南宋时，浙江龙泉县章家两兄弟均以陶为业，各主一窑。兄所主之窑取名哥窑，弟窑则称龙泉窑。哥窑的瓷器里外披釉，均匀光洁，晶莹滋润，扣之瓷音清亮，造型挺拔大方，轮廓柔和流畅。

5. 汝窑

汝窑是宋代五大名窑之一，位置在宋代汝州（今平顶山市下属县级市）。考古学家在与临汝相邻的宝丰县大营镇发现了汝窑窑址，并出土了宫廷使用的完整瓷器。宝丰县在宋时也属于汝州。

6. 越窑

越窑是中国最早兴起的名窑，唐五代时最著名的青瓷窑场在越州（今浙江余姚），所烧制的青瓷明彻如冰，色泽青中带绿，晶莹温润如玉，代表了当时青瓷的最高水平。

7. 磁州窑

磁州窑是我国古代北方最大的民窑体系，窑址在今河北邯郸磁县观台镇与彭城镇一带。磁县在宋代属于磁州，故名磁州窑。磁州窑创烧于北宋中期，南宋、辽金元、明清仍继续烧制，烧制历史悠久，流传下来的遗物很多。

8. 吉州窑

吉州窑在今江西吉安，古称“庐陵”，因地命名。吉州窑兴于晚唐，盛于两宋，衰于元末。因当时永和为东昌县治，故又名东昌窑、永和窑。吉州窑产品以黑釉瓷（又称天目釉瓷）著称，产品曾远销海外。

9. 耀州窑

耀州窑是宋代名窑之一，在今陕西铜川市黄堡镇，唐宋时属耀州，故名耀州窑。耀州窑在唐代开始烧制陶瓷，宋代达到鼎盛，据记载为朝廷烧制“贡瓷”，产品为北方青瓷代表。金元时，耀州窑开始衰落，终于元初。

10. 龙泉窑

龙泉窑因主要产区在今浙江龙泉市得名，开创于三国两晋，结束于清代，生产瓷器历史长达 1600 多年，是中国制瓷历史上绵延时间最长的一个瓷窑系。龙泉窑以烧制青瓷而闻名，产品畅销于亚非欧三大洲许多国家和地区，影响深远。

六、打造董陶文创平台

当前，北京董陶窑已发展成董陶文创科技发展有限公司，创建了董陶文创园。文创园立足北京，面向全国，整合首都艺术文化资源，汇聚各方力量，建设以陶瓷文化为主体，面向社会进行文化、艺术、教育及工艺美术制作体验的新型艺术示范基地，建设成“文化创意＋科教创新”的综合性文化园区。

董陶文创园园区占地面积 12 亩，建筑面积一万多平方米，建有董陶艺术馆、董宁陶艺工作室、林乐成纤维艺术工作室、杜宏宇雕塑艺术工作室、杨佩璋古琴艺术工作室等，成为华北地区陶瓷创意制作体验中心、中国陶瓷文化产业示范基地、非遗研学中心、艺术品鉴定交流中心、传统文化培育中心、中国民族艺术品传承创新示范基地、京津冀“设计瑰谷”项目孵化基地，也是辐射全国的优秀传统文化教育、学习、体验、交流的综合性文化创意平台。园区的文创平台建设得到中国古陶瓷学会、中国文化管理协会、中国博物馆协会、北京工艺美术协会、光华基金会等 10 余家行业协会的普遍认可和产业支持。

其中，清华大学林乐成教授主持的“纤维艺术展”已经入驻文创园区。“纤维艺术”以棉、麻、尼龙等纤维作为画布和绘画材料来作画，在材质和绘画技法上别开生面，独树一帜，著名作品有《天地境象》《社员都是向阳花》《千针万痛》《黄河》《长江》等。

董陶文创园区与中国书法家协会、中国美术家协会、国家博物馆、国家画院、故宫、圆明园等机构以及北京大学、清华大学、中央美院、北京工商大学、景德镇陶瓷大学等高校密切合作，建设“弘扬传统文化、讲好中国故事、打造科教平台、树立文旅品牌”平台，依托京城政治、文化优势，通过产学研合作，搭建集体验、创作、交流、收藏于一体的国际化平台，聚合了一批有深厚历史文化积淀的当代知名学者和有丰富艺术创作经验的书画艺术家、高级工艺美术师、演艺界名家，形成了以中国古陶瓷研究专家耿宝昌，著名壁画专家侯一民，北京大学著名哲学教授楼宇烈，中国收藏家协会会长阎振堂，中国工艺美术大师班导师林乐成等为代表的百人专家顾问团队。

园区现已成为北京市社会大课堂实践基地，孵化出手工艺学习体验课，把陶瓷文化和传统文化带进校园、进入社区，围绕“风生水起、文化大兴”主线，在“书大兴、画大兴、拍大兴、展大兴、颂大兴”上聚焦聚力。

园区现已构建了“一站、两馆、三基地、四中心”的运营体系：“一站”即大师驿站，“两馆”即中国十大名窑陶瓷博物馆、中国民族艺术品展览馆，“三基地”即“新国门”文创产品研发基地、社会主义核心价值观主题教育培训基地、中国陶瓷文化产业示范基地，“四中心”即陶瓷创意制作体验中心、陶瓷艺术品鉴定交流中心、传统文化培训体验中心、非遗研学服务中心，努力实现公共文化服务、文化与科技的融合创新。

当前，北京已成为中国传统文化与世界现代文明交相辉映的魅力之城，并朝着世界历史文化名城和世界文脉标志的目标迈进。为此，大兴区正全力推进“永定河文化带”大兴段项目建设。董陶园区作为中国陶瓷文化创新示范基地和文化创意产业平台，毗邻永定河西部文化带，在艺术上大量吸收和融入了永定河文化中特色鲜明的辽金元风格，设计出古拙内敛、敦厚沉稳的文化创意作品，受到了艺术市场和收藏界的广泛关注，为大兴区的文化建设添砖、加瓦、助力。

第五章 坦博兴善苑

一、坦博兴善苑

坦博兴善苑坐落在北京大兴区魏善庄镇，是一座以著名收藏家白十源先生的丰富藏品为文化支撑，以展示中华古建筑文化、雕塑、书画、精美手工艺等传统文化精粹的私人博物馆。博物馆藏品丰富，跨越数千年，包括丝路文明艺术馆、金银器艺术馆、古代玉器艺术馆、佛学艺术馆、佛教造像艺术馆、古塔艺术馆、中国陶瓷源流馆、文人雅趣展览馆、徽州三雕陈列馆、唐卡艺术和古代藏式家具展示馆、古代匾额和古床榻展览馆，以及陈列有目前世界上最大的油画、国画、书法作品的奥林匹克美术馆等12个主题展馆，形成了藏品丰富、特色鲜明、古色古香的坦博兴善文化园区。

坦博兴善苑藏品分为三大收藏方向：一是在中国古代徽州建筑即将被拆迁损毁的关键时期，坦博兴善苑保护性购藏了300多套完整的，用木雕、石雕、砖雕反映中国民间建筑艺术最高水平的徽州古建筑，整体搬迁后，重新拼装、永久定居在坦博兴善苑中。二是收藏有丝绸之路上古代文明的代表性器物，展现丝绸之路上的文化交流和通商活动给世界带来的影响和改变，是东西方文明互鉴、文化融合的实证。三是自2008年北京奥运会开始，坦博兴善苑持续参与组织举办了2008北京、2012伦敦和2016里约奥林匹克美术大会，收藏了全球知名艺术家的大量雕塑等重要艺术作品，以及中国当代艺术大师范曾、黄永玉等数百位艺术家的书画艺术精品。

馆藏的300多套完整的古徽州建筑中，包括民居、祠堂、书院、牌楼等不同规格、不同类型的建筑。在保护性收藏过程中，培养了专业的古徽州建筑维修团队，留住了古徽州建筑的技艺；在传承传统手工艺的同时，将新型建筑技术与传统工艺的结合，展示古徽州建筑的修复过程，使古徽州建筑更加符合现代人的居住和使用需求。

坦博兴善苑所有的艺术馆都内置于徽州古建筑之中，呈现出别具一格的展览效果。徽州古建筑本身就是文物，走进徽州古建筑，12 个主题展览馆的藏品尽现千姿百态的动人风貌。

二、复活的古徽州建筑

（一）徽派建筑的兴衰与坦博艺苑的保护

明代大文豪、“临川四梦”的作者汤显祖曾写道：“一生痴绝处，无梦到徽州。”徽州古称“新安”（因钱塘江源头新安江得名），位于黄山和天目山之间的丘陵地区，“七山一水一分田，一分道路和庄园”。徽州府地处皖南，下辖一府六县，即歙县、黟县、休宁、祁门、绩溪、婺源，文化圈从皖南辐射到浙西、赣东北、闽北等周边几省，形成独具特色的徽州文化。

明清两朝，徽商与晋商是中国著名两大商帮。徽州商人又称新安商人，辉煌史有三四百年。晚明万历年间学者谢肇淛在《五杂俎》中说：“富室之称雄者，江南则推新安（徽州），江北则推山右（山西）。”徽商重读书教育，富甲一方又重诗书礼仪，“富而教之”，文风兴盛，学者名臣辈出，科举中进士者多达数千人。明清徽商多是官商一体，一旦经商发迹，衣锦还乡，便大兴土木，建楼院祠堂，修路桥会馆，以光宗耀祖，尤其热衷兴书院、办学堂，培养人才，步入仕途，壮大家族势力，巩固宗法统治。在明清两代号称“东南邹鲁”的徽州文化基础上，形成了中国封建后期成熟的建筑流派之一——徽派建筑，并由一代代徽派建筑师的传播而跨出徽州及皖南，在大江南北各城镇乡村中扎根落户。

明初社会风尚重实用、轻装饰，文化主流是“崇实黜虚”。明太祖朱元璋提倡“宫室器用，一从简朴，饮食衣服，皆有常供，唯恐过奢，伤财害民”。明代中后期，工匠制度趋于宽松，大部分工匠拥有可支配的自由时间。明嘉靖四十一年（1562）统计，徽州府注册的班匠有 3066 名。工匠师徒相承，形成建造界的“徽州帮”，对徽派建筑流派的形成和传播起了重要作用。加之城市繁荣，工商社会兴起，政治腐化加剧，奢侈之风日益弥漫，给当时建筑风格的改变起到极大的推动作用。明代中后期，建筑风格虽在整体上仍浑厚古拙，但在装饰上日趋程式化、精细化。明代厚重古朴，清代精巧轻盈，这是区分明清建筑及雕刻风格的一大区别。

徽派建筑以用料昂贵、建筑繁富而著名，一栋建筑往往要历时几十年、上百年，前后几代人才能完成，这需要有安定的生活环境和雄厚的经济实力。晚清太平天国运动时期，徽州及皖南赣北一带是太平军和清军反复拉锯地区，多年战争导致人口锐减，商路中断，经济受到致命打击，从此一蹶不振，古徽州建筑也随之衰落。

20 世纪 80 年代初，明清几个世纪以来形成的一座座布局严整的古城古镇、一条条幽深狭长的古街古巷、一栋栋雕梁画栋的民居古宅被视为现代化障碍而被大批拆除，钢筋混凝土高楼和宽阔的大马路代之而起，徽派建筑原来的砖瓦、木料、雕刻等也被当成废弃物。

据统计，20 世纪 80 年代，原徽州一府六县约有大小 5000 多个古村落，100 多万栋古建筑。1985 年前后，坦博艺苑的主人白十源先生去安徽黄山，徜徉在星罗棋布的古镇古村和明清山水画般古雅隽永的徽派建筑中，被深深震撼。他认为，每一栋精美建筑的背后都可以追溯一段个人或家族的奋斗史，建筑本身也蕴藏很多故事。当时，国家对古建筑保护还没有法律规范，人们缺乏文物保护意识。白十源先生目睹成片古建筑被拆除，非常痛惜。在之后的 20 年间，他先后购藏了 300 多栋被拆除的徽派建筑，包括祠堂、戏楼、官厅、书院、宰相府、大夫第、牌坊、亭阁、门楼等。白十源先生抢救古建筑的过程是一个同时间赛跑的过程。

在世界建筑文物保护史上，1968 年 4 月，美国地产商人罗伯特·麦卡洛通过拍卖整体购得英国泰晤士河上的伦敦桥；3 年后，这座千年古桥被架在美国亚利桑那州科罗拉多河上，成为异地复建的典范。1996 年，两百余年历史、400 多平方米的徽派古建筑“荫余堂”（休宁县黄氏家族祖产）被美国人整体购买，2003 年原样复建于美国波士顿附近的萨勒姆（Salem）小镇，成为该镇博物馆的镇馆之宝；当时的购买价格为 1500 万元，如今飙升至1.25亿美元。

2007年，在北京西山脚下海淀区四季青，白十源先生从购买的徽州古建筑材料中选了一个明代古宗祠进行修复，在异地原样复建，命名为“坦博艺术中心”。

2009年，中国国家画院杨晓阳院长想改造画院格局。白先生向他建议并赠给画院一个雕刻精美的徽派建筑大门罩，复建在北京西三环内的国家画院二门，又赠给国家画院一个完整的徽派大戏楼。国家画院有了这两座徽派古建筑，加上杨晓阳院长捐出的石雕拴马桩等，与画院内建文帝衣冠塔、苏式园林互相映衬，增添了画院的古朴色彩和民族风格，使画院历史积淀从30年一下子往前推了500年。

（二）徽派古建筑三绝：民居、宗祠、牌坊

民居、祠堂和牌坊被誉为徽州古建筑“三绝”，“盛馆舍以广招宾客，扩祠宇以敬宗睦族，筑牌坊以传世显荣”。大兴坦博艺苑在大兴区魏庄村建有一个一万多平方米的徽派建筑陈列馆，从徽州购买的被拆古建筑已有部分复建在宏大的玻璃屋内。目前已修复了10套古徽州建筑，其中有1座修好的徽派祠堂，6座徽派古民居，1个大戏楼，2个徽派门楼，2座徽派牌坊，南院还有两座正在复建的徽派大戏楼。

1. 徽派民居

坦博艺苑内复建了6座徽派古民居，其中2座属原样复建、4座是工艺革新的民居。原样复建的现为木雕展厅、瓷器源流展厅；4座用旧材料结合新工艺和建筑需求的徽派革新建筑，布置成文人雅趣馆、古玉器文化馆、佛造像艺术馆、塔艺术馆、陶瓷源流馆、佛学艺术博物馆、丝路文明艺术馆、金银器艺术馆、微雕艺术馆9个展馆。

这些徽式民居都是多进院落式集居形式，一般为三进，中轴对称，面阔三间，中为厅堂，两侧为室。厅堂前方是天井，既便于采光通风，又便于收集雨水；水为财运，四水归堂，俗称“肥水不流外人田”，以天井为中心围成院落。进门为前庭，中设天井，后设厅堂。前厅堂用中门与后厅堂隔开，后厅堂设一堂二卧室。堂室后是封火墙，靠墙也设小天井，两旁建厢房，这是第一进院落。

厅堂正中照壁上一般悬挂大型画轴，内容多为山水花鸟或象征吉祥如

意的福、禄、寿图案字样，称为中堂。逢祭祀日则改挂祖先遗像，祭祀结束再换上画轴。画轴两边多悬挂名家书写的木质漆楹联，多为“学道爱人弦歌百里，赋诗见志教诲千秋”“传家无别法非耕即读，欲后有良图惟俭与勤”等耕读传家训诫内容。画轴下有条案，用珍贵材料制成，质地坚固，结实沉重。条案前摆八仙桌、八仙椅等。

第二进院落为一脊分两堂，前后两天井，中有隔扇，有卧室 4 间，堂室两个。第三进格局也类似。徽派民居的深宅大院都是一进套一进，屋套屋，有“三十六天井，七十二槛窗”之说。大院里一般住一个大家族，一个支系住一进院子，院落互套相通，形成纵深自足的家族生存空间。

民居四周均用高墙围起，形成封闭结构。墙头高耸翘角，高出墙体，形成“马头墙”。“马头墙”是徽派建筑的外观标志之一，属于为防止火势蔓延而设计的隔离墙，也称“封火墙”。

徽派建筑的高宅大厅、天井院落，灵活布置，富有韵律感。白墙黛瓦、淡雅素净的建筑与青山绿水的环境相映衬，质朴中透着清秀，凝重中显现灵动，封闭中蕴含开放。

徽州是南宋理学大师朱熹的故乡，程朱理学强调的以家族为本位的人伦思想处处体现在建筑布局中，长幼尊卑排列有序，忠孝节义渗透其间。传统文化既需要传承，又需要更新弘扬。坦博艺苑 4 座工艺革新的民居把传统工艺和新型建筑技术相结合，让徽州建筑更加符合现代人的居住和使用需求。

2. 徽派建筑宗祠、门楼

中国民间宋代才可立家庙，明代才可建祠堂，形成了晚期宗法制社会的一大特征。敬宗睦族的祠堂是村落的核心，居首要地位。祠堂的规模反映出一个姓氏宗族的历史背景、经济状况、家族繁衍盛衰等情况，是徽州历史文化的浓缩。

坦博艺苑内部复原了一座祠堂。宗祠内由三进院落组成，中轴对称，仪门、庭院、正堂组成第一进院落，享堂为第二进，寝居为第三进，均位于中轴线上。两边对称有厢房、廊庑等。徽州祠堂由大门至寝殿，多半布置成地坪逐渐升高之势。

门楼为徽派建筑标志之一，规模稍小的则称为门罩。中国传统建筑特

坦博兴善苑大门门楼

大兴坦博艺苑徽派建筑门楼的「郭子仪祝寿」木雕（局部）

大兴坦博艺苑徽派建筑门楼的木雕和上部斗拱（局部）

坦博兴善苑内门楼和木雕

别重视门面，有“十分建楼，七分建门”之说。坦博兴善苑大门就是一座复建的徽派大门楼，气魄宏伟，长 18 米，宽 6 米，高 13 米，属宗祠门楼。门楼五间六柱三楼，3 个飞檐翘角，形似飞凤，石质立柱，方正硕大。房梁两侧与立柱交接处略呈弧形，为月梁，俗称“冬瓜梁”，雕刻成鱼龙之形。中国古建筑多为木结构，易着火。据说汉武帝造“柏梁殿”曾遭火殃，有方士说：“南海有鱼虬，水之精，激浪降雨，作殿吻，以镇火殃。”月梁上的鱼龙造型由此而来。

坦博兴善苑大门门楼梁上雕刻精美，雕有 100 多个人物，题材为“郭子仪祝寿”。郭子仪是唐代平定安史之乱的中兴名将，因再造社稷之功，封为汾阳郡王。他所建的豪宅大院，前院后庭至花园均向大众开放，每日来郭府参观游览者熙熙攘攘，络绎不绝，门庭若市，以此向朝廷显示家无隐私、人无野心。“郭子仪祝寿”是过去宗祠最常见的木雕题材之一。

坦博兴善苑内部复原了一座宗祠门楼，长 28 米，宽 17.2 米，高 10.2 米，四柱三间二楼，有大门和左右两个侧门，气势宏伟，雕刻精美，富丽堂皇，是国内现存最大的徽派门楼之一。

坦博兴善苑内还复建了一个精美的宗祠大戏楼，三间四柱三楼式，飞檐翘角，柱上镌刻一副楹联：“日丽华堂郁郁椿萱并茂，风高锦砌森森兰桂齐馨。”环绕大戏楼的是一圈仿走马廊形制的建筑，走马廊当时为看戏观众座席。

坦博艺苑南院还有两个正在修复的木结构祠堂，主体建筑是大戏楼和走马廊。材质一个是香柏木、一个是香樟木，还有各地收集来正在清理修复的数千块匾额和上百座明清宁式床（拔步床、架子床），该床的空间环境犹如一间大房子中间又套了一间小屋子。

坦博兴善苑另一座门楼为“退省居”，源自清代乾隆年间翰林书法家王文治。王文治（1730~1802），江苏丹徒人，乾隆二十五年（1760）进士，殿试一甲第三名“探花”，授编修，擢侍读，官至云南临安知府。其书学董其昌、赵孟頫，喜用淡墨以表现潇疏秀逸之神韵，时称“淡墨探花”，与大学士刘墉并称“浓墨宰相，淡墨探花”。清梁绍壬在《两般秋雨庵随笔》中说：“国朝刘石庵相国（刘墉）专讲魄力，王梦楼太守（王文治）则专取风神，故世有‘浓墨宰相，淡墨探花’之目。”王文治与刘墉、梁同书、翁方纲并称为书法“清四家”。

乾隆皇帝南巡江南时，在杭州寺庙中见其所书《钱塘僧寺碑》，大加赞赏，由此王文治的书法声望大幅提高，广为流传，为士林所宝。他曾出使琉球，琉球人纷纷出重金求购王文治书法，在海外书名大震，日本冲绳博物馆至今还保存有他的墨宝。

“退省居”门楼斗拱造型为徽派建筑典型的“花篮拱”，有两到三层斗拱，兼具实用和美观的特点，与北方建筑的斗拱格局造型均不同。

大门上方“退省居”匾额两侧的立柱上各有一个木雕雀替，插入柱身，人物为两位盔甲神：一个口中吐水，为水神共工氏；一个鼻中喷火，为火

“退省居”门楼木雕、斗拱、雀替、门额

坦博艺苑“退省居”门楼上的水神共工与火神祝融雀替

神祝融氏。这两个雀替不与梁枋衔接，没有力学上的功用，纯粹起装饰作用和表达辟邪意义。

3. 徽派建筑的牌坊

牌坊是中国传统建筑中的一种独特类型，由棂星门转化而来，滥觞于汉阙，唐宋时成熟，明清达到建筑高峰。春秋战国时，牌坊开始世俗化，作为桥头、村落中的大门使用，称为“衡门”。明清时期，祠堂、衙署、街道等也建有牌坊，类型有科第牌坊、功德恩荣牌坊、旌表牌坊、标志牌坊等。徽州一带原有牌坊 1000 多个，今仅存百余个。

坦博艺苑有两座仿古石质牌坊，均为门楼式。牌坊石柱南北侧均镌刻有楹联，上有横额，均为当代书法名家为坦博兴善苑和创办人白先生所题。一座石牌坊位于魏庄村村口，符合牌坊作为村落大门的“衡门”传统，属于标志牌坊，为三间四柱五楼式。楹联为“坦对人生真自在，博参物理入圆通”“白雨跳珠众山皆响，松风鸣佩万壑争流”“一松映月千山影，十源归心万法明”等，镶嵌进“坦博”和创办人白十源（白松）先生的字号。

另一座石牌坊位于坦博艺苑入口处，规模略小，为三间四柱三楼式，石柱上镌刻楹联“坦荡真君子，博渊乃学人”“白玉无瑕成大器，松贞固守葆长荣”，也镶嵌有“坦博”和创办人的名号。

坦博艺苑大门石牌坊

（三）徽派工艺三绝：木雕、砖雕、石雕

在建筑装饰方面，徽州建筑的木雕、砖雕、石雕“三雕”最著名。明清徽州工匠分行细致，以刀代笔，使徽雕艺术达到辉煌境地，木雕楹柱、青砖门罩、石雕漏窗与建筑物融为一体，使建筑精美，如诗如画。“三雕”刻工细致，造型秀丽，气质淡雅，折射出明清时期徽州民间匠人独有的工匠精神。有的加上竹雕，合称“徽州四雕”。

1. 徽派木雕

坦博艺苑的木雕主要是 3 座大门楼上的人物故事雕刻、花鸟虫鱼雕刻，雕刻形式有浮雕、圆雕、镂空雕等。门楼上的月梁、横枋上雕有民间戏曲人物故事等题材，垂花柱雕有各种吉祥瑞兽和人物花鸟，包含丰富的历史

坦博艺苑复原的藻井木雕

坦博艺苑内用传统工艺复原的木雕

文化内涵。宗祠门楼月梁上常雕有“郭子仪祝寿”大型人物故事，寓意富禄贵寿齐全，家族兴旺；大门上的雀替、门簪上的雕刻具有强烈的装饰性，雀替上的火神祝融和水神共工雕刻则蕴含着人们对水火等自然力量的原始崇拜和防止水火成灾的祈愿。

坦博艺苑 3 座大戏楼、1 座凉亭顶部都有藻井，既有避火辟邪作用，木雕也极为精美。宗祠、民居几进院落之间的隔扇上也多有精美木雕，最常见的是松竹梅兰等植物题材，寓意吉祥如意。

2. 徽派砖雕

徽派古建筑的砖雕工艺精湛，能历数百年风吹日晒雨淋而不变，是经过复杂的工艺流程制作而成的。从原料选取到砖雕完成要经过 30 多道工序。首先从原料选取到出窑，要经过选土、制泥、制模、脱坯、凉坯、入

窑、看火、上水、出窑9道工序，才能烧制出用于砖雕的青砖。为了“好看火、易操作、出好货”，烧制砖雕青砖的窑体一般很小。青砖烧制完成后，工匠们再精心雕刻上各种人物故事、花鸟草虫等。

坦博艺苑中的砖雕门楼

徽州砖雕起源于汉代画像砖。明初徽派砖雕手法粗犷简练、平稳深厚，多为浅浮雕、填充式构图，风格也接近于汉代画像砖。明代从质朴简练演化为清代及民国的精细繁复、玲珑剔透、华丽精美，被称为“门罩迷藻悦，照壁变雕墙”。

砖雕题材包括神话传说、戏曲故事、风俗民谣等，常见有“八仙过海”“郭子仪拜寿”“包公断案”“百子闹元宵”“五子登科”“五谷丰登”等，人物动作、服饰各不相同，所处环境以及人物周边的建筑也形态各异。动物题材中多是象征吉祥喜庆的瑞兽，如狮子、麒麟、大象、仙鹤、蝙蝠等，蝙蝠寓意为“百福”。这些瑞兽大多成对成组出现，动物间穿插各类植物。除梅兰竹菊四君子外，石榴、葡萄、缠枝、散花等也是常见的植物装饰题材。

“退省居”门楼“渔樵耕读”四块砖雕是古徽州建筑民居中最常见的砖雕题材，也是中国人“士农工商”生活场景的艺术写照。徽派砖雕多用于门楼，也有一部分用于窗户上。徽派建筑的窗户普遍小且高，主要是为了防盗，因为古代徽州成年男性多半在外行商、游学、仕宦，在家的多数只有妇孺老人。

3. 徽派石雕

徽州石雕材质多用青黑色的黟县青石和褐色的茶园石。石雕常见于宅居门罩、院墙漏窗和各种石牌坊，有浮雕、透雕、圆雕等，立体感强，栩栩如生。明代浮雕、圆雕古朴大方，造型刚劲凝重，清代木雕与砖雕则显得细腻烦琐。

坦博艺苑内的画像石

坦博艺苑最内侧通道的一堵墙上镶嵌有28幅从全国各地收集来的石雕作品，雕刻有房子、车马、龙凤、鸟兽、虫鱼等造型，涉及古代战争、狩猎、击剑、宴饮、郊游、会客、祭祀等丰富题材，可以借此一窥古代社会生活的种种情景。石雕大多保留了仿汉代画像石和画像砖的题材和风格，线条古朴苍劲，刀法简练挺拔。几块石雕拼接形成一组完整故事。其中有两组人物故事画的画像石，一组是《荆轲刺秦》，另一组是《出行宴饮》，人物两侧均雕有汉代象征主人身份的“汉阙”造型。

三、丝路悠远

一带一路，千年万里，东起中国古都长安，西至地中海地区，南达印度次大陆，全长绵延7000多公里，将东亚、南亚次大陆、中亚、西亚和欧洲等不同文化区域的古代文明连接起来。在这璀璨瑰丽的文明之路上，在长期的商贸往来和人文交流中，各国都留下了丰富耀眼的文化遗产。北京坦博兴善苑的上千件关于一带一路的馆藏珍品静静陈列于展厅内，这些罕见而华美的器物展现了上下数千年的历史。其中既有精美的艺术品，也有日常生活器具，涉及社会、经济、生活等多个领域，也涵盖艺术、宗教等不同范畴。这些珍贵的文物穿越时空而来，是东西方文化交流的亲历者，也是故事的讲述者。

（一）来通杯的丝路之旅

来通杯是典型的西亚文化器物，学名 rhyton，源于希腊语 rhein。来通为 rhyton 一词的音译，源于克里特岛，经古希腊人的追捧，进而向亚洲传播到自美索不达米亚平原到阿姆河的广大区域。现存最早的来通杯实物可追溯至公元前 4 世纪的古波斯王朝时期。当时，人们相信这种来通角杯是圣物，用它注酒能防止中毒，举起来通杯一饮而尽，是对酒神致以最高敬意。随着东西方商贸的飞速发展，来通杯也由丝绸之路传入中国。在开放而繁荣的唐代社会，来通杯这种独特的酒器成为一种奢侈品与身份的象征。

来通杯像一个漏斗，不同国家、不同时代、不同材质的来通杯有大致相同的造型。坦博兴善苑收藏的来通杯分别来自古希腊、古罗马、古波斯、古印度和古代中国，是中西文化交融的绝佳见证之一。

来自古罗马的纯金狮虎兽首来通杯，璀璨夺目，金光熠熠，闪耀着狮虎的帝王之气；来自古波斯的公元前 5 世纪的彩陶翼狮来通杯，体现了在波斯工艺美术中极具代表性的翼狮（Winged Lion）形象，它形态奇特、造型饱满、富于动感，制作工艺精良；来自希腊克里特岛的是公元前 1500 年的青铜羊首来通杯，杯身呈羊头状，形态逼真，羊的温驯和沉默蕴藏于气质柔和的眼神之中，卷曲的羊角略有夸大，与杯身形成和谐的弧度，巧妙地成为酒杯的把手，数千年的历史斑驳了青铜器的外表，整个器身呈现出迷人而高贵的绿色。

古印度俏雕玛瑙牛首来通杯

青铜文化也是中国商周时代的文化特点之一，它不仅是中国古代先民的智慧结晶，也推动了中国社会的进步，使中国古代文明保存至今。在丝绸之路开通前，中西方已存在一条“青铜之路”。青铜来通杯的材质与造型体现了西亚器物对中亚文明的影响，而唐代的白玉龙首来通杯则体现了古代中国工匠巧夺天工的金镶玉雕技艺，是东西技艺融会贯通的典型产物。龙首造型简约霸气，怒目圆睁，龙须浮现于杯身之上，线条简洁又富有张力；酒杯整体通透莹润，杯口的黄金包边和龙嘴处小巧的圆环则呈现了唐代高超的金银器打造工艺，更增加了一种盛世独有的奢华气质。

唐朝时期，中亚阿姆河与锡尔河之间的西域古国——粟特国商人活跃于一带一路之上，在东西方的商贸与文化往来中发挥重要作用，早期盛行于西亚的来通杯也跟随粟特商人的脚步进入大唐。这些发现于丝绸之路上的来通杯，既有西方的器型特征，又融入了中国的材质和工艺。

（二）契丹文水晶字模

中国印刷术经历了雕版印刷和活字印刷两个阶段。印刷术发明之前，典籍传播主要靠手抄。先秦时期的印章和石刻给印刷术提供了启示，汉唐时期的拓印为雕版印刷术的发明指明了方向。现存世界最早的印刷品是唐懿宗咸通九年（868）雕版印刷的佛经《金刚经》。

据北宋沈括《梦溪笔谈》卷十八“技艺”门记载，北宋仁宗庆历年间，中国工匠毕昇（970~1051）发明了胶泥活字，标志着活字印刷术的诞生，比德国人约翰内斯·古登堡的铅活字印刷术早约400年（1839年铅活字传

契丹文水晶字模

入中国）。元代农学家王祯创制了木活字，又发明了转轮排字法。明代初期，朝鲜出现了铜活字；明代中期，江苏南京、无锡、苏州等地铜活字印刷术得到广泛应用。

毕昇发明的胶泥活字已无法看到原物，今坦博艺苑收藏的契丹文水晶字模是目前发现的最早的契丹文活字印刷实物，用黄水晶制成，每个字模刻有一个契丹文字，横截面为正方形，边长约 1 厘米，共 42 个水晶字模，存放在一个长 14 厘米，宽 12 厘米，高 5.8 厘米的水晶盒子内。

契丹文是辽代的官方文字。唐末，契丹首领耶律阿保机统一各部，907 年称可汗，916 年称帝，国号契丹。947 年，辽太宗耶律德光率军攻占汴京（今河南开封），登基称帝，改国号为辽。辽国本为游牧民族政权，为记录源于中国东北地区的契丹语，参照汉字而创制了契丹文字，属于汉字的派生文字。

契丹文字分契丹大字和契丹小字两种，都有表意和表音成分。契丹大字相传于辽神册五年（920），辽太祖令耶律突吕不和耶律鲁不古两人所创，3000 余字，借汉字增减笔画、改换字音和字义而成。契丹小字由辽太祖之弟耶律迭剌参考回鹘文字，对契丹大字改造而成，为拼音文字，500 余字符。金章宗明昌二年（1191）契丹字被废止，前后使用了二三百年。

辽代建国后，印刷业发展很快。19 世纪 60 年代以来，在山西应县木塔、河北丰润天宫寺塔和内蒙古庆州白塔等处发现大量辽代刻本的佛经、书籍、版刻佛画等印刷品，显示了辽代雕版印刷业的高度成就。坦博艺苑收藏的契丹文水晶字模是辽代活字印刷业的重要实物，是古代中原汉文化和少数民族文化交流的产物，也是契丹文字的实物资料，更是世界活字印刷术发展史一个阶段的重要实物佐证，在世界印刷史上具有重要意义。

（三）辽代猎鹿欢宴图

辽国全盛时期疆域辽阔，从东北的白山黑水直到葱岭以东的甘州回鹘、西州回鹘与葱岭以西的喀喇汗国都是辽朝的势力范围。辽代 1125 年亡于金，存在了 218 年。契丹族为中国古代北方游牧民族，服饰饮食、社会风俗习惯等与汉人颇不相同。契丹人髡发，服装通常为长袍左衽，圆领窄袖，腰间束带，下穿长裤，裤管掖入靴筒，住所为毡帐。契丹人能歌善舞，无

◀ 辽代壁画，为首之人貌似首领，其余5位是侍从和猎人，已备好弓箭，带着猎鹰

▲ 首领换好猎装，骑上骏马，仆从背着华盖，头顶酒杯酒壶，猎犬欢快跟随

▲ 剥洗、烹煮食物

▲ 两位猎手骑着骏马，拉弓射箭，梅花鹿惊慌失措，四散奔逃

▲ 盛宴之始 1

▲ 猎人们抬着猎物，敬献首领

▲ 盛宴之始 2

论婚丧嫁娶、祭祀礼仪、节日活动都要歌舞相伴。契丹人崇拜太阳，又信奉佛教，建造了大量佛教寺院佛塔等；寺院、墓穴中多有壁画，记录契丹人的生活场景。

现存辽代壁画多以墓室壁画为主，风格写实，从各个侧面反映了辽代的经济、文化、宗教和民族融合。壁画中展现了契丹贵族及属下的形象和生活情态，人物神情生动，场面声势煊赫，线描挺劲利落，用笔如行云流水，绘画技法纯熟。

坦博艺苑收藏有一组 15 幅辽代壁画，人物形象鲜明，五官四肢比例准确，线条流畅，设色丰富，风格统一，既有栩栩如生的人物描绘，又有丰富的全景场面。壁画有狩猎准备、草原逐鹿、捕获猎物、烹煮备餐等，各个场景连贯到一起，展示了契丹人从出行、狩猎到宴饮的完整过程，富有生活情趣，是辽代壁画中不多见的佳作。这组壁画对研究辽代契丹人的生活场景、民俗服饰等有重大意义，为研究辽代历史、经济、文化提供了珍贵的实物资料。

（四）贝叶经传递的人类早期文明

贝叶经是以干燥的棕榈属植物的叶片为书写材料的经文，因多使用贝叶棕的叶片，故得名。书写贝叶经的传统最早源于古代印度（包括今巴基斯坦、尼泊尔、孟加拉国及部分中亚地区），后逐渐向外延伸，传播至东南亚、中亚、东亚、喜马拉雅南北广大藏区，是古代亚洲流传最广、影响最大的书籍。贝叶经主要以梵文、巴利文等书写，内容不仅包括佛教、耆那教、印度教等宗教经典，还涉及古代医学、建筑、绘画、文学（包括长篇诗史等）、语言学等众多领域。

贝叶经是古代世界内容最丰富、流传最广和书写内容与形式最为完美的经典书籍，本身涵盖了极为丰富的文化信息，是最珍贵的人类文化遗产之一。大量贝叶经被僧人从古印度带到中亚、东南亚各国和中国西藏、新疆地区，并保存至今，对佛教和佛教文化的传播与发展起到巨大作用。一叶饱含千年史，贝叶文献中含有对 2000 年前的宗教思想、科技文化及医疗卫生等社会状况发展的多方面记载，是非常丰富的文化宝藏。贝叶经的一叶一片上凝聚着丰富的文化内涵，既是人类早期文明的重要证物，也对当代文明的有裨补之益。目前，我国发现的古代流传下来的贝叶经多被定为

珍藏于坦博兴善苑的汉代贝叶真经

国家特级文物。

神秘的贝叶经是世界佛学文化珍贵无比的圣物。贝叶经文化在我国产生过两次重大的历史影响，一次是盛唐时期，玄奘于印度取回657部贝叶经，原经藏入大雁塔；另一次是20世纪初，敦煌藏经洞的发现，超过10包藏文贝叶经得以展露。时至今日，大雁塔所藏贝叶经据说仅存6片，而敦煌藏经洞发现的贝叶经已不知所踪。据国内专家估计，世界现存贝叶经总量不过千部，中国收藏占六至八成，这一比例不包括坦博艺苑所藏。随着坦博兴善苑馆藏贝叶经的亮相，这些曾经的结论将被改写。

坦博艺苑的主人白十源经过30多年的海内外找寻，搜集到众多不同文字、不同年代的贝叶经，从汉代到清代，时间跨度逾两千载；形态和种类更令人惊叹。写在贝叶上的巴利文、梵文、藏文这佛教三大语系的贝叶经齐聚坦博。文物的最大价值还是它的文化价值，为了将所藏贝叶经里面的文化价值发掘出来，2017年11月，坦博艺苑和兰州大学签订协议，为支持兰州大学学科建设和科研发展，白十源以“藏而致用”的理念为指导，将其庋藏在坦博艺苑的150余万页贝叶经资料提供给兰州大学，双方共建贝叶经研究院，以供有针对性地对坦博艺苑将所藏贝叶经进行整理、分类和研究工作，进行深度解读和研究。

为实现贝叶经“藏而致用”的理念，2018年1月，坦博艺苑将馆藏的噶玛巴贝叶经、大贝叶吉祥写经、古巴利贝叶吉祥经、嵌琉璃刻写巴利贝叶经、梵文贝叶写经、藏文贝叶写经等一批珍贵的贝叶经圣典捐献给庐山东林寺，为这一穿越千年的佛教真迹提供了“稳定的居所”，更让贝叶经蕴含的精神财富得以持续教化众生。

四、奥运之光

（一）现代奥运：从全球体育竞技到最成功的文化产业

在坦博兴善苑古色古香的徽派古建筑右侧还有一个庞大的现代奥林匹克运动艺术展。大门是一座徽派建筑的门楼，上面有一个直径达数十厘米的门环，是现存世界上最大的门环之一。里面是两个大厅组成的一个大展馆，四面墙上都是名家书画作品，中间陈列着中国和西方艺术家的各种雕塑作品。

古代奥林匹克运动会不仅是体育盛会，也是关于古希腊众神信仰和奋战的盛会；现代奥运会不仅是体育盛会，也是现代社会最成功的文化产业和艺术盛会，体育、商业和艺术融为一体。

公元前776年，伯罗奔尼撒的统治者伊菲图斯革新宗教仪式，倡导把宗教与体育竞技合为一体，组织大规模体育竞技来祭祀古希腊“众神之父”宙斯和宙斯之子赫拉克勒斯。古代奥运会每4年举办一次，现代奥运会也沿袭了这一传统。伊菲图斯成为古代奥运会的创始人。

坦博兴善苑奥林匹克艺术展厅大门兽首

公元前776年第一届古代奥运会举行时，参加的只有三国——伯罗奔尼撒、伊利斯、斯巴达，奥运会从此载入史册。此后古希腊奥运会规模逐渐扩大，并成为各城邦显示精神的盛会。各城邦对优胜者崇拜如神，给予丰厚待遇，免除一切赋税，终身由国家供养等。据记载，古希腊著名哲学家柏拉图、诗人提摩克雷翁、悲剧作家索福克勒斯、欧里庇德斯等人都曾是出色的奥运会运动员。

从公元前776年到394年，古代奥运会举行293届。公元393年，古罗马皇帝狄奥多西一世把基督教定为国教，奥运会被视为异教徒活动，次年废止。

1894年6月，法国著名历史学家、教育家和体育活动家皮埃尔·德·顾拜旦男爵与12个国家79名代表商议恢复奥林匹克运动。同年成立国际奥委会，决定在1896年4月召开首届现代奥运会，因为这一年是闰年。希腊名城雅典获得首届现代奥运会主办权，这距古罗马皇帝狄奥多希一世禁止奥运会已过去1500多年。顾拜旦被誉为“现代奥林匹克之父”。

1900年，第2届奥运会在世界艺术之都——法国巴黎举办。因为冰雪项目要等到冬季，这届奥运会比赛时间持续了5个多月。1920年，为纪念第一次世界大战结束，在比利时安特卫普第7届奥运会上点燃了象征和平的火焰。之后顾拜旦提出点燃奥运圣火的想法。1928年，荷兰阿姆斯特丹第9届奥运会首次正式出现奥运圣火仪式，火种由古代奥林匹克体育场附近一个喷泉水盘上用聚光镜取得。1934年，国际奥委会确认点燃圣火仪式。1936年7月柏林第11届奥运会上，开始在希腊奥林匹亚广场举行取火仪式。

1920年，安特卫普第7届奥运会首次使用国际奥委会格言“Swifter，Higher，Stronger”（更快、更高、更强），充分表达了奥林匹克运动所倡导的不断进取、永不满足的奋斗精神。

随着冰雪运动的普及，顾拜旦建议单独举办冬奥会。1924年，法国夏蒙尼市承办了当时被称为“冬季运动周”的国际运动会。两年后，国际奥委会将其更名为第1届冬季奥林匹克运动会。从1928年瑞士圣莫里茨第2届冬奥会开始，冬奥会与夏奥会改在不同国家举行。1994年起，冬奥会与夏奥会以两年为间隔交叉举行。

1972年，慕尼黑第20届奥运会上第一次出现吉祥物。此后每届奥运会吉祥物的设计、揭晓都吸引了世界关注，成为当届奥运会的亮点和重要文创产品。1976年，加拿大蒙特利尔第21届奥运会首创下届奥运会东道主8分钟文艺表演，通过艺术形式展示该国历史与文化，是体育和艺术的完美结合。

现代奥运会是体育竞技、文化产业和现代艺术的完美融合。如今，奥林匹克运动吸引了全球200多个国家和地区参与，带来极为广泛的市场营销机会，例如火炬接力、文化、教育、环保和青年营等主题活动，影响力由体育竞赛扩展到社会生活的各个方面。奥林匹克赞助活动是成功举办各届奥运会的基础。奥林匹克赞助商们为奥运会提供技术、产品、服务和专业技术人员。一届奥运会需要长达7年的准备，无数奥运会赞助商为举办奥运会做出重要贡献。奥林匹克赞助商使全世界尽可能多的人分享奥林匹克理想，也使赞助商提高了企业知名度，实现了运动和企业的双赢，这一传统延续至今。

（二）坦博艺苑的奥林匹克艺术展

2004年第二十八届夏季奥运会在希腊雅典召开，在举办奥运会的同时还举办了奥运美术大会，56个国家和地区选送了百余件美术作品。

2001年，国际奥委会确定2008年第二十九届奥运会在北京举行，这是中国首次举办奥运会；同时，奥运美术大会开幕式及颁奖典礼在中国国际展览中心举行，坦博艺苑负责人白十源为总策划人，全球有17000多名艺术家提供了作品；同时全球10名知名评论家、美术馆馆长作为评委，从中选出5件金奖作品和850件参展作品。这批作品比较完整地反映了当代全球的艺术水准。国际奥委会名誉主席萨马兰奇，时任国际奥委会主席罗格与中国国家有关领导人等出席了奥运美术大会开幕式并参观了展览。800名中外艺术家在坦博艺苑古徽州大戏台前欢聚一堂。著名艺术家黄永玉、范曾先生都为这次展览创作了巨幅作品。

著名画家黄永玉当时已是84岁高龄，特地为本次画展创作了《中国能量》（《中国 =MC^2》），画幅为260厘米 ×196厘米，用五色、五环、鸟巢、和平鸽、大树、世界杯等造型构成，融入了奥运、体育、和平等元素。范曾为这次展览专门创作了大幅体育题材绘画《奕秋课徒图》，表现古代著名棋手奕秋教弟子的故事；画幅为195厘米 ×506厘米，两侧各一只白鹤，右侧为苍松岩石，左侧为瀑布流云。

除了黄永玉、范曾等书画名家作品外，坦博艺苑珍藏的奥运艺术品还开创了5项“世界之最”：

最大的油画作品《盛世梵歌》，150米 ×11.7米，可独立切割，每部分都自成一体，创作者为缅甸籍华人墨客。

最大的中国传统山水画作品《燕京十咏图》，120 米 ×10 米。

最大的泼墨山水画《大好荷山》，103 米 ×10 米，创作者为国防大学艺术学院崔自默博士。

最大的行楷书法作品《道德经》，105 米 ×10 米，书写者为雒三桂。

最大的行楷书法作品《论语》，135 米 ×12 米，书写者为苏俊卿。

在国际奥委会的授权下，白十源先生在坦博艺苑建立了“永恒的奥林匹克艺术中心”，将入选美术大会的艺术珍品收藏陈列于此。艺术对青少年的健康成长和世界观的形成具有潜移默化的作用，通过艺术传播了真善美，对社会文明进步能起到积极的作用。这既是坦博艺苑设置奥林匹克艺术展的初衷，也体现了创办人强烈的文化责任感和历史使命感。

第六章
泓文博雅艺术馆

“泓”指大而深的潭水；“博”根据《说文解字》中的描述，“十”意为四方中央齐备，“尃”有分布之义，合起来，“博”是宽大丰富的意思；“雅”则有高尚、规范、不俗之意。“泓文博雅”的内涵是：对文化艺术有深刻见解并希望四方汇聚、集广大丰富之所在。

泓文博雅以弘扬和传承中华优秀传统文化为己任，以中国传统文化为依托和纽带，秉承“艺术引领生活，艺术融入生活”的经营理念，打造集原创设计，展览展示，学术交流，艺术品收藏，传统文化的传承、传播于一体的文化创意产业基地。泓文博雅艺术馆涵盖红木家居文化馆、唐卡及坛城艺术馆、原创手绘丝巾艺术馆等。

一、钟情红木文化

红木文化是中国传统文化的一个代表。红木文化作品简称红木制品，其艺术和价值是以红木木材作品作为载体来体现的。红木制品以其独有的三大属性（实用性、艺术性、增值性），在历史上一直是皇宫、巨贾等非富即贵的上流社会的宠儿。近年来，随着国民经济的高速发展，越来越多的高文化素质、高品位追求的社会精英人士倾情于红木这一精英文化艺术。

泓文博雅旗下家居艺术设计研究院汇聚了众多顶级设计师及传统家具的能工巧匠，所打造的红木家具因原创设计以及造型美、工艺精、材质真而闻名。其红木家具涵盖了客厅系列、卧室系列、书房系列、餐厅系列、办公系列、会所系列、酒店系列等多种类型的红木产品。作为全国红木家具龙头骨干的泓文博雅文化创意产业基地，泓文博雅全程参与了红木家具通用技术条件国家标准、《中国红木消费指南》、红木制品国家标准的编写制定，以及红木国家标准的修订，为我国红木产业和红木文化事业的健康发展做出了突出贡献。

泓文博雅红木文化主要体现在以下 6 大方面：

（一）工艺传承

明式家具是中国家具乃至世界家具史上的丰碑，其红木家具文化传承与融合达到了顶峰，铸成了丰富的红木家具文化内涵和鲜明的红木家具技艺特色，显示了红木家具蕴含的独特、儒雅的人文精神，不仅反映出中国古时木匠和文人的思想追求，更传承着中国优秀传统文化。如今科技高度发展的今天，人们在拥有充裕的物质生活的同时，进而欲品味儒雅的文化生活，使明清家具再度以“传统时尚”成为一种追求。红木家具不只是家居用品，还是一种文化，通过红木家具的技艺本身，可看到技艺和文化的传承都是家具文化。其工艺传承具备工匠精神，用执着的工匠精神让红木家具技艺和文化经久流传，保持着红木家具本身应该具有的独特魅力。

一件精美绝伦的红木家具，不仅要讲究上等的材质，而且要讲究精湛工艺。秉承先辈的传统红木技艺，红木家具制作的传承工艺主要为榫、雕刮、磨、涂，五者缺一不可，这“五合一”构成了泓文博雅红木家具制作的精髓。

1. 榫卯结构

榫卯被称为“巧夺天工”的中国古典智慧，是中国传统木艺的灵魂，拥有着比汉字更早的民族记忆。榫，“剡木入窍”；卯，“以虚入盈”。凸出的部分是榫，凹进的部分是卯。榫与卯相扣，使各个组成部分契合为一。榫卯结构作为中国古代木制工艺的基本制作模式，在整件器物上，不用一钉、没有一丝的金属连接，全部采用凹凸结合的榫卯，采用纯手工制作。榫卯咬合，构成巧妙且富有弹性的框架，相互间的匹配更加浑

泓文博雅艺术馆的榫卯

然天成，天衣无缝。榫卯结构蕴含了力学、数学、美学和哲学的智慧，创造出“和谐”的木质器物，结构精确、扣合严密、间不容发，历经千年而存在，被誉为“家中国粹”。

2. 雕刻工艺

在古代手工制作时代，雕刻是一种加工技术与装饰方法，也是一个主要的制作过程。但到现代，雕刻已经是比较细微的了，它转化为一个构成理念、表达寓意的痕迹，特别是用作结构关系上的一种交代或是诠释。一般人理解的雕刻，可能就是浮雕、透雕、圆雕，实际上它更多的是形体的塑造。形体塑造作为一种雕刻的意向，是一种现代的表现方式。红木家具上所雕刻的图案纹饰，历经几百年传承，包括植物、器物、山水、神兽、故事等，应用在背板、支架等小细节上，反映了人们对祥和、幸福生活的向往以及天人合一的文化理念。泓文博雅的花鸟组合博古柜上雕刻着喜鹊和梅花，“梅”与“眉”同音，正对着“喜上眉梢”。雕刻牡丹纹、竹纹、祥云纹在家具上的大量应用，都有着吉祥的意味。

3. 刮磨工序

刮磨是打磨的前一道工序，是红木家具制作至关重要的一环。刮磨师傅使用蜈蚣刨、大小不一的刮刀、鸭嘴刨三种工具顺着木纹的方向，把肉眼不容易看出来的凹凸不平的表面刮平，使器物表面平整、光滑。

4. 打磨技术

“磨”作为家具制作的装饰工作，要绝对遵从主题形式，完成最后的形象塑造。磨不仅是技术员做打磨，更多的是对于这个产品作最后的琢磨。因此，磨这道工序是最后画龙点睛之笔，需要很精细地用粗砂纸、细砂纸，甚至是用鹿皮、纱布、绸缎去打磨，应该做到什么分寸，则全靠匠心慧眼。

花鸟组合博古柜

5. 涂装工序

涂装是对红木家具

擦漆

的天然保养。泓文博雅的红木家具被称为大漆红木家具。大漆也称生漆，是我国特有的一种产品，已有几千年历史。生漆是指在漆树上割开树皮流出白色汁液，将其经过加温熬制为清澈透明、具有特殊芳香味的天然物质。这种漆树分布在我国南方的贵州、云南、四川、陕南、湖北等地，需要时切开树皮，收集起来即可，这一点和天然的橡胶割法一致。随着现代科技的发展，木器漆已经发展为以化工树脂为主要原料的产品，而这种土法熬制的大漆只能用在红木家具、高档漆艺制品上。

红木家具生漆工艺以绿色环保的生漆为主要原料，其极强的附着力和抗酸碱、耐腐蚀性，对红木家具能产生长久的保护作用，并具备良好的装饰效果，这也是生漆在泓文博雅红木家具涂饰工艺中备受青睐的原因。

（二）国际交流

中国古典红木家具为中国家具走向国际做出了卓越的贡献。在现代这个信息飞速发展的时代，各种文化之间的交流更加紧密。红木家具把中国本民族的文化与国际文化有效结合起来，扩大中国红木家具在世界的影响，充分展现中国家具文化的特色，保持中国传统家具文化的延续性，让世界通过红木文化了解中国。泓文博雅始终秉承“弘扬民族精神、振兴中华红木”的发展理念，在家具制作的过程中，始终心系中国传统文化的传承，在红木家具设计中，融会贯通中式古典设计元素与现代设计理念，达到材质与技艺的完美融合。

泓文博雅至尊“国礼”——“博古草龙屏风”曾作为国礼相赠塔吉克斯坦、哈萨克斯坦。

设计融入中式古典元素。

福在眼前，通透典雅：屏风顶部雕刻蝙蝠、铜钱，喻义“福（蝠）在

博古草龙屏风

产品规格：2400 毫米 ×30 毫米 ×2130 毫米

产品用材：全大果紫檀

产品材质：缅甸花梨

眼前（钱）”；屏板以博古草龙为主要图案，龙为中华民族的图腾，博古龙首尾相连，代表着中华民族团结进取、人民兴旺和谐的兴旺景象。

“道八宝”：屏风中段以浮雕八仙手中所持法器来表达“八仙齐来，吉祥纳福”之意，寓意吉祥。“道八宝”也表达了中华民族面临困难时旷达超脱的文化理念、儒道互补的精神。屏风下部分采用铲底浮雕手法，雕刻博古纹，线条刻画工整流畅。

伸缩自由，适用广泛：屏风每扇用横木分成 4 个部分，每扇之间用纯铜合页相连，伸缩自如，屏风可长可短，适用各种空间。

木香怡人，防蛀杀菌：屏风采用缅甸大果紫檀木，材质硬重，特有的纹路内敛迷人，色泽温馨柔和，香气淡雅怡人，能有效防蛀、抗菌杀菌。

榫卯结构，打造红木家具万年牢：中国传统红木家具的灵魂就是榫卯结构，整套工艺采用榫卯结构，不使用一根铁钉，却能使用几百年甚至上千年，在人类轻工制造史上堪称奇迹。

（三）艺术品的特性

红木家具大多使用名贵珍贵木材制成，国际市场对完整保存至今的红木家具备加青睐。精湛巧妙的榫卯工艺，精美华丽的宜人造型，简洁流畅的雕刻工艺，以及历久弥新的文化底蕴，一直深受众多消费者的喜爱。

官皮箱——箱内有乾坤。

官皮箱，从宋代镜箱演化而来的一种体量较小、制作精美的小型器具。从名称上看像是为官府文书及印章收纳箱，实际上，官皮箱并非官用，也

官皮箱

不是皮制，而是指一种体型稍大的梳妆箱。一般由箱体、箱盖和箱座组成，箱体前有两扇门，内设抽屉若干，箱盖和箱体有扣合，门前有面叶拍子，两侧安提手，上有空盖。据考证，古代几乎每家每户都拥有官皮箱，官皮箱应为日常用物，而且不少官皮箱内藏铜镜镜支以及雕有花纹雕饰，如吉祥图案或鸾凤花鸟，这样看官皮箱更像是闺房收纳之器。

江南地区民间在迎亲之际，官皮箱里面会装上新娘的一些贴身细软或红枣、红蛋等喜庆之物，用红色包袱包裹后，让夫家人先背走，俗称“背官箱”，寓意升官发财，大吉大利。女子的妆奁，便是她的陪嫁之物。估计这里的“官”字应来自民间新郎被称为“新郎官”、妻子对丈夫敬称为“官人”。大部分官皮箱都有拍子、锁鼻，有些还有夹层、暗室来看，官皮箱还具有一定收藏贵重物品的功用。明清时期，比较流行用官皮箱盛装文件、账册、契约或珍贵细软物品。它的顶部有箱盖，攒框面心箱门，铜活精美，两侧安拉手，方便搬动，收纳一些珍贵之物，且能分门别类归置。它具有一定防盗功用，出门时便于携带，常被用于官员巡视出游之用，故北京匠师俗称为“官皮箱”。

明清的官皮箱做工多精巧考究，为了美观，抽屉面上是看不到明榫的，一般在里面；箱子上的铜件制作精巧，整个箱子看上去精美绝伦。

泓文博雅的这款官皮箱为黑檀木（卢氏黑黄檀）框架，嵌花梨瘿木面板。雕花精致的铜锁，变幻莫测的瘿木花纹，温润如玉的珍贵原木，既可作为收纳用具，也可作为工艺品摆设，美观实用。

（四）保值增值特性

品质上乘、年代久远的中国传统红木家具，集实用、观赏和保值性于一体，是中外收藏家梦寐以求的珍品。因其材料的稀缺性和工艺的坚守，使得红木家具的保值增值被人们所认可。红木原材生长期和成材周期非常漫长，对于几代人来说都是不可再生资源，目前国内的传统红木用材如黄花梨、酸枝基本已被开发殆尽，原料十分稀缺，加上近年来，东南亚各国严控木材出口，只有少量的木料补充，市场货源紧张，这就从根本上决定了红木的升值潜力巨大。

泓文博雅是红木家具品牌，生产采用国家专利技术标准，备有红木原材基地。云集众多的知名红木专家，拥有丰富的红木鉴赏与收藏经验。泓文博雅所有红木家具均取材于世界最佳红木产地东南亚地区，选材苛刻之致，红木产品定位高端红木家具制作，汇集最优资源倾力打造。泓文博雅作为红木家具文化的传承者，制作的每一件红木家具都是真材实料、真工实技倾力打造的“真”品。

（五）中国风的重要体现

红木家具是中式家具装饰的其中一种，却频频被称为中式的典范。从明式、清式家具，到古典家具的统称，再到新古典家具的风行，以及现在新中式家具的广泛认可，都是因为红木家具迸发出来的气质有着浓浓的中国风，深厚的中国文化底蕴。目前在国际上看来，红木家具从制作到内在的文化，都映衬了中国的传统文化符号。

中国传统红木家具自明末进入技艺之巅峰，此后代代相传，绵延至今。如今中国传统红木家具文化已成为世界文化遗产的一部分，举世公认，日久弥香。

泓文博雅的红木家具传承了中国传统红木家具的特有气韵，讲求精、巧、简、雅。

精，古典家具选材名贵精细，每一块木材的纹理和每一道的雕刻都处理得精准细微，纹饰都隽永而精美。巧，中国传统家具榫卯结构之奇特，无不让人感叹工匠的聪明才智，虽经历岁月沧桑变换，家具依然间不容发，坚定牢固。简，中国传统家具的雕刻工艺是一个繁简融会、返璞归真的过程，传统明式家具的造型简洁撷秀，没有烦琐的各种修饰，尽显简约的自然风情。雅，一种谐共生美的境界，木质上的异曲紊乱的纹理，家具上美轮美奂的装饰图案，共同造就了传统家具雅致脱俗的艺术魅力。气韵是中国传统家具的文化内涵，家具的气韵不是空洞的，它渗透到家具的每一根线条之中，体现在每一个造型中。

红木家具的传统已经发展了几千年，其本身的典雅气质以及遵循的生活方式和生活态度，让中式古典生活的美学价值渐成主流。红木家具可以称得上是中国传统文化的集大成者。从形制反映出礼制与伦理、从工艺反映出精进与和谐、从用材反映出坚韧与传承、从色泽反映出内敛与质感，甚至一处边角、一根线条、一个榫卯结构都可以从中国古代哲学中找到依据。在发展的过程中，红木家具传承的不仅仅是工艺制作，还有历史文化的积淀。红木文化，伴随着中国人对家的信仰，从古代延绵至今，在一代又一代人的生活中繁华绽放。契合中国传统审美的中式红木家具，从结构、造型、雕刻装饰、选材、性能、色泽、纹理等都表现了高度完美和统一：深厚的历史文化底蕴，巧夺天工的工艺，严谨的结构，流畅的线条，沉稳天然的木质纹理，符合中国人“天人合一”的理念。

泓文博雅的圈椅

（六）家文化和家国情怀特性

中国人以“修身、齐家、治国、平天下”来说明“家”与“国”的关系。“家”对中国人有着特殊的意义，从家庭到家族、到国家、到家国天下。“一家仁，一国兴仁；一家让，一国兴让。”家风好，则族风好、民风好、国风好。作为拥有五千年历史的文明古国，我国从古至今一直以重视“家

泓文博雅的草龙翘头案

教”“家风”著称。家的体现又跟家具的选用关系密切。

家具作为人们日常的生活起居所使用的器物，一直伴随着人类的发展和家的变迁。如果说有哪一种家具能够将包含着“家”的文化流传下来，只有“红木家具”。因为红木几百上千年方能成材，在恶劣的环境中经过千百年的生长，吸收天地之精华，形成了远超其他木材的品质，正所谓“千年等一木，一木传千年”。红木家具之所以被人们追捧，不仅仅是因为红木材料的稀有，更重要的是红木家具内含的“家”文化，也代表的是经典和传承。

中国自古为礼仪之邦，在传统文化中，“礼”文化占据极其重要的地位。红木家具作为传统文化的载体，也深受“礼”文化的影响。中国人讲求桌宴之礼：尊卑有别，长幼有序。而坐具的制作和使用，会根据不同的场合而有所不同。在古代，长辈和晚辈各有不同的坐具与坐姿，不同的坐具表明了不同的身份，也表明了自身的位置与形象。坐具之礼，其实也正是为人之理，为文之理。古代尚儒学，而儒家倡导正襟危坐。红木座椅本身就是为了“塑形”而制造的，如官帽椅、圈椅等。坐上这些座具，我们就会气沉丹田，形成抬头挺胸收背的坐姿。古人认为，合乎礼仪的坐姿才能体现一个人的修养，身姿端正和心正、品行密切相关。从一定程度上来说，很多的传统家具反映出当时“礼”对人的善意引导。

每件红木家具都述说着中国人的生活方式和“家”文化。古代大户人家厅堂中必不可少的家具便是中堂家具，一几两椅，一条案。在古代，父母早晚便坐在中堂椅子上，儿孙们前来问安叩拜，每逢节日，便在条案上供奉祖先。而红木家具便是中华礼仪的一个缩影。很多时候，家具不仅具有使用功能，也承载了人们对家的感情和记忆。岁月悠长，回忆久远，家具见证了一个家庭的团聚和分离，荣辱和兴衰，见证了人们的成长与衰老，喜怒和哀乐。传统红木家具是中国文化和历史的传承。它不仅仅是一件家具，供你使用；同时更是一件艺术品，供你欣赏；还可能是一件收藏品，具有收藏价值。家里摆放几件红木家具，通过欣赏它们，从中可以体会到中国文化的博大精深，感悟古人的智慧。

二、丝巾游过梦幻

泓文博雅原创手绘丝巾艺术馆坐落于泓文博雅文化园区，馆内陈列的丝巾作品皆由泓文博雅家居艺术设计研究院与清华大学美术学院等高校的专家学者原创设计，所有丝巾作品均以手绘为创作方式。

馆内陈列的原创手绘设计丝巾以代表中国文明的丝绸作为文化载体，以传统元素为出发点，向现代生活方式延续，将中国传统文化与时尚潮流相结合，使中华传统文化通过现代丝巾传承创新。

《盛唐气象》：设计源于唐朝著名宫廷画家张萱的《虢国夫人游春图》。丝巾创作时打散重构绘画元素，点缀以富丽吉祥的盛唐花卉图案，以体现当时的奢华生活氛围以及大唐的繁荣盛世。

一幅幅不同主题的原创手绘艺术丝巾，描述着不同背景和内涵的中国符号。泓文博雅的艺术设计巨匠通过探索对传统文化符号的理解，将其概括提炼，转化为新的设计元素运用在丝巾设计中，挖掘和激发出文化力量和现代设计的生命力。将丝绸作为东方文化与情感的材料语言，用最具东方艺术魅力的视觉元素和新视角的创作方式，设计出实用与艺术相融合的丝巾佳作。

泓文博雅的原创手绘艺术丝巾，寓意吉祥，大方雅致，融入了我国56个民族的文化元素，以祥云、龙、剪纸、戏剧脸谱、民族服饰、瓷器、织绣、漆器、风筝等元素进行构图和创意，这些独具中国传统文化神韵的元素和丝巾的完美结合，是中国传统文化的艺术结晶和精致载体。

手绘原创丝巾《蒙族长歌》体现了极具民族特色的设计理念及其所蕴含的蒙古族文化。设计取材于中国蒙古族的金银饰品——头饰和腰饰。蒙古族酷爱装饰，工艺精美，女人佩戴金银头饰、首饰，男人腰坠银挂件已成时尚，从饰品纯朴的纹样中，可以诠释和解读蒙古族配饰的特点以及游牧民族文化的意韵和生活习俗，从中体察蒙古族深远的文化内涵和生活情感。丝巾图案在概述蒙古族地域文化的基础上，总结了蒙古族传统服饰图案的古朴、神秘、自然、交融之美。丝巾的图案设计兼顾蒙古族传统服饰图案的题材、构成、色彩三方面，丰富了现代丝巾的图案设计表达；从满足当今人们对于现代丝巾追求美好寓意、展现灿烂民族文化的寄托出发，体现了现代丝巾设计中对蒙古族传统服饰图案的创新应用，以此推动对蒙古族文化的传承保护和现代丝巾设计工作的创新。

三、藏传臻品唐卡

泓文博雅的唐卡艺术馆，收藏有泓文博雅艺术馆馆长潘海英珍藏的百余幅唐卡作品。唐卡既是藏族独具特色的历史文化瑰宝，也是中华民族艺术的瑰宝，其精美的绘画艺术形式展示了藏族的历史、文化、科学、民俗生活等方方面面。2006 年，唐卡被列入我国第一批国家级非物质文化遗产名录，2009 年被联合国教科文组织列入人类非物质文化遗产代表作名录。

唐卡，系藏文音译，指用彩缎装裱后悬挂供奉的宗教卷轴画，是雪域高原藏族文化中独具特色的绘画艺术形式，题材内容涉及藏族历史、政治、经济、文化、建筑、医药、天文历算等诸多领域，被誉为“藏文化的百科全书”。传世唐卡大都是藏传佛教和苯教作品。唐卡是一种浓墨重彩的工笔画，颜料传统上都采用金、银、珍珠、玛瑙、珊瑚、绿松石、青金石、孔雀石、朱砂等珍贵宝石金属，以及藏红花、

手绘原创丝巾作品：釉色满韵

手绘原创丝巾作品：盛唐气象

手绘原创丝巾作品：蒙族长歌

大黄、蓝靛等植物颜料，以示其神圣。唐卡画师把唐卡绘画需要的所有颜料分为九类：土、石、水、火、木、草、花、骨和宝石。这些天然原料保证了所绘制的唐卡色泽鲜艳，璀璨夺目，虽经几百年的岁月，仍是色泽艳丽，因此被誉为中国民族绘画艺术的珍品，是这个世界上能看到的最神圣的艺术之一。

公元7世纪左右，随着佛教大量传入，西藏境内大兴建寺修庙之风，寺庙内壁画、塑像等都由尼泊尔和中国的画家、雕塑家所塑绘，以后，西藏历代画师经过若干世纪的实践，将早期流行的印度—尼泊尔样式与汉地元明清艺术因素加以融会贯通，逐步形成了唐卡这一藏民族独特的宗教绘画样式。唐卡内容脱胎于深邃广博的哲学思想，成熟于一脉相续的超凡技艺，展示出生命内在的清净与光明。

传统唐卡画布以棉布、丝绸为底，也多制成卷轴画，便于携带，满足了雪域高原游牧民族的宗教生活需要，成为他们可以随身携带的崇拜物，又称“流动的壁画”。唐卡绘制要求严苛、程序极为复杂，必须按照经书仪轨及上师的要求进行，包括绘前仪式、制作画布、构图起稿、着色染色、勾线定形、铺金描银、开眼、缝裱开光等一整套工艺程序。因此，制作一幅唐卡用时较长，往往要历经几年甚至是十几年呕心沥血创作而成，因此被收藏家视为珍宝。

在题材上，唐卡分为宗教类唐卡和非宗教类唐卡。每幅唐卡一般描绘一个较完整的故事，画面景物随故事情节的需要而变化，不受历史、时间、空间的限制；画面人物也不受远近透视关系的影响，构图均衡、丰满、多变。

随着老一代有造就的大师年迈或者相继去世，唐卡传承的机会越来越少，加之专注和专业的研究人员匮乏，以及绘画颜料多使用现成的化工颜料而基本不用传统的矿物植物颜料，唐卡的制作传承渐入濒危状况的可能性越来越大。

以弘扬和传承传统文化为己任的泓文博雅艺术馆，自2016年以来已连续举办了5届“唐卡、坛城艺术展”，并于2019年7月走进中国最高美术殿堂——中国美术馆，举办了“须弥胜境　彼岸莲华——藏传臻品唐卡艺术展”，旨在向大众传播唐卡、坛城艺术的悠久历史、精湛独特的绘画技

《觉卧释迦牟尼佛》
尺寸：71 厘米 ×98 厘米
年代：14 世纪
类型：彩唐卡

《六臂玛哈嘎拉》
尺寸：58 厘米 ×78 厘米
年代：15 世纪
类型：缂丝唐卡

艺、博大精深的文化内涵，彰显独特的艺术魅力。泓文博雅馆藏的齐乌冈巴、觉囊、钦则、嘎玛、勉唐等不同风格的新老唐卡，以古老的传承方式绘制，绘画技艺完全参照经典记载，是“画师在修行中绘画，在绘画中修行”的结晶。

觉卧释迦牟尼佛，金色身相，佛冠高带，身躯挺拔，宽肩细腰，呈端庄寂静相，身佩耳环、颈饰、瓔珞、镯钏等 8 大饰件。造像严谨、形式规范、色彩丰富厚重，图画进行明暗渲染与图文装饰，带有印度、尼泊尔的绘画风格。华丽六饰法座靠背之顶部是大鹏金翅鸟，向下分别为龙女、摩

《财宝天王》
尺寸：130 厘米 ×192 厘米
年代：18 世纪
类型：彩唐卡

羯鱼、童子、独角麒麟、白象。主尊四周眷属围绕，排列有序，姿态优美，面容精致。

六臂玛哈嘎拉又称摩诃迦罗、大黑天神等。此尊一面六臂两腿，红圆三目怒睁，身披一张白象皮，手上各持一件法器，脖子上悬有青蛇、项链，脚脖和手腕上还缠着白蛇，象征把龙王和药叉都降服，腰间围着虎皮裙，环绕着颗颗人头骷髅，身色黑蓝，遍体发出烈火光焰。

缂丝是中国传统丝绸艺术品中的精华，是中国丝织业中最传统的“挑经显纬”，是极具欣赏装饰性的丝织品，它采用“通经断纬”的织法，而一般锦的织法皆为通经通纬法，即纬线穿通织物的整个幅面。宋元以来，缂丝一直是皇家御用织物，常有“一寸缂丝一寸金”和“织中之圣”的盛名。缂丝有极高的技术含量，复杂的工艺流程，一件缂丝作品需要几个月甚至一年以上的制作时间，要求极高的工艺环境，加上后继乏人，使缂丝作品弥足珍贵。2006 年 5 月，苏州缂丝织造技艺入选第一批国家级非物质文化遗产名录；2009 年 9 月，缂丝又作为中国蚕桑丝织技艺入选世界非物质文化遗产。

财宝天王是佛教四大天王之一，又称北方多闻天王。它不仅是天界的守护神，也是人间的财富之神，是掌管一切财宝富贵、护持佛法的善神。唐卡《财宝天王》中主尊财宝天王身金黄色，一面二臂，头戴缀满珠宝的五佛冠，身穿黄金铠甲，外套华贵的丝绸天衣，圆睁两眼，满鬓胡须，以菩萨如意坐姿，盘腿骑坐于伏地绿鬃白狮之上；右手不停转动宝幢，产生源源不断的财富，左手抱吐宝鼠，能吐无尽珍宝。其麾下八大财神，骑骏马，身着铠甲，面貌威武而不狰狞，左手皆托吐宝鼠，左右各持一件法器，各据一方。

第六编　馆藏科技文化

第一章 中国印刷博物馆

中国印刷博物馆位于大兴区黄村兴华北路，是传承传播中国优秀传统文化，普及中国古代“四大发明”之印刷术所代表的印刷出版文化的公共

毕昇像

蔡伦像

王祯像

王选像

文化服务机构，是目前世界上规模最大的印刷专业博物馆。中国印刷博物馆先后被确立为全国科普教育基地、全国爱国主义教育示范基地、国家3A级旅游景区。

毕昇（约970~1051），汉族，北宋湖北英山人。他在宋仁宗庆历年间（1041~1048）发明的活字印刷术是印刷史上的一次伟大革命，是中国古代四大发明之一，对人类文化的传播和世界文明的进步做出了杰出的贡献。

蔡伦（？ ~121）字敬仲，东汉桂阳郡人。蔡伦改进的造纸术被列为中国古代“四大发明”之一，对人类文化的传播和世界文明的进步做出了杰出的贡献，千百年来备受人们尊崇。

王祯（1271~1368），字伯善，山东东平人，著名的农学家，他在印刷技术上的另一大重要贡献是发明了转轮排字盘，是排字技术上的一个创举。

王选（1937~2006）生于上海，江苏无锡人，中国科学院院士、中国工程院院士、第三世界科学院院士，北京大学教授。他是汉字激光照排系统的创始人。他所领导的科研集体研制出汉字激光照排系统，为新闻、出版全过程的计算机化奠定了基础，被誉为“汉字印刷术的第二次革命”。

一、印刷术启迪世界文明

印刷术发明至今已有1400多年。从雕版到泥活字，从泥活字到铅活字，从激光照排到数字印刷，它们的发明、发展及应用，无不浸透着中华民族为了文化流传而倾注的智慧和汗水。在这段悠久的历史文化孕育中，在这灿烂的文明古国里，代代印刷人以他们精湛的技艺与智慧为中华民族留下了宝贵的文化遗产。

（一）印刷术的发明与演变

印刷术源远流长，在源远与流长之间有一个节点叫发明。发明之前的准备时期是源，发明之后的发展与沿革是流。印刷术的起源，指的就是发明印刷术必不可少的物质基础、技术演进、文字规范、社会需求这4个前提条件的演进过程。

一是物质基础：作为工艺技术，印刷术离不开文房四宝和刻版、刷印

文房四宝

工具，这些工具的成熟奠定了印刷术发明、发展的根基。尤其是纸张的发明和运用奠定了印刷术发展的基础。这也是为什么印刷术会最先出现于中国的一个重要缘由。二是技术演进：印刷必有印版，印版是手工雕刻的，用的是手工雕刻技术；印版上的图文通过刷拭转印到承印物上，用的是转印复制术。刻制印版的手工雕刻技术和用于刷印的转印复制技术的成熟，需要漫长的演进过程。商周以来的印章工艺及拓印技术为印刷术的出现提供了一个重要的技术借鉴。三是文字规范：文字是信息的载体，文字从仓颉造的图画文字，历经商朝的甲骨刻辞、西周的大篆铭文、战国秦汉的小篆和隶书，到东汉的楷书，才臻于完善与规范。为以纸为承印物的雕版印刷术的发明做好了前期准备。四是社会需求：社会文化发展是印刷术从起源到发明与发展的原动力。无社会文化、精神需求，印刷术的发展无从说起。隋唐时期推行科举制度，极大地刺激了社会对应试书籍的需求。此外还有民间节令节气记载的历书、年历需求和宗教经文

馆藏《春秋经传》，南宋杭州精刻本

经像刻印传诵的需要。这 4 个条件具备之后，印刷术应社会文化发展之需应运而生。

1. 雕版印刷术

最早发明的印刷术是雕版印刷术，约起源于隋唐之际（7 世纪），并沿着 3 条脉络发展起来，一是科举制度推动的教育需求。二是民间坊刻雕印年历、字帖等生活、文化用品。三是佛教信徒们用于印刷佛教典籍和佛像。进入宋代以后，雕版印刷业进入鼎盛时期，纸、墨及刻印技艺更为精良，官方刻印、书坊刻印和私家刻印都十分繁荣。印刷出版的繁荣极大地推进了宋代科技文化发展，雕版印刷术对文化的传播起到了重要作用。

2. 活字印刷术

活字印刷术是用活字排成印版，然后施墨印刷。这一工艺技术，主要由活字制作、拣字排版、施墨印刷、拆版还字四大工序组成。活字是将单个文字镌刻或翻铸在某种材质上的单体文字，其工艺称为活字制作。活字制作是活字印刷的第一道工序，将单体活字按版面要求拣排成活字版，再施墨印刷出印刷品，叫作活字印刷。活字印刷使用的活字可分为多种材质，如泥活字、木活字、锡活字、铜活字、铅活字等。活字印刷术的发明是印刷史上一次伟大的技术革命。北宋布衣毕昇在宋仁宗庆历年间制成胶泥活字，实行排版印刷，标志着活字印刷术的诞生。他是世界上活字印刷术的第一个发明人，比德国人约翰内斯·谷登堡活字印刷术早约 400 年。1297~1298 年，农学家王祯不仅创制了木活字印刷术，还发明了轮转排字架，这是世界上最早的排版印刷机械设备。中国不但发明了雕版印刷术、泥活字，而且在使用木活字、金属活字等方面都是世界最早的。

3. 套版印刷术

套版印刷，广义来说，是指包括印后填色、一版多色、分版套印和彩色叠印在内的多种印刷方式的套印工艺；狭义来讲，则指分版套印和彩色叠印的套印工艺。从宋代开始，中国就出现双色套印技术，到元代已正式用于印书，而且从双色发展到三色、四色套印。明代首创的彩色套印，是世界上最早可以印出近似于绘画原作的、有渐变层次的印刷品。从宋代起出现了铜版印刷，这说明早在宋代就已经基本解决了适于金属版所用的印墨的技术问题。总之，在印刷史上，中国的发明是多方面的，是逐步完善的，它对人类文明和社会进步的贡献是巨大的。

（二）印刷业的产生与发展

我国的印刷业始于隋唐之际雕版印刷术出现以后，宋元时期皆有发展，而真正繁荣起来则是在明代中后期市井俗文学兴起之后。从这一时期到清朝末年，中国古代的传统印刷行业一直稳步发展。

1. 印刷业的产生与发展

隋末唐初发明的雕版印刷术，在唐朝中后期普遍使用，到宋朝初年，造就了一代又一代雕版印刷的手工业工匠，他们的技艺一代超过一代。纸和墨是印刷的主要原料，造纸业和制墨业的发展，必然影响到印刷业的发展。正是由于宋代造纸、制墨业的兴盛，才保证了印刷业有足够的原料，也对印刷业的发展起到了促进作用。造纸手工业作坊遍及全国各地，最有名的有安徽宣城的“宣纸”，浙江嘉兴的“田拳纸”，湖北的“蒲圻纸”，江西抚州的“草钞纸”，四川的“蜀笺”等。在继承唐代先进造纸技术的基础上，造纸技术和工艺在宋代又有新的突破。其中最主要的改进就是利用水作动力进行打浆，这种设备称为“水碓”。采用水碓打浆，提高了制浆工效。另外，宋代的制墨业也很发达，不但产量高，而且质量好。

纸、墨、刻、印是雕版印刷的四大要素，宋代印刷业的繁荣，得力于这 4 个方面的共同发展，互相促进。

宋代印刷业之所以出现高度的繁荣和发展，成为中国古代雕版印刷的鼎盛时期，主要有以下六点原因：一是政府对印刷业的重视，北宋初年，政府就十分重视印版的收集和重要典籍的印刷，有计划有分工地刻印了经、史、子、集等书，建隆四年（963）刻印了《刑统》一书，是北宋官方刻印的第一部书。二是政府对印刷业的开放政策使得民间印刷十分活跃，形成了汴京、杭州、福建、四川、江西等几个印刷业较集中的地区。三是印刷数量和种类大增，经、史、子、集以及农业、技艺、医学等书都曾大量印刷。四是佛经印刷活跃，多次刻印佛经总集。五是首次印刷发行纸币，开创了有价证券印刷及商标包装印刷的新纪元。六是纸、墨的制造技艺及雕版技艺更为精良，书籍的印刷质量达到历史高峰，版式趋向规范化，开创了册页蝴蝶装的新型书籍装帧形式，并且首次使用金属版印刷。

2. 中国古代印刷业的兴盛时期

明代（1368~1644）是中国古代印刷业发展的顶峰。司礼监是政府最大的印刷部门，所设的司礼监经厂（印刷工场）规模庞大。据万历《大明会典》记载，司礼监经厂有刻版工匠 350 名，印刷工匠 134 名，擢配工匠 189 名，装订工匠 293 名，还有制笔、制墨工匠数十名，总数超过千人，为古代最大的印刷工厂。司礼监经厂主要承印由皇帝批准印刷的各种书籍，印刷量最大的是《佛藏》《道藏》《番藏》，以及每年度的《历书》。

明代时期除推行雕版印刷外，尚有铅字印刷，且改为宋体字，使印刷效果更佳。套色印刷又有进展，可以套印多种颜色。印刷业以民营为主，官府虽也印书，但更大量的印书均来自民间书坊，其中有不少民间书坊颇具规模。随着出版、印刷的发展，插图本书籍越来越多，特别是文艺类图书和科技类图书的插图，成为书籍的主要组成部分，更便于读者的理解。明代是我国古代印刷的全盛时期，其主要特色是：雕版印刷技术更为精湛，除雕版外，木活字、铜活字广泛应用；专用印刷字体成熟并广泛应用；出现了彩色套印技术；印刷规模大、品种多、地域分布广。

促进明代图版刻印技术发展的有 3 个方面的因素：一是出现了一批图版雕刻高手为提高图版质量提供了技术基础。二是一批著名画家参与画稿，为图版提供高水平的原作。三是出版印刷业的发展使竞争更为激烈，促使出版印刷者在提高品质、增加种类、活跃版面上下功夫，大量插图本的出现就是这一社会环境的产物。

司礼监经厂是明代政府最大的印刷工场

3. 近代印刷业的产生

我国古代的印刷技术，到明代已发展到高峰，到了清代，这种传统技术没有新的突破，只是应用领域更为广泛，技艺更为熟练。清代后期，西方的铜合金活字印刷及近代技术开始传入我国，从而逐渐代替了原有的传统技术工艺，使我国的印刷技术进入一个新时期。

晚清，作为曾国藩力倡的“文化中兴”举措之一，于同治三年（1864）在江宁（今南京）开设了金陵书局，成为清末第一家官书局。此后遍及全国各省的书局相继成立，刻印了一批质量较好的书籍，史称“局本”。这些刻本在编纂、校勘雕印和装潢上都达到了很高的水平，丝毫不逊于清初的“殿版”，演绎了一段中国雕版印刷史上最后的辉煌。官书局是清末地方官刻的主要代表。它产生于雕版印刷日趋没落、新的印刷技术日渐兴起之际，具有承前启后的作用。铅活字印刷在中国普及后，推动了中国近代民族印刷工业的兴起，使中国的印刷业由手工作坊进入近代化机械工业生产阶段。

（三）印刷术的世界传播

人类命运共同体把生活在同一个星球上的世界各国人民紧紧联系在一起。中国古代“四大发明”之印刷术被誉为人类“文明之母”。中国印刷术的传播，进而推动形成的世界印刷文明，对于推进人类文明交流互鉴、文明进步以及文化多样性发挥了不可替代的作用。

随着中外文化交流，印刷术在元代及其以后，传播到世界各地。朝鲜 1376 年用木活字印制了《通鉴纲目》。日本称木活字为“一字板”。1593 年日本用木活字印刷了第一部《古文考经》。越南用从中国传入的木活字，在 1462 年印刷了中越唱和诗。1492 年活字印刷术传入西亚各国，波斯在大布里士城印刷纸币。印刷术又从西亚传入非洲，14 世纪埃及在法雍发现了 10 件印刷品，与中国印刷方法相同。16 世纪摩洛哥开始活字印刷。接着活字印刷术传入了意大利、瑞士、捷克、法国、荷兰、比利时、西班牙、英国等。活字印刷术揭开了人类文化史的新篇章，人类从此进入了一个文化创造的新时代。

1450 年前后，受中国活字印刷术的影响和启发，德国人谷登堡发明了铅活字印刷机，开启了机械印刷时代。铅活字印刷机是利用铅、锑、锡 3 种金属按比例配比熔合而成的铅活字排成完整版面进行印刷工作的印刷机。在中国印刷术弘扬几百年之后，铅活字印刷机的发明，使世界范围内印刷术的发展有了一次质的飞跃。

谷登堡对印刷技术改进之后，欧洲绝大部分的书籍都只要几十种小方块就能印出来。人们可以在短时间内大批量地生产完全相同的书籍，并且逐渐出现了期刊和报纸，带动了出版领域的繁荣与发展，也扩大了学术思想的传播。当时正值欧洲文艺复兴前期，由于社会经济、科学文教和基督教的发展，对读物的需求量迅速增加，因而极大地刺激了印刷术的发展。很短的时间内，谷登堡的金属活字印刷技术便由美因茨扩散到了德国的其他城市，接着席卷欧洲各国，成为主要的宗教和文化传播手段。反过来，印刷业的兴起又极大地推进了欧洲科学文教的繁荣和整个社会的进步。

1798 年，德国出生的塞纳菲尔德发明了石版印刷术。

1827~1839 年，法国人约瑟夫·尼普斯与路易斯·达盖尔发明了具有实用价值的照相术。

1838 年，美国人布鲁斯在纽约发明手摇铸字机。

1843 年，美国人理查德·马奇·霍伊发明了轮转印刷机，并于 1847 年获得专利。

1856~1868 年，法国人柏德范于 1856 年发明了珂罗版摄影术；1868 年德国人约瑟夫·阿尔贝特发明了珂罗版印刷技术。

1904 年，德国人卡斯帕·赫尔曼和美国人艾拉·华盛顿·鲁贝发明了胶印技术。1907 年美国人海尔曼制成第一台胶印机。1911 年上海英美烟草公司首先引进小型胶印机。1915 年和 1918 年商务印书馆和中华书局相继引进海立斯胶印机和全张胶印机。此后，石版印刷逐渐让位于胶版印刷。

二、现代印刷出版业的兴盛与文化传播

中国出版文化这种精神活动包括人们对所有与出版行业相关内容的发明、创造、思考以及推广与传播、继承与发展。晚清到民国的近百年间，中国社会动荡不安，内忧外患。在这样的社会背景下，许多有识之士开始探索救国之道，其中，文化救国和实业救国在出版行业交汇成一股强大的力量，铸就了民国时期出版文化的辉煌，五四新文化运动的发起也推动了民国时期图书出版行业的变革。民国时期的图书出版主要分为教会出版、外商出版、官办出版、民营出版和文学团体出版。民营出版是民国时期出

版行业的重头戏，主要的民营出版机构有商务印书馆、中华书局、开明书店、世界书局、大东书局、有正书局、良友图书印刷公司等，其中最具有影响力的莫过于商务印书馆和中华书局。

商务印书馆是中国出版业中历史最悠久的出版机构，1897 年创办于上海，创办人为夏瑞芳、鲍咸恩、鲍咸昌、高凤池等。1901 年，张元济投资商务印书馆，代印张元济与蔡元培创办的《外交报》。1903 年 10 月正式成立商务印书馆有限公司，吸收日资，改进印刷，首次使用著作权印花，编印小学“最新教科书”，创刊《绣像小说》半月刊，译印《说部丛书》。开展以出版为中心的多种经营，编写大、中、小学等各类学校教科书，编纂《辞源》等大型工具书，译介《天演论》《国富论》等西方学术名著，出版鲁迅、巴金、冰心、老舍等现当代著名作家的文学作品，整理《四部丛刊》等重要古籍，编辑“万有文库”“大学丛书”等大型系列图书，出版《东方杂志》等各科杂志十数种，创办东方图书馆、尚公小学，制造教育器械，拍摄电影等。商务印书馆的创立标志着中国现代出版业的开始。

1950 商务印书馆与三联书店、中华书局、开明书店、联营书店联合组织中国图书发行公司，为新华书店以外的中国第二个发行系统，1954 总管理处迁京，实行公私合营。1958 年，商务印书馆承担了翻译出版国外哲学社会科学名著和编纂出版中外语文辞书等出版任务，逐渐形成了以“汉译世界学术名著”“世界名人传记”为代表的翻译作品，和以《辞源》《新华字典》《现代汉语词典》《英华大词典》等为代表的中外文辞书为主要支柱的出版格局。

中华书局于 1912 年 1 月 1 日在上海创立，创办人为陆费逵，初系合资经营，以编印新式中小学教科书为主要业务。1915 年改为股份有限公司，自办印刷所，增设发行所，是继商务印书馆之后成为国内第二家集编辑、印刷、发行为一体的出版企业。1954 年 5 月，中华书局实行公私合营，总公司迁至北京，同时在上海留有中华书局上海办事处，1958 年改组为中华书局上海编辑所。同年，国务院古籍整理出版规划小组成立，中华书局被指定为该小组的办事机构，成为整理出版中国古代和近代文学、历史、哲学、语言文字图书及相关的学术著作、通俗读物的专业出版社。

三、汉字印刷术的第二次革命

20 世纪 80 年代，中国人王选成功研制出汉字激光照排系统，被誉为“汉字印刷术的第二次革命”。王选汉字激光照排技术的创造发明，标志着汉字印刷领域开启了数字化的进程。

1975 年，王选开始主持我国计算机汉字激光照排系统的研究开发。当时国外已经在研制激光照排四代机，而我国仍停留在铅印时代，王选大胆选择技术上的跨越，直接研发汉字激光照排系统技术。针对汉字的特点和难点，他发明了高分辨率字形的高倍率信息压缩技术和高速复原方法，率先设计出相应的专用芯片，在世界上首次使用“参数描述方法”描述笔画特性，并取得欧洲和中国的发明专利。这些成果开创了汉字印刷的一个崭新时代，引发了我国报业和印刷出版业“告别铅与火，迎来光与电”的技术革命，彻底改造了我国沿用上百年的铅字印刷技术。汉字激光照排系统在中国广泛应用，使延续上百年的中国传统出版印刷行业得到彻底改造，被公认为“毕昇发明活字印刷术后中国印刷技术的第二次革命”，也为信息时代汉字和中华民族文化的传播与发展创造了条件。此后，王选又相继提出并领导研制了大屏幕中文报纸编排系统、远程传版技术、彩色中文激光照排系统、新闻采编流程管理系统和直接制版系统等。这些成果的推广应用使中国报业技术和应用水平处于世界前列。

激光照排机

时至今日，王选主持研发的汉字激光照排系统，不仅依然深刻影响着中文出版业，也担当着互联网上中文世界的奠基者。

四、印刷文化的传承与弘扬

所谓印刷文化，即由“印刷”与“文化”两个概念组配所形成的范畴体系。印刷文化的基本特质是印刷术对人类文明发展与传播所产生的影响及其成果。从研究视角看，印刷文化不同于印刷史，它不是仅仅对线性的、纵向的历史过程的关照，同时要考察印刷技术、印刷行业、印刷学科等领域与相关的社会、历史、人文等因素互相作用所构成的综合信息与知识领域，研究它们之间相辅相成的建构关系。除此之外，印刷文化的组成部分还包括印刷术本身的基本理论和技术及其对社会的影响和相互关系，以及印刷行业的文化及其社会价值等。这些纵横交错的领域构成了印刷文化的知识场域。

（一）印刷文化遗产的活态传承

印刷术是我国古代的四大发明之一，为人类文明做出了巨大贡献，被称为“文明之母”。毕昇发明了胶泥活字，经过发展、完善，产生了活字印刷。2010年，“中国木活字印刷技术”被联合国教科文组织列入急需保护的非物质文化遗产名录。

文化遗产是历史留给人类的宝贵财富。它从存在形态上分为物质文化遗产和非物质文化遗产。物质文化遗产是具有历史、艺术和科学价值的文物，如古遗址、古墓葬等；非物质文化遗产是指各种以非物质形态存在的传统文化，如表演艺术、社会风俗、节庆等。印刷文化遗产包括印刷品类的物质文化遗产，也包括技艺类的非物质文化遗产。非物质印刷文化遗产的保护不能局限于静态固化的记录延续，活态或再生产才是非物质文化遗产最好的保护方式。

1. 非物质印刷文化遗产传承

从物质文化遗产和非物质文化遗产这两方面来分析，我国的印刷文化遗产也相应地包含了这两个方面：历史上各时代印刷出版的重要文献、图书资料及相关的重要实物等可移动文物是物质层面的印刷文化遗产，历史上具有代表性和里程碑意义的各类印刷工艺技能，则称得上是非物质层面的印刷文化遗产。

从印刷术发明直至近代西方印刷技术（其本源也来自中国印刷术）兴起，中国古代印刷术领先世界1000余年，是中华民族最宝贵、最重要的科技和文化遗产之一。

木版水印技艺是京城老店荣宝斋的独门绝技。木版水印制作有勾描、雕刻、印制和装裱4道工艺。在制作中，根据原作笔迹的粗细、曲直、枯润、刚柔以及深浅浓淡变化进行分版勾摹，而后刻成若干版块，再对照原作由浅入深，依次叠印而成。木版水印画制品力求体现原作面貌及神韵，所用纸、墨、色等原料均与原作相同，加上荣宝斋数十年的复制经验和精湛技艺，其成品“几可乱真”。由于木版水印全是手工操作，印制工艺复杂，生产过程时间长、产量少，因此，木版水印画也被称为“次真迹一等”的艺术品，并于2006年入选第一批国家级非物质文化遗产。

扬州市广陵古籍刻印社、南京市金陵刻经处、四川德格印经院是国内目前雕版技艺保存最好的三家单位，三家单位各有所长，在各自领域为中国雕版印刷技艺的保护和传承做出了巨大贡献。扬州广陵古籍刻印社精于专业古籍的出版印刷，集研究、编辑出版、生产发行于一身，目前是全国最大的线装书生产基地。金陵刻经处融古代经书、经版收藏，经书雕刻、印刷、流通及佛学研究于一体，是中国木版雕刻、水墨印刷汉文佛教经典的唯一机构；四川德格印经院专攻藏传佛教经典的出版印刷，延续唐宋以来雕版印刷术的应用，是目前全世界最大的木刻雕版印刷中心。三地的印刷技艺捆绑为“中国雕版印刷技艺”。

2009年9月，“中国雕版印刷技艺”正式入选联合国教科文组织保护非物质文化遗产项目。雕版印刷技艺是运用刀具在木板上雕刻文字或图案，再用墨、纸、绢等材料刷印、装订成书籍的一种特殊技艺，迄今已有1300多年的历史，比活字印刷技艺早400多年。它开创了人类复印技术的先河，承载着难以计量的历史文化信息，在世界文化传播史上起着无与伦比的重要作用。

2010年11月，活字印刷术被联合国教科文组织保护非物质文化遗产政府间委员会第五次会议审议通过，列入2010年“急需保护的非物质文化遗产名录”。这进一步明确了我国印刷文化遗产的重要性和保护与传承的重大意义。

2. 印刷文化的传播与弘扬

中国印刷博物馆是中国国家级专业博物馆，同时又是世界上最大的印刷专业博物馆，始终把传承印刷文明、传播印刷文化作为宗旨。近年来，中国印刷博物馆主办的“中华印刷之光”巡回展览，足迹遍及美国、德国、英国、古巴等 20 多个国家和地区。巡回展览用历代有代表性的彩陶、甲骨文等文字载体和公元 868 年刻印的《金刚经》、济南刘家针铺的商标广告牌、朱墨双印《金刚经注》等印刷品，并配合多块以文字和图片为内容的展板，向国内外观众展示中国古代印刷术源远流长的历史，发明了雕版印刷术、活字印刷术、计算机汉字信息处理技术等里程碑式的技术创举。中国印刷博物馆在德国的谷登堡印刷博物馆、奥地利维也纳的高等出版专科学校、澳大利亚的亚洲文化中心都设置有中国古代印刷文化展区。这些展区的设立不仅证实了中国是印刷术的发明国，而且对宣传中国印刷文化有非常重要的意义。

2018 年 6 月，中国印刷博物馆牵头国内 16 家印刷博物馆相关单位成立了“全国印刷博物馆展示联盟”。

▲ 2018 年 2 月，第 27 届哈瓦那国际书展中国主宾国活动上中国印刷博物馆主办的“中国出版印刷文化展”，时任古巴国务委员会第一副主席兼部长会议第一副主席迪亚斯－卡内尔参观中国出版与印刷展览

2017 年以来，为弘扬印刷术这一古代伟大发明所代表的中华民族创新创造精神，中国印刷博物馆将优秀印刷文化带进校园、军营和社区，印刷文化走进社区、军营；印刷课程走进校园。馆内常设“印刷术探秘之旅”系列活动，内容

包括：雕版刷印体验、活字印刷体验、手工造纸体验、书籍装帧体验、印刷文化数字体验等传统文化与当代科技融合的系列活动，让“静”的非物质印刷文化遗产“动”起来，使国内外观众领略中国印刷文化遗产的博大精深。

（二）印刷文化的保护与研究

博物馆的职能在于收藏文化遗产，以多种方式保护文化遗产，并通过陈列展览将其信息以最直观、最形象、最妥当、最科普的方式传达给观众，从而使观众了解文化遗产，走近文化遗产，理解文化遗产，热爱文化遗产和保护文化遗产。因此博物馆在文化遗产保护中发挥着无可替代的独特作用。印刷博物馆是印刷文化遗产保护的重要场所。

中国印刷博物馆自1992年筹建以来，竭力征集收藏印刷文化遗产。如在1992年至1996年筹备期间，筹委会先后收集到捐赠的展品千余件，其中比较珍贵的有南京金陵刻经处捐赠的《大般若波罗蜜多经》刻版，扬州广陵古籍刻印捐赠的《〈毛诗注疏〉校勘记》《〈礼记注疏〉勘记》，万启盈同志捐赠的《何东全集录》《御制木棉赋》《白氏长庆集》，西安碑林博物馆捐赠的《康熙字典》，另外还征集到《十三经注疏》《资治通鉴纲目》《东周列国志》、明版《春秋胡传》、朱熹套印《苏批孟子》等千余件古籍，《钦定礼记义疏》刻版、清前期门神刻版等数百件雕版，还有清代洪宪契约、年画、木活字等百余种藏品。1996年开馆到今，该馆征集的藏品就更为丰富，其中最重要的是2001年，当时的新闻出版总署为了支持中国印刷博物馆的建设，以公函的形式与北京市文物公司协调，将其在春季翰海拍卖会上竞拍的南宋刻本《春秋经传》（一册存卷十一至十二）定向拍卖给中国印刷博物馆。《春秋经传》为我国国宝级儒学典籍善本，弥足珍贵，现由中国印刷博物馆收藏。此举对保存印刷文化做了极大的贡献，通过对此书的研究，从纸、墨、字体及印刷质量来看，宋朝的印刷已经相当成熟，为确定印刷术的发明在隋末唐初时期提供了充分的实物证据。

文化遗产的保护很大程度上要依赖于对藏品的研究。博物馆致力于对藏品进行深入研究，发掘其所蕴含的价值，正确理解和把握其精神内涵，通过陈列展览、出版物或讲座、研讨会等各种方式加以传承。中国印刷博物馆编著的中国博物馆漫步系列丛书中的《印刷之光》，以及每两年举办

讲述印刷术起源、发展、传承、传播的科普丛书

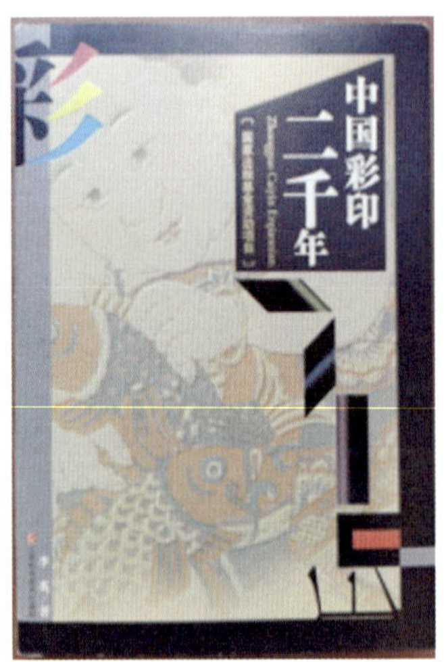

科普读物《中国彩印二千年》

一次的印刷史研讨会，都是博物馆在研究印刷文化遗产中所做的贡献。在对馆藏印刷文化遗产深度研究的基础上，博物馆研究人员先后撰写了《文明之光——中国印刷史话》《书香三千年》《图说中国书籍艺术史》《中国彩印二千年》《中国古代图书印刷史》《中华印刷典故》等一系列书稿。为对馆藏印刷文物进行深度研究，中国印刷博物馆成立相关课题小组，开展中期、长期的学术研究，厘清造纸术、印刷术传播的相关问题，研究印刷发展历史进程中的人物和技术。建设了印刷文化遗产保护实验室，开展印刷藏品保护和修复工作。中国印刷博物馆正在同世界各地的印刷博物馆开展古今中外印刷主题相关的展览交换项目，以展览展示为平台，以国际学术研讨会为桥梁，增进中国与世界各国的人文和印刷文化交流合作。

印刷博物馆是促进印刷文化交流、丰富印刷文化生活的重要机构。中国印刷博物馆与世界各地的印刷博物馆交流互鉴，打造超级联接的博物馆，与世界各地的机构、专家、学者一起研讨、共同交流，分享世界古代与现代的印刷文化，更好地传承弘扬印刷文明，保护人类共同的记忆。中国印刷博物馆与世界各地的印刷博物馆在展览、教育、研究、保护等方面也开展了更多的交流与合作。

第二章 华艺斋古籍文化馆

华艺斋古籍文化馆是北京华艺斋古籍印务有限责任公司的雕版刷印及线装古籍装订技艺展览馆。北京华艺斋古籍印务有限责任公司位于大兴区采育镇韩营村，占地面积6660平方米，于1980年3月16日成立，主营雕版刷印，线装古籍装订，古籍修复等，是目前我国承担雕版刷印和线装古籍装订任务的几家古籍印务公司之一。

一、华艺斋

我国雕版印刷技术大约发明于公元7世纪。在韩国发现的由我国雕版刷印的《陀罗尼经》，刻印于704~751年，是目前所知最早的雕版印刷品。现收藏在大英博物馆的唐咸通九年（868）王玠为二亲敬造普施的《金刚经》，是现存最完整的标有年代的雕版印刷品。此件印品雕版刻制精美、刀法纯熟，墨色浓厚匀称，图文浑朴凝重、清晰鲜明，表明当时我国雕版刷印技术已达到较高水平。进入9世纪后，我国雕版刷印技术得到普遍使用。五代时期，不仅民间盛行刻书，政府也大规模刻印儒家书籍。宋代，雕版刷印技术的发展达到了新高度，技术臻于完善。元、明、清三代基本传承了宋代雕版刷印技术，从事刻印书籍的不仅有各级官府，还有书院、书坊和个人，刻印书籍遍及经、史、子、集四部。

中华人民共和国成立后，为保护各种珍贵的古典书籍，成立了中国书店。1958年，中国书店吸收了北京市百余家私营古旧书店，完成了公私合营，成为我国古旧书业的集大成者。在它吸收的古旧书店中有一家叫“邃雅斋”，该书店于1925年在琉璃厂东街建立，不仅收书、卖书，还刷印、装订书籍。

邃雅斋书店成立初期，以收售古典书籍而闻名，彼时，我国著名学者傅斯年、陶兰亭、冯友兰、郑振铎以及英国汉学家李约瑟等都曾在这里购书。邃雅斋不仅以收售善本典籍知名，在刻印古籍上也卓有成绩。据孙殿起所著《琉璃厂小志·贩书传薪记》记载，邃雅斋由董金榜、刘英豪、郭景新合伙开设，他们是传承我国雕版刷印和线装古籍装订技术的第一代传人。

董金榜所带徒弟王志鹏是雕版刷印和线装古籍装订技术的第二代传承人。

王志鹏在邃雅斋学就的古书抄补技术，琉璃厂许多人都叹为“绝活”。古书抄补是旧式书肆的一项业务。书肆经营古籍，并非简单的收购和转手出售，对不少残缺的古书要进行修补，整旧如新。残缺的书页，他们找来相同而完整的其他本子，按页抄全补齐；霉烂虫蛀之处要设法补旧如新。这当然是为了书籍的增值，但作为一门越来越成熟的技术，对古书的保存和继续流传也产生了最初不曾料到的重要意义，甚至被专家学者誉为古书的“续命汤”。

王志鹏 14 岁学徒，3 年的学徒生活结束时，他古书抄补技艺在琉璃厂小有名气。当时法国驻华大使馆汉文秘书杜伯思经常来邃雅斋为汉学研究所选购图书，十分赞赏王志鹏的高超技艺。

民国时期琉璃厂邃雅斋店员王志鹏

当年的邃雅斋公私合营并入了中国书店，王志鹏在中国书店从事木版刷印和古籍影印等古籍整理编辑工作，他是中国书店的老专家，也是雕版刷印和线装古籍装订技术的第二代传人，2003 年从中国书店出版社退休后担任中国书店顾问，70 多年的古旧书业生涯，使他积累了丰富的古典书籍修复、雕版刷印、线装书装订经验。

1978 年底，我国开始恢复古籍整理和影印出版工作，文物出版社和中国书店开始整理库存雕版并收集散落在民间的雕版。在王志鹏等专家的指导下，文物出版社整理出 17 万块雕版，中国书店整理出 7 万块雕版，并在此基础上于采育镇韩营村成立了我国北方唯一进行雕版刷印和线装古籍装订的印刷厂。印刷厂由本村长期经营印刷业务的任志负责。在王志鹏师傅的指导下，任志开始承担起雕版刷印及装订工作，虚心向王志鹏学习，掌握了全部的技术。他妹妹任志美则向王志鹏学习装订技术，与哥哥一起成为雕版刷印和线装古籍装订技术的第三代传人。

任宝全成功研制出朱墨

1996 年，韩营村印刷厂改为北京华艺斋古籍印务有限责任公司，经过 30 多年的发展，任志之子任宝全全面掌握了雕版刷印及线装古籍装订的全面技艺，担任公司经理，成为雕版刷印和线装古籍装订技术的第四代传人。任宝全青年时便在印刷厂工作，全面负责华艺斋事务后，对刷印工具和技术进行了大胆革新，特别是他的“悬空刷”技术，筢子在纸上轻轻带过，几乎沾不到雕版，减少了对雕版的磨损。原来刷纸的筢子是扎成双头形状，刷印时程序烦琐，他将筢子改为单头形状，可一手刷印，一手放纸，不仅提高了工作质量，还提高了工作效率。在为故宫博物院刷印满文《大藏经》时，他以朱墨代替朱砂，解决了朱色洇开的问题，是刷印工艺的一项突破。

二、非遗技艺

雕版刷印及宣纸线装古籍刊行，是中国古代传统图书出版刊布的生产形式。它以木版雕版为载体，用刷印的方式将雕刻于木版上的文字复制到中国传统工艺生产的宣纸之上，并用中国自南宋以来采取的线装装订形式

古雕版（任宝全收藏）

华艺斋捐赠给中国印刷博物馆的雕版印刷工具及印版

进行装订成册，采取函套的保护形式进行包装，以便于传播和保存。

雕版刷印及宣纸线装古籍是中国古代主要的图书刊布和传播流通方式，也是中国古代典籍文化的重要表现形式。中国雕版刷印工艺发明于隋唐时期，到两宋时期逐渐成熟和普及。明代时，雕版刷印工艺出现了“饾版”“拱花”工艺，这两大工艺在中华人民共和国成立以后被荣宝斋延续发展，形成了木版水印技术。但是就古代图书刊行而言，雕版刷印工艺及宣纸线装装帧工艺一直是我国古代图书出版的基本形式，它们是传承和传播古代先哲思想的文字复制工艺手段，充分地展现出中国古人在图书刊布过程中的审美意境，凝聚了我国古代雕版印刷和造纸技术的两大发明成就，是中国古代文化的重要物化表现。

北京地区最早出现雕版刷印和宣纸线装古籍装订生产在辽代（907~1125）。1974 年，在山西应县木塔出土一批辽代刊刻的佛经和图书等印刷品，按刊刻地点和时间，基本上都是辽南京（北京）刊刻的，如印有“燕京檀州街显忠坊南颊住冯家营造”“燕京仰山寺前杨家印造”等字样。20 世纪 80 年代，在河北等地出土的《契丹藏》也是在北京雕版刊行的。自辽代之后，金中都、元大都以及明清北京城都曾经是我国北方地区雕版刷印刊行图书的重要地点之一。到民国时期，北京依旧保留有大量的雕版刷印的书肆。

中华人民共和国成立之后，北京依旧保留着雕版刷印生产工艺。

20世纪70年代末，北京华艺斋古籍印务有限责任公司以文楷斋旧存雕版刷印古籍图书，并承担了《乾隆大藏经》的刷印工作，使得雕版刷印和宣纸线装古籍生产工艺得以传承下来。北京华艺斋古籍印务公司主营雕版刷印、线装古籍装订、古籍善本影印等，善于制作线装、经折装、蝴蝶装、龙鳞装等各种古籍善本，制作的图书曾获得国家图书最高荣誉奖，国家古籍整理一等奖，2014年获得高级非遗传承奖项。

华艺斋的雕版刷印及线装古籍装订技艺是大兴区的非物质文化遗产项目，入选了北京市级非物质文化遗产代表性项目名录。作为中国北方唯一有能力从事雕版刷印及线装古籍装订技艺的印刷厂，华艺斋至今还承接全国许多大型图书馆、博物馆及出版社的线装古籍印刷、装订业务，成为“活”雕版刷印见证者，在古籍雕版保护、刷印工作上积累了丰富的经验。1991年华艺斋刷印的乾隆版《大藏经》，曾作为国家领导人出访泰国的国礼。2001年，我国赠送给法国总理希拉克的《赵氏孤儿》中法语双语礼品书，即出自华艺斋。2015年习近平总书记在澳门大学考察时，向学校赠送了华艺斋制作的《永乐大典》重印本。华艺斋历时3年，为故宫博物院整理并刷了乾隆版满文《大藏经》，共7万多块雕版，印书成册后，被故宫博物院所收藏。

雕版的价值在于它的文化传播功能。华艺斋秉承着“百年品质、工匠精神、精益求精、传承创新”的理念，致力于雕版刷印及线装古籍装订技艺的传承与弘扬。中国印刷博物馆成立时，任志向其捐赠了雕版印刷工具及印版。任宝全立志让华艺斋成为集弘扬传统、原始生产、传承文化、体验技艺、文化创意于一体的非物质文化遗产展示传播基地。

参考文献：

[1]《北京大兴华艺斋：车间仿佛穿越而来：藏有百年历史古雕版4万多块》，北京晚报2018年8月9日。

[2]《邃雅斋和王志鹏》，刘宁，《中国典籍与文化》，1992年第03期。

第三章
首都牛奶科普馆

首都牛奶科普馆坐落在北京三元食品股份有限公司工业园内，位于大兴区瀛海镇工业区瀛昌街 8 号，是三元食品股份有限公司弘扬企业文化与科普知识的牛奶博物馆。它利用现代技术手段，向人们传播牛奶知识和文化，让消费者了解北京乳业的发展进程。

一、京城奶业的足迹

回首 60 余年北京奶业的风雨历程，喝奶的人和从事牛奶生产的人都有颇多感慨。对于那些从 20 世纪 50 年代“喝奶难”岁月一路走来的北京人，牛奶曾是奢侈品——那是北京奶业全力求“温饱”的年代。

（一）“喝奶难”的岁月

北京奶业起源于 1956 年，当年 3 月 1 日，国营北京牛奶站成立，下设东单和德胜门两个站点，成立之初就为首都的老人、儿童和病人提供牛奶。由于当时生产条件限制，牛奶都是用大蒸锅消毒，用手工灌装，送奶则是在一辆自行车后架上安置一个褡裢，里面装上奶瓶子，送奶工骑上自行车风雨无阻地送到各个奶站和订户家中。就这样，北京奶业在艰难中起步了。

说到牛奶，上点岁数的北京人对它会有不少沉重的记忆。为什么要用“沉重”两字呢？30 多年前，北京人喝奶要凭奶证、奶票。新中国成立以后，北京经历过几次牛奶供应紧张时期，第一次是 1956 年，当时全市的牛奶缺口达 4000 多磅。1959 年，因牛奶产量下降，导致牛奶供应再度紧张，只好采取初生婴儿凭出生证户口簿、重病号凭医院证明进行登记订奶的办法。1964 年，国家给北京投资 35 万元，从日本引进 3 条乳品生产线，生产奶粉。有了奶粉，牛奶供应才有所好转。20世纪70年代后期，随着人口的增长，京城牛奶供应再度紧张。北京市推出了红、蓝、白三种取奶票：婴儿用奶户发放红票，凭医院的新生儿出生证明办理手续，且规定了两周岁以下的婴儿每日供奶一斤半，两周岁以上的每日一斤的标准量；重症病人用奶户发放蓝票，凭医院的诊断证明，每日供应牛奶半斤；老年人订奶户发放白票，视当月奶源情况逐月确定供应天数和瓶数，一般情况也仅仅是月供20天，每日半斤。由于牛奶紧张，连北京人爱吃的奶油冰棍都停止了生产。在这种形势下，中央和北京市政府高度重视，扩大北京奶业牛群，从丹麦、法国、芬兰等国家引进先进的生产线，在全国最早建成了挤奶厅，实现了自动化挤奶，极大地提升了生产能力，逐步缓解了北京市民吃奶难的问题。1982年，北京市政府召开专题会议研究出台如何缓解吃奶难的政策，决定全市统一实行“三保一代”的牛奶供应办法，即在限量供应的前提下，鲜牛奶订户只保证3周岁以下的婴幼儿、重症病人和外宾人士，对一般的订奶户，全部停止供应鲜牛奶，采用强化奶粉替代。

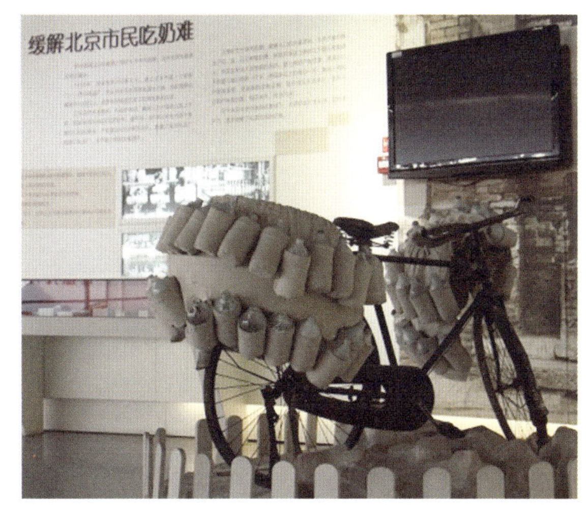

20世纪50年代北京送奶车

（二）“有奶喝”的年代

20世纪80年代末的改革开放初期，牛奶供应还很紧张。解决吃奶难从“抓牛头”开始。当时，市政府有关部门提出了“全民、集体、个体一齐上”的要求，为发展农村养牛，各国营奶牛养殖场采取“见母就留”，“先留后选”的增牛措施，在管理上严格控制淘汰成年母牛，鼓励农民从外面买牛，市里制定奖励政策，出现了全市奶牛头数快速增长的局面。1983年，全市奶牛33646头，产奶10497万公斤。仅一年后，全市的牛奶产量就达到了 12661 万公斤，收购牛奶 8845 万公斤。

在经历了牛奶短缺期后，北京人终于在改革开放的时代喝上了充足的牛奶，牛奶的品种和口味也丰富起来。1984 年，北京牛奶实现了敞开供应。1985 年，引进新型灌装设备后，北京市消毒牛奶彻底告别了瓶装时代，全部产品实行了软包装。与此同时，牛奶品种逐渐丰富了起来，巴氏奶、超高温奶、花色酸奶、奶酪、无水冰淇淋、宫廷奶点让人眼花缭乱，京城奶业迎来了“小康”时期。

（三）“喝好奶”的时代

在经历了 70 多年的风雨沧桑后，现在的北京奶业已发展成熟。以鲜奶加工和高品质乳品加工为特长。截至 2018 年，北京奶牛存栏达到 7.52 万头，奶牛总产量 36.66 万吨，年人均消费量 50 公斤，实现了“从无到有”“从有到足”“从足到好”的重大转变。

70 多年来，北京乳业加工工艺全面升级。在乳品加工方面，实现了从大锅蒸煮到全自动标准化、从检验检测到在线监控、从微生物平板划线到全基因组图谱测序、从营养成分化学滴定检验到功效成分临床队列验证、从乳品种类数量极度短缺到呵护全生命周期健康的配方乳品、从在意乳品安全到关注乳品健康的全面发展。随着科技的进步，北京奶业的龙头企业——三元食品实现奶产品 100% 无抗，100% 冷链传输，建起了全产业链模式的奶牛养殖、生产、加工体系，从牧场到餐桌的安全管控，让市民喝上了放心奶。

二、三元牛奶

北京三元食品股份有限公司是以奶业为主，兼营麦当劳快餐的中外合资股份制企业，其前身是成立于 1956 年的北京市牛奶站，1968 年更名为北京市牛奶公司，1997 年成立北京三元食品有限公司，2001 年公司改制成为北京三元食品股份有限公司。长期以来，三元公司一直承担着京城鲜牛奶的生产销售任务，其产品在北京地区的市场占有率达到 80% 以上。三元的奶未必是最香最浓的，但却是陪伴北京人最久的，也是最鲜最匠心的。可以毫不夸张地说，三元的乳汁养育了几代北京人。

三元发展历程图

（一）老照片见证历史

奶褡裢：骑着用铁管焊的加长加大自行车，层层布褡裢挂满车身前后，每天凌晨穿行在大街小巷的早期三元送奶工，是当年京城一道独特的风景。

人工挤奶：一滴一滴的牛奶，全靠工人蹲在地上，用手攥着牛的乳房，一下一下地挤出。

奶证：1979 年，牛奶供应奇缺，牛奶公司被迫推出了红、蓝、白三种取奶票。

早期的三元奶牛棚：牛群住在几片茅棚内，夏天任雨淋，冬天顶雪花。

奶源的数量与质量是关乎乳业整条产业链品质的基础性存在。

看数量，1949 年，北京人均喝奶 0.4 公斤；2019 年，北京人均喝奶约 50 公斤。这 70 年里，北京年人均喝奶量提高了 124 倍。看质量，北京在奶牛养殖上，实现了从精

工人送奶

人工挤奶

奶证

粗分开一日三餐到全混日粮自由采食，从手工挤奶冰水冷却到机器挤奶预冷直冷，从纸质记录经验管理到信息系统现代管理系统的飞跃式进步。

“从无到有”：在北京奶业“从无到有，累土聚沙”的拓荒奋斗阶段，三元前身应时代之需而出现。1956 年 3 月，国营北京市牛奶站成立，即三元的前身，这是新中国第一个省级奶站。1962 年，在国务院、国家农垦局和市政府 3000 万元资金的支持下，北京先后建起 40 个规模化奶牛场，到 1963 年底，奶牛总数达到 2.13 万头，产奶量 3.11 万吨，使得北京市“喝奶难”的问题得到相对缓解。

在北京奶业“改革开放”的发展壮大阶段，三元育种实现专业化和养殖规模化。1978 年党的十一届三中全会，吹响了中国改革开放的号角，北京奶业发展进入黄金期。截至 1991 年，奶牛存栏达 6.61 万头，牛奶产量 24.56 万吨，年人均消费量增加到 23 公斤。

“从足到好”：在北京奶业进入“攻坚克难”的品质提升阶段，三元自

较大规模的牛奶棚

控牧场从源头保证品质水准。如今，北京奶业呈现出品质持续提升、消费持续增长、城乡差距缩小、进口需求扩大、市场竞争加剧的态势。这其中，三元扮演了品质供给的重要角色。为保证产品质量，三元打造了集奶源、供应商、研发、加工、检测、配送、销售及售后服务于一体的全程质量管理模式，以精良工艺为品质消费护航。

（二）老字号翻新

2019 年 12 月，国营北京市牛奶站（三元）被认定为北京老字号。北京老字号是在数百年商业竞争中留下的佼佼者，都经历了艰苦奋斗的发家史而最终统领一行，是人们公认的高质量品牌。国营北京市牛奶站（三元）伴随着中华人民共和国的经济建设和改革发展，做出了历史贡献，留下了宝贵的足迹。历经几十年的发展，三元陪伴了几代北京人的成长，但仍在坚守中与时俱进。从单一品种到种类繁多再到引入全球优质资源，每一次发展都离不开拼搏、创新、精益求精，这正是老字号精神的传承。“新鲜高品质”已成为三元最闪亮的金字招牌，北京老字号授牌对三元来说也是一个新的开端。

1. 极致追求　全产业链高于国家标准

一直以来，首农三元有“三个坚持”：坚持从奶牛育种、养殖、牛奶加工到销售的全产业链体系，坚持执行高于国家和行业标准的内控标准，坚持科研创新不断提升产品科技含量。

早在 1998 年，三元就通过对原料奶严格检验检测，实现了原料奶从“按级论价”到“按质论价”的转变。2002 年，三元实行“检验检测”+“过程控制”的质量管理模式，优化原料奶收购中间环节，实现了牛 + 奶 + 储 + 运一体化，引入原辅料留样制度和产品品尝制度，确保了产品安全与可追溯，实现加工过程严管。

2006 年，三元导入风险管理，实行“检验检测”+“过程控制”+“风险预防”的质量管理模式，推行合格原料奶供需双方品尝制度，实现原料奶生产的日报制与奶源现场管理的量化考核规定。开发原料乳成分指纹图谱，发明原料奶生产在线监测，推行“现场取样”加“过程监控”。引入供应商二方审核制度，全面推行产品质量内控指标体系，统一“三元”品牌产品热线服务系统，搭建产品质量安全数据库，实现源头、加工过程等环节的风险严控。

随着一步步的发展，三元建立了高于国家标准的质量管控体系，从源头和细节保证了三元的品质，经受住了多次的市场考验。

2. 潜心科研 打开中国母爱密码

“老字号”重在传承，但不等于墨守成规，而是随着时代的变迁不断精进与创新。

2014 年，在科技部和北京市科委的大力支持下，三元筹建了“国家母婴乳品健康工程技术研究中心”。该中心在北京市乳品工程技术研究中心基础上组建，其历史起自于 1995 年的原北京市牛奶公司新产品开发中心，1998 年 9 月与国内极具影响力的中国—瑞典北京奶业培训中心及北京市乳品研究所合并，成立了公司科研培训中心。2000 年，该中心正式被命名为北京三元食品股份有限公司技术中心，并被认定为北京市市级企业技术中心；2002 年经国家人事部和全国博士后管委会批准设立企业博士后科研工作站；2004 年获得中国合格评定国家认可委员会实验室证书；2008 年被国家农业部认定为国家乳品加工技术研发分中心；2009 年被北京市认定为北京市科技研究开发机构；2011 年被认定为北京乳品工程技术研究中心；2012 年被评为国家认定企业技术中心。2017 年，三元牵头发起乳业首个“国家乳品健康科技创新联盟”，开创了乳品健康产业生态圈科技创新全新模式。

有了科技的支撑，三元不断赢得市场的认可。2016 年 7 月，“三元爱力优母乳模拟与临床验证项目”顺利通过北京市科委验收，成为行业内首家通过母乳研究与临床验证的企业。同年 10 月，三元发布中国母乳数据库，成为迄今为止最完善的“中国母乳成分数据库”，为细分化和功能化婴幼儿配方产品提供了科学依据。同时，三元奶粉家庭又添新成员，“三元蓝标爱力优”婴幼儿配方奶粉全新亮相，其喂养效果全面接近母乳。

三元坚持“质量立市，诚信为本”的经营理念，彰显了国有企业的担当和老字号精神的精髓，曾经数次获得“第一”。

第一个省级奶站：1956 年 3 月 1 日，以国营农场东单奶站和东郊畜牧场德胜门奶站为基础，北京市组建国营牛奶站，成为新中国第一个省级奶站。

第一台国产奶业生产专业设备：1972 年 2 月，曾追随中国革命、早在青年时代即投奔延安的美籍专家阳早、韩春夫妇来到南郊牛场，与中国工人一起，试验制造出了中国第一台专用青饲联合收割机和玻璃缸冷却奶罐的设备。

国内成立的第一家奶牛种公牛站：1973 年，北京市奶牛种公牛站成立，面向全国，推广冷冻精液人工授精技术。经过几十年的发展，现已是国家级奶牛胚胎工程技术研究中心和全国最大的奶牛基因库。所生产的冷冻精液和组合胚胎产品，覆盖了除台湾省以外的全国各省、市、自治区，市场销售量位居全国第一。

第一家实行酸奶工业化生产的公司：1982 年，北京市牛奶公司利用丹麦政府无息贷款的 1500 万克朗，引进了一套日产 15 吨酸奶的先进设备，使酸奶的生产自动化、机械化、封闭化技术达到国内先进水平。在国内第一家成功生产出搅拌型果料塑杯酸奶和凝固型塑杯酸奶，增加了市场奶制品种。

第一个以软包装取代瓶装鲜牛奶的公司：1985 年，北京市牛奶公司投资 180 万元，引进了法国百利包公司的软包装牛奶灌装机，替代瓶装生产线。至此，京城百姓饮用牛奶彻底告别了瓶时代，北京市也成为国内第一个生产软包装鲜牛奶的大城市。

第一次踏出国门：1987 年 5 月，北京乳品研究所和梅园乳品店，联合开发的宫廷御宴全奶席，东渡扶桑参加东京国际食品博览会并荣获金奖，这是新中国奶制品第一次踏出国门。

建立首个省级乳品博士后流动站：2003 年，第一个省级乳品博士后流动站建立。首创膜过滤除菌工艺和原奶检测的“指纹图谱”，发布迄今为止国内最完善的“中国母乳成分数据库”。

这一系列包含“第一”“首创”等字眼的成果，既是以三元为主体的北京乳业品质“智造”的体现，也是顺应品质消费潮流的必要之举，更是北京乳业贯彻“科技是第一生产力的”的生动注脚。长期坚持产品初心、产业链布局、圈层文化打造的三元，将再次踏准活力之本、发展之源，以源源不断的创新力，以高品质供给，满足 2000 多万北京人的品质消费之需。

三、奶牛与牛奶

在放心牛奶的背后，蕴藏着一个完整的集奶牛育种、奶牛养殖、乳品加工和物流配送为一体的现代奶业产业链和严格的质量监督管理体系。三元，用60年的努力和探索，建立了奶业健康发展的新模式。

（一）奶牛的改良与繁殖

“牛好好一窝，种好好一群”。母牛产奶量的高低，主要取决于遗传因素，而优秀的遗传基因更多地来自优选出母牛的父亲。种公牛对奶牛群遗传改良的贡献，可以达到总遗传进展的75%~95%。应用人工授精技术，一头种公牛一年可以承担1万头母牛的配种。三元通过人工优选优良血统、人工授精方式，极大地提高了奶牛受孕率，生产出数以万计的优质奶牛。

从20世纪90年代初开始，三元集团（现更名为北京首都农业集团）就把发展的目光放在了国外先进牛种的引进、改良和繁育推广上，决定从源头抓起，改善奶牛品种，培养高产健康奶牛，生产优质乳制品。三元优良奶牛的养殖和繁育推广实力充分反映在三元集团的奶牛中心内。它是国家级的奶牛良种产业化龙头企业，是奶牛胚胎生物工程高科技产业示范基地，是国家级重点奶牛繁育与推广中心，也是全国目前最大的奶牛基因库。在北京奶牛中心种公牛站，饲养着210头优秀荷斯坦种公牛和1200余头高产母牛。种公牛均系出名门，像“黑星”“林肯”“雷达”等世界名牛，已是这里的“老住户”，1997年加拿大政府赠送给我国的国礼“龙”牛，也在这里饲养。这些种公牛的后裔从根本上改良了中国奶牛的品质，它们担负着改良奶源的重任。

这些“贵族牛”的消费水平很高，不仅饲料规格高，每月伙食费也很高，而且住在青山绿水环绕的“别墅”内。每头牛有大约90平方米的私人空间，配有冷热空调、木板和塑胶两张“卧床”、恒温饮水槽以及多个能即时把牛的生活场景传送到中央控制室的摄像头。

优良的品种加上优质的生活质量似乎已经将奶源的第一道大关掌控在手，但对于三元来说还远远不够。随着人们对健康越来越重视，“体检”二字早不仅仅是人类的专属词，三元为了保证牛奶的品质，定期给牛做体检是日常工作的一部分。三元是国内乳品行业中首家将体细胞检测纳入质检

良种公牛

标准的企业。牛的“体检”实际是对体细胞进行检测。奶牛的体细胞同于人类的白细胞，当奶牛生病，免疫系统就会产生很多体细胞来防御病菌。体细胞的增多会直接影响牛奶的品质。按照《乳品安全标准》中的规定，生鲜奶的体细胞数每毫升仅规定不得超过 100 万个，但三元却按照每毫升牛奶 20 万个体细胞的准则执行，不仅远高于国内标准，也高于欧美每毫升 40 万个体细胞的标准，三元的原奶质量已经赶超发达国家水平。

经过奶牛中心长期不懈地遗传改良，奶牛的平均产奶量每年增加 500~1000 公斤。特别是在三元的核心养殖区，经过品种改良和养殖技术的不断革新，奶牛的平均年产奶量已经达到 11 吨，达到了国际先进水平。在对奶牛后裔测定中，北京种公牛站的后代各项指标居全国之首。

（二）好牛产好奶

首农集团现有 4.5 万头高产奶牛集群，36 个规模化养殖场，每头成母牛年平均产奶量近 11 吨，已经连续多年刷新由首农人自己创造的国内纪录，超过了欧盟和美国的水平。

为从源头保证奶源质量，三元从“牛嘴”开始做起，对不同年龄、不同阶段的奶牛实行分群饲养，并设立了专门饲料营养研究室，在吸收意大利的 TMR 饲喂技术的基础上，根据不同阶段奶牛的营养需要，科学调配每日的“食谱”，保证奶牛的健康、高产。

三元把握好每个关键点，对包括原料奶、生产、加工、包装及贮存等在内的流程都做出了严格的质量控制要求，形成一套覆盖诸多领域，监管行之有效的“阳光监管安全体系”。为打造安全健康的放心奶，三元食品在原料奶的收购上要求近乎苛刻：对于每一批原料奶的收购，都要经过至少 28 项指标的检验，引进内部第三方检测机制并推出与国际标准相接轨的以蛋白、脂肪含量为标准的收购定价标准。原料奶过关后，通过三元食品从国外引进的高科技乳品加工生产线，便可从奶罐车直接进入生产管道，实现全封闭生产，从生鲜牛奶进入奶仓开始直至包装成各种产品，牛奶均在不锈钢容器和管道中进行，避免了环境对产品质量的影响。首农集团引进先进的现代物流管理配送模式，与日本双日株式会社合资组建了三元双日物流公司。三元双日公司拥有冷链和常温的配送功能，三元食品公司的产品通过安全运输快速进入各个销售点，把新鲜牛奶第一时间送到市民手中，降低了运输环节可能出现的食品污染风险。在经过一整套规范化、标准化的生产流程之后，三元产品的品质得到了很好的确保和提升。

三元食品一直把满足消费者需求作为企业发展的动力。无论是 20 世纪 80 年代三元生产的中国第一罐工业化酸奶，还是 20 世纪 90 年代全国第一包早餐奶，三元一直走在前面。在消费升级与个性化消费的背景下，乳制品高端化趋势日益显著，具有科技深厚积淀的三元早在 2017 年通过源头创新和生命科学技术运用，挖掘出更接近母乳的 A2 β - 酪蛋白成分，获得消费者青睐的同时又一次引领了行业的转型升级。

作为有 60 余年悠久历史、深受消费者信赖和喜爱的乳制品生产企业，三元食品都坚守着“专注于奶源建设，保证为百姓提供一杯放心奶”的原则，低调稳健地为消费者传递着“健康、安全、品质、放心”的乳品理念。“良心”是三元一直坚持的理念，“极致”是三元一直追求的目标。三元为打造安全放心奶，致力于建设“奶牛育种—奶牛养殖—乳品加工—物流配送”的现代化奶业产业链，致力于建立和完善质量检测控制体系，从根本上保证了产品的质量。

第七编　馆藏生态文化

第一章
月季博物馆

月季博物馆位于大兴区魏善庄镇，是世界上第一座以月季为主题的博物馆，园内有月季博物馆和月季文化交流中心两座标志性建筑。月季博物馆建筑面积 9760 平方米，造型犹如一朵美丽的月季花，由核心展区、临时展区和服务配套区三部分组成；月季文化交流中心占地面积 6200 平方米，主体建筑外还建有月季主题园（种植园）等，形成园中有馆、馆中有园，文化之美与环境之美恰当融合。

月季博物馆核心展区分 1 个序厅和 8 个展厅，形成历史、科学、文化、世界、人物、园林、生活、展望八大主题板块。博物馆不仅采用了展板、文字说明、沙盘模拟等传统布展形式，还大量采用 3D 悬浮成像、动漫展示、5D 电影、虚拟互动等当代新技术。

2016 年 5 月 5 日，月季博物馆对外开放，并作为 2016 年世界月季洲际大会主场馆之一。

月季博物馆大门的月季花瓣设计

一、走进月季博物馆

绚丽多彩的月季是一个庞大的植物群体，它们生命力强，种类丰富，花姿绰约，香味浓郁，在世界上许多不同地域、不同气候的国家和地区都有生长。“月月开花”“花果同时”，美丽的月季既是大自然给予人类的恩赐，也是自然选择和人工培植双赢的结果。

中国是月季栽培大国，而且是月季的源头地之一。月季品种多，数量多，是华夏民族的国宝级植物。月季花也是北京市两大“市花”之一。

从高空俯视，月季博物馆整体建筑外观是一个宏大的月季花瓣，外幕墙采用不锈钢材质全面覆盖，将支撑柱隐藏起来。外幕墙采用中国传统月季花纹饰丝绸样式，每片金属都采用无缝焊接，手工打磨，使得金属外幕墙显得光洁柔美，用建筑手法打造出一个具有丝绸般华美的外观，镂空花型设计使室内形成一个丰富的光影空间。月季博物馆由 NEXT architects 建筑事务所北京公司的约翰·范德沃特和蒋晓飞联合设计，将国际化的设计理念与深厚的中国文化完美结合。这种跨文化的协作使该公司的中国事务所赢得了广泛的赞誉和市场认可。2016 年，月季博物馆获得“全球影响力最大的十大博物馆建筑”称号。

月季博物馆内部呈“京”字造型，由新中式的四合院建筑组成，坐西朝东，寓意“紫气东来”。

序厅是以月季花瓣的形状设计的，高大的主体展示墙，多条流线型曲线在灯光及投影的烘托下，形成了一个虚拟的月季花世界，让人仿佛置身花海。由序厅的“月季花瓣”进入博物馆，就是走进了月季花的内部，盛世繁花，大美于心，展现了“美的月季、美的世界、美的梦想”这一主题。

月季博物馆共三层。地上二层，一层为体验馆，有很多互动设计，是少年儿童的最爱。二层为八大展厅，将月季的历史演变娓娓道来。地下还有一层展厅，有国外友人捐赠展、中外艺术家画展、苏绣展等。

二、走进月季的世界

（一）月季与玫瑰

在植物学分类里，月季是被子植物门、双子叶植物纲、蔷薇目、蔷薇科、蔷薇属植物。广义的蔷薇包括蔷薇科、蔷薇属的所有植物，但目前多指蔷薇属一季开花的野生种类，如中国原产的野蔷薇、欧洲原产的法国蔷薇、百叶蔷薇等，不能称为“月季”，因为它们不能月月开花。

月季属于蔷薇科，原产于中国，四季开花，又叫“月月红”，花形美丽，颜色丰富，是中国十大传统名花之一。月季在中国有千年栽培历史，经历代园丁的辛勤选育，这种野生蔷薇属植物最终演化成为抗性极强、具有连续开花性状的现代月季。古老的月季从中国走向世界，并在现代成为世界主要观赏花和园林植物；中国月季发展史是世界月季发展史的前奏，经近代欧洲几代园艺家的栽培，再从世界回到了中国。

英文 Rose 是对蔷薇属植物的通称，既包括月季、玫瑰、野蔷薇、法国蔷薇、百叶蔷薇等蔷薇属植物，也包括杂交和人工栽培的古老月季和现代月季品种。

在世界各国，月季多被人们赋予圣洁、爱情、和平、长春、顽强、吉祥等丰富的含义，人们多用玫瑰代表爱情，其实真正代表爱情的是月季。

1. 漫长的历史：4000 万年的月季化石

月季博物馆中最珍贵的当属形成于 2000 万 ~ 4000 万年前的几块蔷薇叶化石，我国辽宁省抚顺地区出土的始新纪蔷薇叶化石，距今已有 4000 万年，与北美发现的五小叶羽蔷薇化石齐名。这是月季界的老祖宗，也是月季博物馆的镇馆之宝。

1940 年，中国山东省临朐县山旺古植物区发现两种蔷薇叶化石，被民国著名的古植物学家、1948 年第一届中央研究院院士胡先骕先生（1894~1968）命名为山旺蔷薇（Rosa Shanwangensis），也有 2000 万年历史，其叶片特征与现在的小果蔷薇（Rosa cymosa）相似。

月季博物馆珍藏的这些古老的月季化石，说明月季在地球上已有漫长的历史。

2. 太阳神玫瑰币：2000 多年前的银币

在人类文明史上，从古埃及的金字塔、古希腊的帕特农神庙、古巴比伦的空中花园到华夏大地，到处都留有月季花祖先的“身影”。

距今 2300 年，古希腊重要商业城市罗得岛（Rhodes）就以盛产玫瑰闻名，罗得岛就是古希腊语“玫瑰”的意思。考古学家在当地发现的“太阳神玫瑰币”，正面是太阳神，背面清晰地雕刻着玫瑰花的图案。把玫瑰与太阳神放在一起，显示了玫瑰花的重要意义。

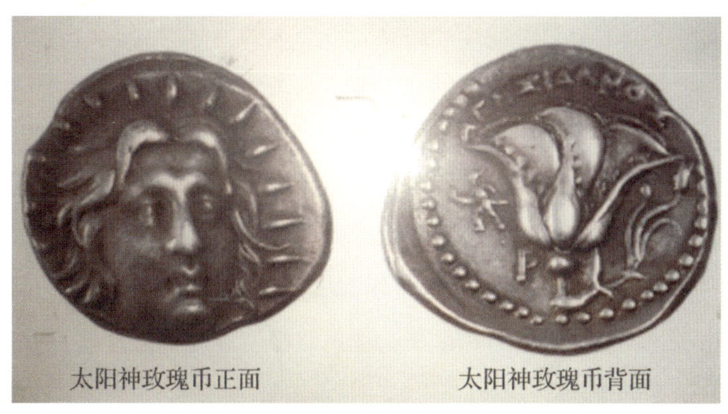

古希腊罗得岛的太阳神玫瑰银币

3. 北宋艮岳离宫和梅尔梅森城堡

博物馆中有两个重要的沙盘模型，第一个是北宋皇家园林——艮岳中的月季园。

艮岳（艮峰离宫）是北宋首都汴京（今河南开封）的一处行宫，宋徽宗赵佶亲自设计建造，还写有《御制艮岳记》。艮为八卦方位之一，因地处宫城东北隅故名。1127 年金人攻陷汴京后，艮岳被拆毁，太湖石等被搬运到金中都（今北京）。北京北海、颐和园等地的太湖石多是当年艮峰离宫的旧物。宋徽宗是一位失败的国君，却是一位杰出的艺术家。他在位时极尽奢华，在政治上没有什么建树，但在琴棋书画、园林艺术上的造诣却是极高，书法的“瘦金体”、绘画的丹青花翎、艮岳的园林设计都是一流水平。汴京艮岳是他设计建造的皇家园林，从江南采集奇花异石，用船队编组，通过运河运往汴京，这些船队就是历史上引起江南民怨沸腾的“花石纲”。《水浒传》里，梁山好汉“青面兽”杨志因押运花石纲在黄河里遭风打翻了船，失陷花石纲无法交差而亡命江湖；江南方腊起义也与花石纲有密切关系。

艮岳沙盘模型记载了宋徽宗在园林造景上的才华，里面就有月季花园。这说明在北宋时期，月季花已经成为皇家园林栽培的观赏花之一。

第二个沙盘是法国皇帝拿破仑·波拿巴（1769~1821）的妻子约瑟芬皇后的梅尔梅森城堡。约瑟芬皇后嫁给拿破仑，是因为仰慕他的睿智和才华；而拿破仑是位杰出的政治家、军事家，不仅有统一欧洲的野心，更有征服世界的企图。由于他常年征战沙场，日夜思念的约瑟芬皇后只能用花来寄托情思，便在梅尔梅森城堡建造了这座美丽的后花园，种满名贵的鲜花，并开辟了玫瑰园，园中种植了从世界各地搜集来的月季花。约瑟芬皇后对于月季花的热爱是举世闻名的，因为月季花一直都被赋予爱情主题。约瑟芬皇后不但在花园里种，而且用漫画、彩绘等多种形式记录下月季花的千姿百态，来表达她对拿破仑的爱，约瑟芬皇后因而被称为“玫瑰皇后”。不幸的是，最后约瑟芬皇后和拿破仑还是以分手告终，但直至她离世，拿破仑仍然为她保留了皇后的称号。

梅尔梅森城堡花园里的月季花在世界月季发展史上占有重要位置，而这花园里的月季花有很大一部分品种就是源自中国。

（二）月季栽培：“中国原料，欧洲制造”

中国是世界上最早栽培月季的国家。我国月季栽培历史可以追溯到西汉时期，到宋朝时已经栽培出四季开花的月季品种。

宋代历史学家司马光（1019~1086）在《月季新谱》记录了当时洛阳名苑中的月季名品 41 种，并写下了栽培月季的整个过程。宋代史学家、文学家宋祁（998~1061）在《益部方物略记》首次使用“月季花”一词：“月季花，此花即东方所谓四季花者，翠蔓红花。蜀少霜雪，此花得终发，十二月辄一开，花亘四时，月一披秀，寒暑不改，似固常守。”

目前全世界约有蔷薇属植物 200 种，其中有 82 种原产于中国。中国蔷薇植物不仅在数量上占优势，而且一些珍稀品种，例如四季开花品种和黄色品种等均出自中国。近 2000 年来，中国始终代表着世界月季栽培育种的最高水平。

在世界月季栽培史中，现代月季的育成经历了两个阶段，一是中国选育的基础阶段，约北宋初叶至清代中叶的800年时间；二是欧美杂交育种阶段，大约在1789年，中国的朱红、中国粉、香水月季、中国黄色月季4个品种经印度传入欧洲，在欧美经过200多年的杂交育种，成为现代月季。

欧洲参与现代月季形成的品种最重要的是法国蔷薇，它有现代月季的4个亲本。1867年，法国种植家培育成真正四季开花的月季新品种“法兰西”，成为古代月季演化成现代月季的转折点，是古老月季和现代月季的分水岭。

据美国月季协会2007年出版的《现代玫瑰12》（*Modern Roses 12*）统计，目前现代月季已多达25000多个品种，而事实上远超这个数字。现代月季具有的四季开花习性、高芯翘角花型、黄色花和宜人的月季花香，都是中国古老月季对现代月季的贡献。简言之，现代月季是“中国原料，欧洲制造”。

如果没有中国的古老月季，没有把中国的古老月季带入欧洲，并将其与欧洲的蔷薇嫁接，就不会有现代月季，就不会衍生出今天这么多的现代月季新品种。

（三）世界著名月季培育家族

1. 德国科德斯家族与“市场花园”

德国科德斯家族是世界最著名的月季栽培家族之一，该家族创办的科德斯月季育种公司是欧洲最大的玫瑰苗圃公司，也是世界规模最大、历史最悠久、享有盛誉的月季育种公司之一。

从1887年科德斯创始人威廉一世培育第一株玫瑰开始，到现在的威廉·亚历山大，130年多年来，科德斯家族栽培了641款月季品种，在品种数量上可谓前无古人，后无来者。

1990年，第四代继承人在威廉·科德斯三世和蒂姆·海尔曼·科德斯的率领下，在月季种植中放弃对抑制病虫害的化学药物处理，使得科德斯月季品牌成为健康月季的同义词。

“科德斯系列”月季经典品种有“安吉拉”“夏令营（小女孩）”“炼金术师”“尤特逊玫瑰园”“西方大地”“御用马车”“冰山”等，以花朵繁茂、枝叶强健而闻名于世。目前，至少有500多个家庭花园式月季是科德斯公司培育的，现在家族的第五代人也开始继承衣钵。

2. 法国梅昂家族与“和平”月季

“和平”月季是世界著名玫瑰家族——法国梅昂家族的弗朗西斯·梅昂于1935年“二战”期间，在法西斯铁蹄下精心培育的品种。为了保护它不受纳粹的蹂躏，他把这个新生品种分送到几个国家栽培。美国园艺家培耶收到后，立即将其分送到美国各地繁殖。它原来没有统一的名字，1945年美国月季协会将其命名为“和平”，以表达当时世界人民对于和平的殷切期盼。就在“和平”月季命名的这一天，苏联红军攻克柏林。

1945年，联合国成立并召开第一次会议时，每个与会代表房间的花瓶里都插着一束美国月季协会赠送的“和平”月季，上面写着：“我们希望‘和平’月季能够影响人们的思想，给全世界以持久和平。”此后，世界上许多国家都建有和平月季园，以表达对和平的渴望和对侵略者的痛恨。

“和平”月季被公认为是20世纪最伟大的月季品种，获得很多国际大奖。2008年9月，梅昂家族公司现任掌门人阿兰·梅昂访问中国，并赠送了全套“和平”系列月季。

3. 澳大利亚劳瑞家族与“中国日出”月季

劳瑞·纽曼是澳大利亚著名月季育种专家，月季新品种登录权威，也是中国人民的老朋友。1998年以来，劳瑞先后来中国近20次，为北京植物园无偿捐献月季、月季变种及古老月季品种共计400个、700余株，包括大马士革蔷薇、白蔷薇等，以及波旁蔷薇、香水月季等古老月季品种，还有现代月季的鼻祖“天地开”等。

劳瑞·纽曼先生从澳大利亚带来月季苗木，亲自定植、调整、繁殖和观察，还主动给月季园工作人员传授栽培经验，多次到大专院校无偿讲课。他的敬业、博学以及与人为善的态度得到中国人民的一致称赞。

劳瑞将自己培育的一款像初升太阳般的橙黄色月季品种命名为“中国日出”，象征两国的友谊发展像早晨的太阳。该品种获得澳大利亚最佳育种银奖。

（四）中国著名月季培育人

中国现代月季培育的著名人物有吴赉熙、蒋恩钿、陈于化、刘好勤、李文凯、甘国田、杨莹等，他们都是为中国现代月季的栽培发展做出重要贡献的人物。

1.“月季老人”吴赍熙、“月季夫人”蒋恩钿

北京市能广种月季，离不开民国时期的“月季老人”吴赍熙、“月季夫人”蒋恩钿等人的努力。

1912 年，马来西亚华侨吴赍熙辗转来到北京，落户于北京赵堂子胡同甲 4 号。他随身携带的 3 样物品中有月季花种子。经过他多年精心培育，月季花品种已经多达 200 多种、400 多株，受到北京人民的喜爱。

吴赍熙年老后，想找人传承他的月季种植。他提出 3 个条件：一是喜爱月季花，二是资金雄厚（当时种植月季费用非常昂贵），三是懂英文（当时种植月季的肥料和栽培书籍都是外文的）。只有符合这 3 个条件的人才可以从他手中传承月季。

当时，留学归来的蒋恩钿女士正好符合这 3 个条件：留学归来，懂得英文，嫁给了银行家，有雄厚资金，还非常喜爱月季。蒋恩钿女士原籍江苏太仓，1929 年考入清华大学西洋文学系，与剧作家曹禺（原名万家宝）、钱锺书是同班同学。蒋恩钿女士继承了吴赍熙老人私家花园中 200 多个品种、400 多株月季，并加以精心培育，还将月季种植到天坛公园内，并推广近代杂交香水月季，使月季成为普通百姓喜闻乐见的花卉。

北京天坛月季公园是蒋恩钿女士在 1959 年到 1963 年协助建立的，面积有 1.4 公顷，有 3000 多个品种，是中国最早的、也曾经是规模最大的月季园。当时，天坛公园勤杂工刘好勤精心帮助蒋恩钿女士种植这些月季。他还游历大江南北，教出了许多种植月季的能手，如甘国田、李文凯等人。

蒋恩钿女士还最早考证出现在占全球 90% 的“杂交香水月季”母本出自中国，其研究成果受到世界月季联合会的重视和肯定。因此，陈毅元帅尊称蒋恩钿女士为“月季夫人”。

为了纪念蒋恩钿女士为中国月季事业做出的杰出贡献，2009 年，蒋恩钿女士的故乡江苏省太仓市创建了“恩钿月季园”，面积有 15.3 公顷，种植月季品种有 700 余种。该园是中国第一个以人物命名的月季主题公园。

2. 中国第一位月季万元户：河北正定甘国田

20 世纪 80 年代初，河北省正定县农户甘国田以规模种植月季发家致

甘国田靠规模种植月季获得“率先致富奖”

富，成为河北正定县的首批万元户。1985年1月20日，时任正定县委书记习近平同志为他颁发了正定县委、县政府“率先致富奖”证书和“致富光荣”牌匾。甘国田的家人将这份证书与牌匾无偿地捐献给了月季博物馆。

这是中国改革开放40年历史变迁的重要见证物，也成为大兴月季博物馆的镇馆之宝。

3. 圣兰德公司：杨莹“亚龙湾”玫瑰谷

2013年4月9日，习近平总书记到海南三亚圣兰德公司的“亚龙湾玫瑰谷”考察。杨莹创建的亚圣兰德公司因广泛栽培月季，改写了海南省没有自产玫瑰的历史。亚龙湾玫瑰谷因种植玫瑰而致富，过上了小康生活。

我国现代月季的栽培种植和发展凝聚了各级政府的关怀与支持，各植物园和各地科研机构的积极参与，有识之士的努力和各界知名人士的帮助；而国外月季栽培基本上靠家族式的前后继承或企业经营，全凭家族成员个人兴趣爱好和世代继承。这是国内外现代月季在栽培发展上的巨大差异。

三、月季文化：中国与世界

月季自问世以来就被人们赋予了圣洁、爱情、和平、吉祥、顽强、长青等多种文化意义，月季文化是在历史和现实中逐渐形成的。在月季文化上，中国与世界既有共性，又有差异。

西方人认为，月季（玫瑰）代表了华丽优雅。红玫瑰代表爱情、高贵，白玫瑰代表圣洁、浪漫，粉玫瑰代表初恋、感谢，黄玫瑰代表珍重、祝福、抱歉和分手，绿玫瑰代表纯真简朴、青春长驻，蓝玫瑰代表敦厚善良，黑玫瑰代表高贵神秘。在西方的绘画、丝织、印刷、图片、艺术品、历史故事中都融入了世界人民对月季文化的理解和认知。

就月季文化内涵而言，中国的月季文化似乎丰富一些。中国文化中，“季”与“吉”谐音，月季代表了小巧、吉祥等含义。中国传统的刺绣、瓷器等工艺品中也常有月季图案，各个时期的历史故事、著名诗人的诗词名句等都表现了中国人对月季文化的理解和认知。

（一）中国月季文化

1. 西汉《黄金买笑》

在月季博物馆内有一座汉代建筑庭院，展示了一幕情景剧——《千金买笑》。讲西汉时期，汉武帝心有苦衷，闷闷不乐。一日，他与嫔妃丽娟共游御花园，见一株蔷薇缓缓盛开，态若含笑。嫔妃丽娟为了取悦于他，用黄金百金作为“买笑钱”奉与汉武帝，以博皇帝一笑。从此，蔷薇也被命名为“买笑花”。

《黄金买笑》故事见于西汉笔记《贾氏说林》，是迄今为止较早出现的记载有蔷薇属植物的书籍之一。东晋学者葛洪在笔记集《西京杂记》中保留了西汉许多遗闻轶事。该书记载：“乐游苑中，有自生玫瑰树。”这是西汉皇家苑囿“乐游苑”中有玫瑰的另一个佐证。这说明至少在汉代，玫瑰已经成为帝王苑囿中的重要观赏植物。

2. 大明成化斗彩鸡缸杯

大明成化年间的鸡缸杯，器型小巧、色彩艳丽，是明宪宗成化皇帝朱见深的御用酒杯。杯身上的月季花图案精美绝伦，尤其是它背后蕴藏着成化皇帝对他最宠爱的妃子万贵妃深切的爱。原品在 2014 年香港拍卖会上拍出 2.8 亿港币。

万贵妃曾经是成化皇帝的奶娘，叫万贞儿，比朱见深年长 17 岁。成化皇帝小时候，父亲明英宗朱祁镇在土木堡之变中被蒙古一部瓦剌所俘虏；回到朝廷后，被继位的弟弟明代宗景泰皇帝朱祁钰软禁在紫禁城南宫，儿子朱见深太子之位被废，从两岁起由万贞儿带大。朱见深继位后将其封为贵妃，对她宠爱有加。

万贵妃身材矮小，成化帝为了表达对万贵妃的爱，就命宫廷工匠按照万贵妃的生活习性和爱好打造各式小型器皿，后来就有所谓“成无大器”之说。这个鸡缸杯的杯身上画有母鸡带一群小鸡，“鸡”“吉”谐音，杯身上的月季花说明了万贵妃对月季的喜爱，也定格了成化皇帝对万贵妃的情

明成化斗彩鸡缸杯

有独钟。

月季是花与果实同在的花，“花果同时”，据说成化皇帝也有借此委婉劝告万贵妃之意。这个故事至今还广为流传。

3. 康熙御用马蹄尊

清康熙皇帝御用马蹄尊是康熙年间的著名瓷器。康熙皇帝是一位雄才大略的君主，平定三藩之乱，收复台湾，击退沙俄入侵等，文治武功均显赫一时，开创出康雍乾百年盛世。这个马蹄尊上刻画出蜜蜂围绕着上面的月季花飞舞的生动景象。

康熙帝御用马蹄尊

据说，康熙经常御驾亲征，当时明清两朝军队进出北京城都走德胜门，取“得胜回朝”之意。京城百姓知道康熙皇帝非常喜欢月季花，便在康熙凯旋的必经之地——德胜门外的郊野种满月季花。康熙帝骑马归来，踏过月季花瓣的马蹄上满是香味，吸引蜜蜂追逐和随之翩翩起舞，真是“踏花归来马蹄香”。因此，康熙特令官窑制作了这活灵活现的马蹄尊。

4. 康熙青花五彩十二花神杯

康熙青花五彩十二花神杯是康熙年间的御制瓷器款式。康熙皇帝一生亲民，特地命官窑按照一年 12 个月的花季时令烧制了一套以花为主题的饮水小杯，一月一花，并配上相应的诗文装饰，让花神杯的更替来提示月份的变化，提醒他时时想到当下最需要做的事情。

康熙十二花神杯以一月水仙花开始，然后依次是迎春花、桃花、牡丹花、石榴花、荷花、兰花、桂花、菊花、芙蓉花、月季花和梅花。每只杯上绘有一种当月应时的花卉，并题上相应的诗句，十一月是以月季花为主题的花神杯。从一套小小的杯子可以窥见康熙皇帝关心民生的生活细节。

清康熙五彩十二花神杯中的十一月月季花神杯

5. 清代居廉国画《花卉昆虫图之月季》

北京故宫博物院收藏有清代画家居廉的国画作品《花卉昆虫图之月季》，描绘了一株生长在岩石缝中的月季，花中还有一个虫子在咬，而月季仍然在盛开。这说明古人就充分认识到月季的生命力极为顽强，可以在极其恶劣的环境中生长。不论土地多么贫瘠、虫子如何啃咬，依旧枝繁叶茂、花开朵朵。月季有“舍命不舍花”之说，具有只要有生命在，就要开大花的特点。

居廉所作《月季图》

月季繁殖能力极强，剪个枝条插在盆里就能生根、发芽、开花；地上部分受到破坏或齐根修剪，只要根在，来年春天依然繁花似锦。

6. 中国历代诗词中的月季与蔷薇

从西周至春秋战国时期的《诗经》和《楚辞》中已有用花、果、叶比喻美女的许多诗篇。汉晋以后，蔷薇花科植物普遍栽培。月季博物馆收集整理了中国历代有关月季（蔷薇）的诗词 80 多首。

南北朝南齐著名诗人谢朓《咏蔷薇》中写道："低树讵胜叶，轻香增自通。发萼初攒紫，余采尚霏红。新花对白日，故蕊逐行风。参差不俱曜，谁肯盼薇丛？"中唐刘禹锡写有"似锦如霞色，连春接夏开"（与裴度《蔷薇花联句》），白居易写道"瓮头竹叶经春熟，阶底蔷薇入夏开。似火浅深红压架，如饧气味绿粘台"，晚唐高骈写有"水晶帘动微风起，满架蔷薇一院香"，晚唐杜牧有"菱透浮萍绿锦池，夏莺千啭弄蔷薇"（《齐安郡后池绝句》），"朵朵精神叶叶柔，雨晴香拂醉人头。石家锦障依然在，闲倚狂风夜不收"（《蔷薇花》）等诗句。这些都是形容月季（含蔷薇）花期很长、四季常开、不惧风雨、艳丽十足的特点。

宋代月季栽培普遍，咏月季诗人尤多。北宋韩琦《月季》诗中赞美月季："牡丹殊绝委春风，露菊萧疏怨晚丛。何似此花荣艳足，四时常放浅深红。"北宋徐积《长春花》云："曾陪桃李开时雨，仍伴梧桐落后风。费尽主人歌与酒，不教闲却卖花翁。"北宋苏轼《月季》诗中写道："花落花开无间断，春来春去不相关。……唯有此花开不厌，一年长占四时春。"北宋苏辙《所寓堂后月季再生》诗中描写："何人纵寻斧，害意肯留蘖。偶乘秋雨滋，冒土见微茁。猗猗抽条颖，颇欲傲寒冽。"写出月季顽强的生命力和敢于与恶劣环境搏斗的精神。

北宋秦观在《春日》诗中写道："有情芍药含春泪，无力蔷薇卧晓枝。"诉说芍药、蔷薇美艳含情，是咏花的千古名句。

南宋杨万里《腊前月季》诗中说："只道花无十日红，此花无日不春风。"道出月季四季花开不断、似春常在的美好，成为咏叹月季的绝世佳句。下一联"一尖已剥胭脂笔，四破犹包翡翠茸"写的是绿色月季。古品绿色月季"翡翠茸"已经绝种，目前仅存的绿色月季是绿萼，属于芽变，花瓣已经退化成尖尖的叶子一般。

元代刘因《蔷薇》诗中有："色染女真黄，露凝天水碧。花开日月长，朝暮阅两国。"诗中"女真黄"描写晨雾中黄蔷薇的美态，实际上就是黄玫瑰；"天水碧"是浅青色，相传南唐后主李煜的宫女染衣作浅碧色，经露水湿染，颜色更好，故名"天水碧"；后两句形容蔷薇花期长。

蔷薇、月季也是元曲中经常吟咏的题材。"元曲四大家"中号称"曲状元"的马致远在《双调·落梅风·蔷薇露》里写道："蔷薇露，荷叶雨，菊花霜冷香庭户。梅梢月斜人影孤，恨薄情四时辜负。”借花喻人，富有哲理。

（二）西方月季文化

1.“爱神与玫瑰”

“爱神与玫瑰”讲述古希腊神话中的爱神阿芙洛狄忒（在古罗马神话中叫维纳斯）爱上了凡间一位美少男。美少年是位猎人，爱神怕他狩猎时发生危险，于是将他的弓箭收起来。美少男趁维纳斯熟睡，偷走了弓箭。不幸的是，他在狩猎时被猛兽戳死。

阿芙洛狄忒惊醒后，向美少男走的方向奔去，途经一片白色蔷薇园，蔷薇的刺将爱神的四肢划伤，她的鲜血顺着四肢滴到白色蔷薇花上，白色的花朵被鲜血染成了红色。即使这样，阿芙洛狄忒也没能将美少年救活，爱神为此悲痛万分。因为白色蔷薇变成了红色，因此，在西方蔷薇（玫瑰）被赋予了“忠贞爱情”的寓意。

2.《玫瑰圣经》

《玫瑰圣经》是法国约瑟芬皇后的御用宫廷画师皮埃尔－约瑟夫·雷杜德（1759~1840）所画的人工彩色版画玫瑰图书。自1798年开始，雷杜德为约瑟芬皇后的梅尔梅森城堡的花园工作，历时20年，前后绘出169种珍奇玫瑰，其中有很多玫瑰品种在该书编写完成后已经逐渐消失，今天只能从书中找到。因此，该书极为珍贵，被后世推崇为两百多年来举世无双的《玫瑰圣经》。

《玫瑰圣经》

3.《月季花与和平》

《月季花与和平》是一部场景式微电影，时长5分钟，讲述自1793年至1815年法兰西第一帝国灭亡的英法战争期间，月季花如何成为和平的象征。

为约瑟芬皇后运送月季的航船上悬挂的月季花旗

1805年，英法当时鏖战正酣。拿破仑妻子约瑟芬皇后命人将一艘从中国装满月季花的船，经过当时处于激烈交战中的直布罗陀海峡开往法国梅尔梅森堡。为此，法方向英方提出休战一小时的提议，让这艘船顺利通过。英方看到满船娇艳欲滴、芬芳扑鼻的月季花，认为这是上帝送给他们的礼物。为保证中国月季能安全地运送到法国，交战双方达成暂时停战一小时的协定，由英国海军护送到法国约瑟芬皇后手中。为便于识别，船上还悬挂着带有月季标志的英国国旗。

由月季换来短暂的和平，在战争期间十分可贵。因此，在西方月季被赋予了“和平”的寓意，以后月季花也被称为“和平之花”。

（三）世界月季联合会

世界月季联合会1968年在英国的伦敦成立，最初有12个国家，到2016年发展到39个国家。世界月季联合会创办了世界月季大会和月季洲际大会，每3年一次。到2019年，世界月季联合会共产生了18位世界月季大会主席。如果没有他们的积极推广，就没有现代月季的今天。

在月季博物馆《世界月季联合会历任会长》巨幅油画中，最中间的是创会主席、比利时的莉莉·德·格拉谢·德·戈马利男爵夫人。莉莉男爵夫人一生酷爱栽培月季，她父亲曾经担任比利时皇家月季协会会长。1962年，她接替父亲担任比利时皇家月季协会会长。在她任内，协会得到蓬勃发展。1968年世界月季联合会成立时，莉莉男爵夫人水到渠成地成为第一位主席。莉莉女士还是迄今为止唯一一个担任过两次联合会主席的人。在她担任主席的半个多世纪以来，她一直出色地为联合会服务，访问过很多国家，呼吁和平和世界各国友好团结，分享月季给人带来的快乐，并且劝说他们加入联合会。莉莉女士还是一位女权主义者和反法西斯战士，“二战”时期，年轻的莉莉女士是一位护士，为抵御德军的侵略做出过重要

世界月季联合会历任会长的巨幅油画

贡献。

1984 年中国成立中国花卉协会，1997 年加入世界月季（玫瑰）联合会，今联合会中有位中国的副会长——张佐双先生。

2016 年世界月季洲际大会主场馆就在大兴月季博物馆。2019 年，中国河南南阳接着主办了一届世界月季洲际大会。

四、月季栽培：从诗意栖居到日常生活

（一）月季融入日常生活

月季不仅是花期长、芬芳色艳的观赏花卉，是诗人笔下的爱物，在生活中还是用途广泛的食用和药用植物：月季花的根、叶、花均可供药用，有活血、解毒、消肿之效，有香气的品种还可提取香精，广泛用于美容化妆等多个方面。

月季是一味妇科良药。明代李时珍《本草纲目》载："气味温，无毒，主治活血、消肿、解毒。"清代康熙年间，汪灏主编《广群芳谱》中说："（月季）结子名营实，堪入药。"中医认为，月季味甘、性温，入肝经有活血调经、消肿解毒之功效。由于月季花的祛瘀、行气、止痛作用明显，故常被用于治疗月经不调、痛经等病症。月季花含挥发油、槲皮素、鞣质、没食子酸、色素等，含有萜醇类化合物，花蕾可供药用，能调经、

活血、消肿。月季根皮能活血、舒筋、消肿，主治骨折，种子营实能止泻、利水、通络，有活血调经、散毒消肿之功效。月季叶捣烂外敷，可治跌打损伤；月季根性温味涩，专治遗精、带下等症。

（二）月季市花和月季之乡

中国的花卉大多富有象征意义，比如，“国色天香”的牡丹被誉为中国的国花，也是洛阳的市花；“出淤泥而不染”的莲花被誉为“花中君子”，菊花秋天开放，不与百花争艳，被誉为“花中隐士”。

1987 年 3 月 21 日，北京市第八届人民代表大会第六次会议审议通过，确定把月季和菊花作为北京市两大市花，市树是国槐和侧柏。

据不完全统计，目前中国有 13 个省（直辖市、自治区）的 36 个地级市把月季（含玫瑰、黄刺玫）列为自己的市花。

2010 年 5 月，山东省莱州市被中国花卉协会月季分会正式命名为“中国月季之都”。该市已拥有月季品种 1200 多个，具有“花型优美花量大，色彩明亮有光泽，香味馥郁花期长，株型整齐花枝多，根系健壮抗性强”的品质特征，规模化栽培，年产月季花 600 多万株，畅销全国，并出口欧美、日韩、港澳等国家和地区，是我国北方最大的月季花生产基地和名副其实的中国月季之乡。

河南省南阳市卧龙区石桥镇古称西鄂县，是中国东汉著名科学家张衡故里。这里历史悠久、人杰地灵、文物荟萃、风景秀丽，为河南省历史文化名镇，是全国最大的月季种苗繁育基地，有“中国月季之乡”的美誉。2016 年 10 月 2 日，世界月季联合会征得中国花卉协会月季分会的同意，2019 年世界月季洲际大会在中国南阳举办。

五、大兴月季园：打造京南文化空间

月季园是园林绿化中最常见的月季种植形式。月季园始于欧洲，在西方被誉为“戒指上的宝石”。国外比较著名的月季园有英国伦敦奥尔本街的英国皇家月季协会月季园、法国巴黎的莱恩蔷薇园等。近年来，我国各地也建立了大量的月季园，如北京香山植物园中的月季园、沈阳植物园中的月季园、河南平顶山月季园等。

大兴月季博物馆有一座宏大的月季植物园，叫月季主题园，占地658亩，拥有月季1700多种、近7万株，品种之繁，数量之多，堪称中国北方最大的月季专类种植园。

在月季主题园内，按照月季文化及功能分为13个特色种植区，分别是七彩月季园、月季花语大道、名人月季园、芳香月季园、中国自育月季品种园、五洲月季园、北京各区及公园展园、金奖月季大道、月季城市展园、古老月季园、玫瑰园、蔷薇园、和平月季园。月季园主题特色鲜明，历史脉络清晰，文化底蕴深厚。

2016年在大兴月季博物馆举办的世界月季洲际大会上，月季主题园承担着开幕式、闭幕式场地、室外展区、新优月季品种展示功能。2018年在丹麦哥本哈根举办的第十八届世界月季大会上，北京大兴月季主题园获得“世界月季名园”称号，成为与北京植物园、深圳市人民公园、常州紫荆公园等齐名的著名植物种植园。

2016年世界月季洲际大会在大兴月季博物馆举办后，月季主题园以“市场化、专业化、精细化”为引导，以打造“京南文化”主题活动聚集区为目标，先后在园里举办了“秋之声·涌现公益演唱会”“首届月季小镇彩灯艺术展”“北京月季文化节”“花卉北京·悦跑大兴半程马拉松”“非遗嘉年华”“第十九届北京国际旅游节”“国际啤酒文化周”“拉美及加勒比文化艺术嘉年华”等文化主题活动，并获得“北京市爱国主义教育基地”“北京市中小学生社会大课堂资源单位”“北京市会址资源单位”“南海子文化基地”等称号。大兴月季主题园从开园到现在，共接待游客80余万人。

月季博物馆秉持“人文、绿色、科技”的建馆理念，将文化传承与休闲旅游融为一体，同时希望未来的城市建设与环境美化融为一体。大兴“月季小镇”作为一张靓丽名片，正成为京南休闲旅游的必选之地。

第二章
蜜蜂王国生态馆

蜜蜂王国生态馆位于大兴区生物医药产业基地，是集结蜜蜂起源与演化、蜜蜂与文化艺术、蜂产品保健与蜂疗等多个展示、传递、创新功能于一体的“蜜蜂王国”。展区由5个分场馆组成，分别是生态馆、文化馆、品鉴馆、蜂会馆、养生馆。展馆展出图片320多幅，标本、模型和实物68件，蜂产品十大类，展示了蜜蜂的起源和演化、中国古代养蜂史、蜜蜂与文化艺术、蜜蜂和植物、蜜蜂生物学特性和蜂产品的生产、保健以及蜜蜂堂企业在蜂业发展的成就等。

蜜蜂王国生态馆依托中国三千年蜜蜂文化史和蜜蜂堂生产基地得天独厚的生产资源优势，充分实现了“工旅融合”“商旅融合”“文旅融合”的

蜜蜂王国生态馆大门

指导思想，融炼了蜜蜂的智慧与人类敬意，架设了人类与蜜蜂互通、用蜂产品自然养生的健康桥梁。

一、千年养蜂史

中国古人很早就开始和蜂打交道。1984年，在山东省莱阳市北泊子与临朐县山旺发现的蜜蜂化石，证实了2000万年前中国东部温带区存在蜜蜂。公元前16~11世纪的殷商甲骨文中就有“蜜”字的记载，说明中国蜂业至今已有3000多年历史。春秋末期范蠡著的《致富奇书》中就有养蜂记载，并指出养蜂可致富。秦汉时期的《神农本草经》将蜂蜜列为上品并应用到医药中。

原始的养蜂史和蜜蜂文化可以追溯到早期的人类采集猎取野生蜂蜂蜜的时代。东汉时进入了蜜蜂的人工饲养阶段，文献记载公元1世纪中国出现了第一位养蜂专家——姜岐，他在自己的家乡甘肃天水一带“以畜蜂、豕为养，教授者满于天下，营业者三百余人，辟州从事不诣，民从而居者数千家”。姜岐成为中国养蜂的鼻祖和蜜蜂文化传播的先驱。晋代张华著的《博物志》对养蜂的记述更加详细；唐代段成式的《酉阳杂俎》中，记述了异蜂、白蜂、毒蜂和竹蜂等几种不同的蜂子；唐昭宗朝官广州司马刘询著的《岭表录异》中也提到采捕野生蜂幼虫的方法；元代司农司（农业部门）编写有《农桑辑要》，明代徐光启写的《农政全书》，明清之际书商编的《致富奇

古代养蜂图

书》，清代鄂尔泰写的《授时通考》和张宗法写的《三农书》等，都论述了养蜂的方法和好处，而且将养蜂列入农业生产的组成部分。

二、蜜蜂与生态

蜜蜂经过数千年的进化和发展，形成了独特的生态学特征，成为生态系统中的重要成员。自古以来，人类不断探索蜜蜂社会的奥秘。随着研究的深入，人类开始利用蜜蜂资源，使蜜蜂成为与人类密切相关的经济昆虫。蜜蜂为人类提供了宝贵的蜂产品，促进了农业发展，创造了不可估量的物质财富。数千年养蜂历史所积淀成的绚丽多姿的蜜蜂文化，融于艺术、文学、医药等各个领域，丰富了人类的文化生活，尤其是蜜蜂的传粉行为，保障了植物的繁殖和生存，促进了植物物种多样性，维持了大自然的生态平衡。爱因斯坦曾预言："当蜜蜂从地球上消失的时候，人类将最多在地球上存活 4 年。" 2006 年 10 月 26 日，《自然》（*Nature*）杂志公布了蜜蜂基因组的测序和分析结果，同时指出："如果没有蜜蜂及其传粉行为，整个生态系统将会崩溃。"

植物和昆虫在生态系统中各自扮演着重要角色，在数千万年的历史进

初上梨花的小蜜蜂

蜜蜂生态馆蜜蜂图

程中它们形成了相互作用、相互适应的协同进化关系。植物为昆虫提供食物来源和生存环境，影响昆虫的地理分布和对食物的选择，对昆虫还具有生态保护作用。因此，蜜蜂的生存和发展依赖于植物及其提供的环境，一旦植被受到破坏，蜜蜂种群数必将锐减，有些物种甚至将面临灭绝的危机。另一方面，昆虫承担了大约 2/3 种子植物的花粉传授工作，而膜翅目蜜蜂总科昆虫是自然界中最重要的传粉者。为了采集花蜜花粉等食物，蜜蜂形成了许多特化器官和特殊行为，使其成为理想的传粉昆虫，保障种子植物能够不断繁衍，并实现基因的漂流和转移，促进植物遗传多样性的形成。英国生物学家达尔文早在 1838 年就指出了异花授粉的重要性，因为杂交是保持物种稳定所必需的；1876 年在另一著作中，达尔文又阐述了蜜蜂和植物是通过自然选择和不断进化形成了相互适应的巧妙关系。

养蜂业被誉为“农业之翼”，利用蜜蜂授粉，已成为高效、优质、低消耗的现代化生态农业的一项重要措施，促进了农业可持续发展。尤其是现代化集约化农业中，蜜蜂授粉可代替人工授粉，一方面，节约了劳动力促进了农业的现代化进程，另一方面，则减少了化学物质的使用从而提高食品安全性，对环境具有保护作用。养蜂业是发展生态农业不可或缺的一部分，养蜂业的发展和生态经济的发展是相辅相成的。蜜蜂对生态平衡的维持和生态农业的建设意义重大。生态平衡的核心是植物，而蜜蜂是最理想、最重要的授粉昆虫。蜜蜂对种子植物物种多样性的形成、珍稀植物的保护、生态平衡的维持、生态系统的恢复具有重要作用。蜜蜂的生物授粉可有效调节植物的生殖生长和营养生长，大幅度提高农作物的产量和品质，同时减少化肥和农药的使用，是建设生态农业不可或缺的一部分。

三、蜜蜂文化

蜜蜂文化，是指与蜜蜂相关的文化现象和以蜜蜂为表现对象的文化形式。人类从认识、饲养、研究到利用蜜蜂产品的过程中，形成了丰富多彩的蜜蜂文化，并渗透到人们的衣、食、住、行及文学艺术、宗教、民俗、医药等各领域并与之融为一体，是中华民族光辉文化的组成部分。伴随着蜜蜂文化产生了许多耐人寻味的神话、传说、寓言故事等，绚丽多彩的蜜蜂文化具有多样化的表现形式。

（一）蜜蜂文化的多样性

中国蜂业在数千年漫长的岁月里，积累了大量的历史资料、出版物以及历代养蜂用具用品、图片、文物、音象资料等，加上众多的文人墨客和许多名人写下的赞颂蜜蜂的文章诗篇等，这些给蜜蜂文化奠定了良好基础，成为中华民族文化的一个重要组成部分。中国古代先民在认识和改造自然的过程中就认识和了解了蜜蜂，古代许多诗人写下很多著名的诗句赞美了蜜蜂的勤劳，“采得百花成蜜后，为谁辛苦为谁甜”是对蜜蜂精神的最好褒奖。

1. 绘画

中国画按照题材可以分为人物画、花鸟画、山水画三类。花鸟画描绘的对象包括花卉、蔬果、草虫、飞禽等各种动植物。早期的花鸟画多为陶器上绘制的简单图形，从六朝至唐代，花鸟画业已独立成科，随着生产力的发展，画作的题材也逐渐得以丰富。蜜蜂虽然身形娇小，很少作为直接描摹的对象，但其作为采蜜授粉的重要角色也常常出现在花鸟画之中。现存最早的蜜蜂图即为五代画家黄筌的《写生珍禽图》。除了画谱、画稿类的工笔写实作品，蜜蜂常常与花卉一同入画，工笔和写意兼而有之。明代画家黄维烈的《设色花蜂图》、清代画家徐邦的《凤仙蜜蜂图》、清代画家邹一桂的《蔷薇蜜蜂图》等，画作呈现出百花争艳、蜂飞蝶舞的情景，生机盎然，趣味横生。在欣赏这类画作时，人们往往一方面为画家的精湛技艺而赞叹不已，另一方面则流连于大自然的和谐之美。

2. 蜡染

蜡染是我国云南、贵州等地少数民族传统纺织印染的手工艺。我国利用蜂蜡制作印花布的历史可追溯至秦汉之际，《贵州通志》也记载：“用蜡绘花于布而染之，既去蜡，则花纹如绘。”此外，在翻卷浸染中，蜡迹自然破裂之处会被染上花纹，形成“冰纹”，这种纹路清新自然，魅力独具。蜡染图样丰富、色调素雅、风格别致，常用于制作服饰和各种生活实用品，具有极高的审美价值和使用价值。纤纤素手，小小蜡刀，在悠久的历史发展中承载着民族文化，绵延着民族风情。如今蜡染已被列为国家第一批非物质文化遗产，它是中国绚丽的民族艺术之花，也是蜜蜂文化与服饰文化结合的产物。

3. 音乐

蜜蜂认巢试飞或者分群飞翔时都会发出热烈的鸣声，声音气势恢宏，宛如钟鼓鸣奏的乐曲。在少数民族中，也不乏与蜜蜂相关的音乐创作，如流行在云南地区的《蜜蜂过江》，不同的民族分别采用口弦琴、唢呐等乐器演奏，描绘蜂群越江的壮丽场面，抑扬顿挫，激昂热烈。《黄鼠狼掏蜂蜜》则是彝族的一个小曲，通过旋律展现蜜蜂团结勇敢的品质。除了表现蜜蜂的生活，在各个民族的情歌中，蜜蜂还活跃在歌词的字里行间，成为甜蜜爱情的象征。在壮族，还流传着蜂鼓和蜂鼓说唱。蜂鼓，腰细两头粗，因形状似蜂而得名，至今已有 1000 多年的历史。人们击打乐器的不同位置，可以发出或清脆或深沉的声音，陶瓷质和木质的乐器也呈现出不同的音色。蜂鼓常用于器乐合奏、曲艺伴奏，是壮族蜂鼓说唱的主要伴奏乐器。蜂鼓说唱则是壮族民间一种特有的演唱形式，为一人多角演唱，表演者通常边奏边唱，声情并茂，别具风味。

4. 舞蹈

在与蜜蜂的长期相处中，人们还模仿蜜蜂的行为并结合养蜂生产活动将蜜蜂元素融入传统民族舞蹈的创作中。在布朗族，相传天神把报答蜜蜂救命之恩的大任交给了他们的先民，为纪念蜜蜂的这一功勋，布朗族无论男女老少都会在每年祭祀和年节时集体欢跳《蜂桶鼓舞》，通宵达旦，气氛热烈。彝族的《黄鼠狼掏蜂蜜》、傣族《蜡条舞》，同样以优美动人的舞姿将蜜蜂的形象在舞台上展现出来。

（二）蜜蜂与养生

人类食用和利用蜂产品已有几千年的历史，中国人研究和利用蜂产品的历史实践是全世界最早和最全面的。大量的文献资料记载了蜂产品在民

蜜蜂的功用

间、宫廷、医疗和许多领域的应用，蜂蜜糕、花粉饼、蜂蜜酒、蜂针疗法等都是蜂产品应用的最好写照。养生是中国传统文化，千百年前就有药食同源、以内养外、内外双修、标本兼治的养生疗法。蜜蜂产品是大自然赋予人类的瑰宝，有着十分独特的养生功效。

蜂蜜，是一种营养丰富的天然滋补食品，含有与人体血清浓度相近的多种无机盐和维生素，铁、钙、铜、锰、钾、磷等多种有益人体健康的微量元素，还有果糖、葡萄糖、淀粉酶、氧化酶、原酶等，具有滋养、润燥、解毒、润肠、美白养颜等功效。

蜂胶，被誉为“紫色黄金枝”，是被发现的唯一集植物和动物精华于一体的天然物质，含有多种生物活性成分，具有调节血脂、软化血管、增强免疫力、抗菌消炎、美容护肤、调理肠胃、保肝护肾、抗肿瘤等多种功效，对人体有广泛的医疗和保健作用。蜂胶产品能够预防多种疾病，对肾气有调节和修复作用，无毒副作用，没有抗药性。

蜂王浆，是蜂巢中青年工蜂咽头腺的分泌物，是用于饲喂蜂王及幼虫的一种特殊乳浆状物质，含有丰富的乙酰胆碱、免疫球蛋白和多种维生素，还有 20 多种氨基酸，12 种优质蛋白，B 族维生素特别丰富，有杀菌力强的皇浆酸和调节机体代谢的“R”物质。蜂王浆产品具有通经络、补气血、滋润肌肤、清脂瘦身、促进睡眠、增强体质、延年益寿等功效。

蜜蜂产品及蜜蜂饮食文化极大地丰富和满足了人们的健康和生活需要，蜂产品以其独特的来源和功效用于人类医疗保健历史悠久，我国最早的药典《神农本草经》和李时珍的《本草纲目》中都将蜂蜜、蜂蜡、蜂子列为上品。

人类在历史长河中，从认识蜜蜂到饲养蜜蜂，不断尝试，不断总结，将各种蜜蜂产品融于食疗之中，对防治疾病起了重大作用。

第三章 北京野生动物园

北京野生动物园坐落于京南大兴区永定河畔，是集动物保护、救助、野生动物驯养繁殖及科普教育为一体的大型自然生态公园，是北京市科普教育基地、国家4A级景区。园区占地面积3600余亩，野生动物种类丰富，有散养、混养两种饲养方式，展出世界各地的200余种5000余头只珍稀野生动物。园区设步行游览区、自驾游览区和猛兽体验区三大动物展区供游客体验。

一、现代野生动物的展览馆

北京野生动物园是以野生动物驯养繁殖、观赏、展示为主题，集观光旅游、科普教育、迁地保护于一体的新型旅游景区。它以展示“动物王国”为主题特色，园内林木青翠，景色秀丽，有小熊猫、金丝猴等本土动物明星，也有来自异域的长颈鹿、犀牛、鸸鹋等珍稀动物。这些动物大多数以自然放养的形式聚居生活。游客观赏时如同置身原始森林，体验有惊无险

北京野生动物园

的奇妙之旅。整个野生动物园的园区格调定位为“三分人工，七分自然”，园内林木苍翠，呈现出一派原始、自然、充满野趣和纯朴的风貌。这里，真正体现了野生动物园的“野性”。

北京野生动物园设置了步行游览区、自驾游览区、猛兽体验区三大动物展区，包含金丝猴馆、珍稀动物馆、狐猴岛、狮狒馆、狮虎馆、小熊猫馆、鹦鹉广场、袋鼠园、鸸鹋园、长颈鹿馆、珍稀鸟林馆、热带鸟馆、孔雀园、鸵鸟园、水禽湖、鸣禽长廊等几十个格局丰富、特色鲜明的动物展示区。

（一）步行游览区

步行游览区分为3条游览参观路线，分别为：南线、北线、中线。

南线游览场馆有：金丝猴馆——珍稀动物馆——大鸟园——狒狒馆——互动体验区——狮虎馆——小熊猫综合展区——动物表演场——猴山——探险奇遇区乘车广场。北线游览场馆有：萌宝乐园——奇趣乐园——恐龙山——奇妙旅程——小浣熊、细尾獴展区——爬行动物馆——秃鹫馆——马达加斯加丛林——犀牛馆——大象馆——长颈鹿馆——水禽湖——探险奇遇区下车站。中线游览场馆有：骑士乐园——孔雀园——木偶剧院——鹦鹉雨林——袋鼠园——鸣禽长廊——鸟类表演场——探险奇遇区乘车广场。步行区的动物场馆突出开放式的理念，设计新颖，观赏角度多样、视觉障碍小、人与动物相互接触融和等特点，最大限度地拉近人与动物的距离，体现人、动物、自然彼此间的和谐相处。

国宝金丝猴

1. 金丝猴馆

宋朝诗人杨万里《跋陆务观剑南诗稿二首　其一》中有这样一句诗，“鬼啸狨啼巴峡雨，花红玉白剑南春”，诗中的狨据考证就是金丝猴。

金丝猴属于国家一级保护动物，也是我国特有的动物，堪与“国宝”大熊猫相媲美，是世界级珍稀物种。因其成年雄猴背覆长达30~40厘米的金色被毛，在阳光的照射下宛如万缕金丝，异常美丽，被人们称为“金丝猴”。金丝猴主要分布在我国的川、陕、甘、滇、黔等省份，分为3个种类：川金丝猴、滇金丝猴和黔金丝猴，其中川金丝猴主要分布在四川、陕西、甘肃等一带。北京野生动物园拥有世界最大的川金丝猴人工饲养种群，数量达20只，园内金丝猴馆展出的是其中的3个家族。

2. 珍稀动物馆

珍稀动物馆生活着我国特有的珍稀动物，里面有节尾狐猴、黑猩猩、山魈、卷尾猴、赤猴、松鼠猴、白颊长臂猴等多种珍稀灵长类动物。

（1）节尾狐猴

节尾狐猴是从非洲马达加斯加岛远道而来的朋友，由于它有黑白相间的环尾，故又名“环尾狐猴”。这种动物喜欢居住在水源充沛、阳光明媚的地方，行动敏捷，是一种非常合群的动物。节尾狐猴的长尾巴既是它保持平衡的利器，也是它与同伴沟通的工具。尾巴在空中晃来晃去时能散发出不同的气味，这种特殊的气味就是代表该群体的语言。

节尾狐猴

（2）白颊长臂猿

白颊长臂猿是国家一级保护动物，在我国仅分布于云南及海南岛，通常生活在海拔1500米以下的热带密林

白颊长臂猿

中。它是一种随遇而安不好争斗的动物，通常一对成年个体和它们的数个幼体组成小家庭一起生活，每个家庭有自己的领域范围，每个家庭的领地是固定的，觅食、睡觉、活动都在此范围内，成员之间很少争斗。

（3）山魈

山魈，世界上最大的猴科灵长类动物，头大而长，鼻骨两侧各有一块骨质突起，其上有纵向排列的脊状突起，其间为沟，脊间鲜红色。这种色彩鲜艳的特殊图案形似鬼怪，因而人称山魈。此外，它全身的毛发也都非常有辨识度。鼻两侧有深深的纵纹，一撮山羊胡子，头部藏于长毛之中，身上的毛为褐色。它的腹面为淡黄褐色，毛长而密，背后是红色，臀部因富集了大量血管而呈紫色，在情绪激动时，颜色会更为明显。雌性及未成年山魈面部的色彩相对雄性暗淡许多。鲜艳的色彩，有利于帮助山魈在茂密的丛林中互相识别，相互联络。

山魈

山魈为群居动物，有严格的等级制度，由一只颜色艳丽、花纹巨大的雄性山魈作为“头猴”。大部分成年的雄性山魈独居山林中，其他的则拥有一个小家庭，雄性首领带领着几只雌性山魈和年幼的小山魈一起生活。除了在觅食和躲避危险时会爬上树，山魈大多数时间都在树林的开阔地带活动，其栖息地因为人类的活动而遭到破坏，导致山魈的数量急剧下降，而捕猎者的大量捕杀更导致山魈数量的减少。山魈被列入《华盛顿公约》CITES Ⅰ级保护动物。列入《世界自然保护联盟》（IUCN）ver3.12009年濒危物种——易危（VU）。

3. 大鸟园

大鸟园主要展示来自非洲的鸵鸟、鹤鸵。

鸵鸟是非洲一种体形巨大不会飞但奔跑得很快的鸟，也是世界上存活着的最大的鸟，最高的鸵鸟可达 3 米。和鸵鸟有关的一个著名词汇叫作“鸵鸟政策”也叫“鸵鸟心态”。因为鸵鸟在遇到危险时，会把头埋在草堆里，以为自己眼睛看不到就是安全的。后来，心理学家将这种消极心态称作“鸵鸟心态”，是一种逃避现实的心理，也是一种不敢面对问题的懦弱行为。

鸵鸟

鹤鸵，又名食火鸡。是世界上第三大的鸟类，仅次于鸵鸟和鸸鹋。体高 1.7 米，重约 70 千克，头顶有高而侧扁的、呈半扇状的角质盔，头颈裸露部分主要为蓝色，颈侧和颈背为紫、红和橙色，前颈有 2 个鲜红色大肉垂。鹤鸵亮黑色发状羽，翅小，飞羽羽轴特化为 6 枚硬棘。雌雄羽毛相似，但雌鸟体型较大，前颈的 2 个肉垂也较大。鹤鸵栖息于热带雨林，双翼比鸵鸟和美洲鸵鸟的更加退化，不能飞。鹤鸵目分布于澳大利亚和新几内亚等地，有两科四种。因爪子如匕首能挖人内脏，被列为世界上最危险的鸟类。

鹤驼

4. 狒狒馆

狒狒馆是北京野生动物园在国际上首次采用的光廊过道圆形全玻璃参观厅，上顶为开放式参观平台的动物场馆，并首次将两种敌对的非洲大型凶猛动物——白虎、阿拉伯狒狒放在一起向游客展示。

阿拉伯狒狒是狒狒中体型最小的一种。在体型上具有明显的雌雄二型性。雄性平均体重为 20~30 千克，而雌性平均重 10~15 千克。雌性周身长有棕色的毛发，而无鬃毛。雄性的毛发带银白色，有着醒目的鬃毛，脸部

阿拉伯狒狒

红色。它们用四肢走路，四肢基本一样长，头大，吻部长而尖，酷似狗嘴，所以又名“狗头猿”。阿拉伯狒狒分布于非洲的索马里北部、苏丹、埃塞俄比亚，以及亚洲的阿拉伯半岛西南部和阿拉伯湾的岛屿上，是当地最著名的灵长类动物。

5. 狮虎馆

狮虎馆里有美洲虎和美洲狮。

美洲虎又叫美洲豹，其实它既不是虎，也不是豹，而是生活在美洲的一种食肉动物，是现存第三大的猫科动物，仅次于老虎和狮子。它身上的花纹比较像豹，但整个身体的形状又更接近于虎，体型大小介于虎和豹之间，分布于美国西部向南伸展到阿根廷一带。主要生活在热带和亚热带森林、疏林、红木林、沼泽和矮树丛林。

美洲狮又称美洲金猫，虽然冠以“狮”名，实际上却只有几处与狮子相似：它们耳朵背后有黑色斑，尾巴末端有一丛黑毛，幼仔身上也有暗色的斑点，体色也与狮子相似。大小和花豹相仿，但外观上没有花纹且头骨较小，为猫亚科中最大者，雄性比雌性大1/2。它的四肢中长，趾行性，头大而圆，吻部较短，视、听、嗅觉均很发达，同时皮毛柔软，全身为单一的灰色、红棕色或红色。美洲狮栖息于除热带雨林外的各种环境，善于攀爬和跳跃，全天均可活动，主要以野生动物兔、羊、鹿为食，目前被列入《华盛顿公约》附录Ⅰ保护物种以及《世界自然保护联盟》（IUCN）2012年濒危物种红色名录ver3.1。

6. 小熊猫综合展区

小熊猫是国家二级保护动物，只产于尼泊尔、缅甸、印度及中国四川、西藏、云南等地，数量正日益稀少，已被濒危野生动植物国际贸易公约（CITES）列为附录Ⅰ物种。它与大熊猫只有一字之差，但却是两种不同科属的动物。大熊猫属食肉目大熊猫科，而小熊猫属食肉目浣熊科。这两种动物唯一的共性就是爱吃竹叶和竹笋。

小熊猫

小熊猫在我国主要分布在陕西、青海、甘肃、四川等地，栖息于海拔两三千米有竹林分布的针阔混交林和针叶林内。一般在早晚外出活动觅食，白天隐藏在石洞和树洞中休息，有较固定的活动区域。除了箭竹笋、嫩叶、竹叶、野果和苔藓外，它还会吃小鸟、鸟卵和昆虫等，是杂食动物，喜欢吃甜味的东西。同时，它们对温度十分敏感，舒适温度大约在 17~25℃，超过 25℃将难以承受。

小熊猫因为具有领域性，一般都是独居，很少见到成对或是家族群居，是一种非常安静的生物，只会发出动物的吱吱声来做沟通。它的主要天敌是雪豹、貂及人类。

7. 热带鸟馆

馆中的鸟类都属于热带鸟，有大火烈鸟、小火烈鸟、鹦鹉、犀鸟、白鹮、白鹭等。下面主要介绍犀鸟。

犀鸟

犀鸟主要分布在我国云南西双版纳，少量分布在非洲的热带森林地区，是大型的珍稀鸟类。犀鸟的繁殖习性很特别，它们把巢建立在高大的树洞里，雌鸟进到巢内产卵孵化之初，会用果壳、巢里的木渣与雌鸟的粪便混合，把巢口封闭，只留有垂直的隙孔，用来接雄鸟喂的食物。一直到雏鸟长成后，雌鸟才打开洞口，带领雏鸟离开巢，远游觅食。

犀鸟深受沙捞越人的喜爱和崇拜，是当地人心目中的神鸟，地位非常尊贵。沙捞越的州徽就是一只可爱的犀鸟形象，因此沙捞越号称“犀鸟之乡”。马来西亚的伊班族人也很崇拜犀鸟，把它奉为神灵，伊班族人每年都要庆祝犀鸟节。

8. 孔雀园

孔雀无论在古代东方还是西方都是十分尊贵的象征。在东方的传说中，孔雀是由百鸟之长凤凰得到交合之气后孕育的，与大鹏为同母所生，被如来佛祖封为大明王菩萨。在西方的神话中，孔雀则是天后赫拉的圣鸟，因为赫拉在罗马神话中被称为朱诺，故孔雀在西方又被称为“朱诺之鸟”。

园中孔雀

孔雀是鸡形目雉科，是两种羽翼非常华美的鸟类的统称。孔雀属的两个种分别是分布于印度和斯里兰卡的蓝孔雀和分布缅甸到爪哇的绿孔雀。蓝孔雀数量最多，是印度的国鸟，在国内许多地方都有；而绿孔雀在我国主要分布于云南地区，数量十分稀少，已被列为国家一级保护动物。偶尔我们还能见到白孔雀，它并不是新品种，而是由于基因突变所产生的白化现象，非常罕见。

（二）自驾游览区

北京野生动物园的自驾游览区是2015年5月1日正式开放的，全程10公里，可以全方位无屏障观赏，不仅独具特色，而且是亚洲面积最大的自驾散放区。自驾游览区共分为七大区域，展出动物种类60余种，800余头只，包含分布从湿地到山地，从亚洲到非洲，从草原到高原的原始自然的各种动物。

1. 祥瑞迎宾

自驾的第一个游览区是“祥瑞迎宾”。祥瑞是吉祥的征兆，这个区域里观赏到的都是瑞兽，象征着吉祥幸福。首先，进入视野的是被称为“爱情鸟”的天鹅。目前自然界有6种天鹅，北京野生动物园内生活着来自世界各地的5种天鹅，它们是大天鹅、小天鹅、黑天鹅、黑颈天鹅和疣鼻天鹅。

大天鹅是一种候鸟，体型高大，嘴黑，嘴基有大片黄色，黄色延至上喙侧缘成尖。栖息于开阔的、水生植物繁茂的浅水水域，主要分布于亚洲，冬季分布于中国长江流域及附近湖泊；春季经华北、新疆、内蒙古迁到黑龙江、蒙古人民共和国及西伯利亚等地繁殖。大天鹅迁徙时以小家族为单位，呈“一”字形、“人”字形或“V”字形队伍。它是世界上飞得最高的鸟类之一，能飞越珠穆朗玛峰，最高飞行可达9000米以上，为中国国家一级保护动物。

疣鼻天鹅是一种大型的游禽，体长1.25~1.5米，脖颈细长，前额有一块瘤疣的突起，因此得名。全身羽毛洁白，栖息于湖泊、江河或沼泽地带。飞行时也将头部伸直，但很少发出叫声，故又得名“无声天鹅”。主要分布于欧洲、北非、亚洲中部与南部，因其数量稀少，已被列入《世界自然保护联盟》（IUCN）2012年濒危物种红色名录ver3.1——低危（LC）。

疣鼻天鹅

2. 湿地探幽

湿地被誉为“地球之肾”，北京野生动物园的湿地里生活着仙鹤、蓑羽鹤等动物，还可以看到长有黑颜色长嘴巴红色长腿的东方白鹳。

卷羽鹈鹕是一种大型的白色水鸟，体羽灰白，眼浅黄，喉囊桔黄或黄

卷羽鹈鹕

色，颈背有卷曲的冠羽，是生活在沼泽及浅水湖的一种鹈鹕。主要分布于欧洲东南部、非洲北部和亚洲东部一带。中国常见于北方，冬季迁至南方，少量个体定期在香港越冬。卷羽鹈鹕偶尔也会出现在海岸潟湖及河口，在小岛的大片芦苇或空旷处营巢繁殖。卷羽鹈鹕以鱼类为食，觅食时它们会张大嘴，以囊袋捞入大量水，然后滤去水吞食其中的鱼。飞行时它们将颈部回收，双翅缓慢振动，常在水面做长距离滑行。

羚牛

3. 山地寻踪

北京野生动物园的“山地寻踪”区域散养的动物包括羚牛、高山兀鹫、矮马等。

羚牛是分布于喜马拉雅山东麓密林地区的大型牛科动物，喜欢群居，栖息于2500米以上的高寒地区，以草、树叶、花蕾为食，数量稀少，属国家一级保护动物。

高山兀鹫，栖息于海拔2500~4500米的高山、草原及河谷地区，有时停息在较高的山岩或山坡上。它们主要以动物尸体、病弱的大型动物、旱獭、啮齿类或家畜等为食，被称为草原的清洁工。

4. 亚洲丛林

“亚洲丛林”区域内生活着丛林野生动物，包括熊族中体型最大的棕熊，好似骏马的马鹿以及黑熊、东北虎等大型猛兽。

马鹿是仅次于驼鹿的大型鹿类，共有 10 个亚种，因为体形似骏马而得名，身体呈深褐色，背部及两侧有一些白色斑点。雄性马鹿有角，一般有 6~8 个叉，茸角的第二叉紧靠于眉叉。夏毛较短，没有绒毛，一般为赤褐色，故有“赤鹿”之称。马鹿生活于高山森林或草原地区，主要分布于亚洲、欧洲、北美洲和北非。因其数量稀少，已被列入《世界自然保护联盟》（IUCN）ver3.12008 年濒危物种红色名录——低危（LC），是国家Ⅱ级保护动物。

5. 非洲原野

“非洲原野”区域内生活着草原上的猫科动物非洲狮、听觉嗅觉灵敏的黑尾牛羚、所有羚羊中体型最大的大羚羊、陆地上身材最高的食草动物长颈鹿以及白狮等。

大羚羊有浅黄褐色的毛，肩背部略有细白纹，喉部有一块黑色的赘肉（喉部和胸部一块下垂的皮）。大羚羊都长有螺旋形的角，长度可达 3 英尺（90 厘米），是非洲体型最大的羚羊。人类很久以前就已注意到这种羚羊，在不少古代壁画上绘有它们的身影，分布于非洲东部、南部的辽阔平原及山脚。

白狮又叫“白化非洲狮”，是克鲁格狮的变种，产于非洲，20 世纪首

大羚羊

白狮

次在南非被人发现，目前白狮在全世界的数量仅在100只以内。白狮和非洲狮的生活习性基本相同，在草原开阔的丛林地区或沙漠地带过着流浪的生活，没有固定的巢穴。北京野生动物园的白狮目前是国内野生放养下最大的种群。有科学家研究表明，白狮可能是一种远古的品种，生活在北极等较为寒冷、被冰雪覆盖的野生环境中，白色是当时生活环境较为有利的保护色，后经生物演化，这一物种逐渐消失，但白色毛色的基因仍存在于现今少数黄色非洲狮的体内。最初在南非发现的白狮幼崽的父母都是普通黄色毛色的非洲狮，后经人为饲养繁育，形成了现今的白狮家族。

6. 澳洲部落

“澳洲部落”区域内散养着澳大利亚代表性动物黑天鹅、网络神兽澳洲羊驼、世界第二大鸟鸸鹋以及澳洲特有的动物袋鼠等。

鸸鹋

鸸鹋是鸟纲鸸鹋科唯一物种，以擅长奔跑而著名，是澳洲的特产，世界上的第二大鸟类，仅次于非洲鸵鸟，因此也被称作澳洲鸵鸟。鸸鹋的翅膀比非洲和美洲鸵鸟的更加退化，足三趾，是世界上最古老的鸟种之一，生活在澳大利亚和塔斯马尼亚岛的开阔草原疏散丛林和半沙漠地区，吃树叶和野果。因为澳大利亚并没有官方国鸟，所以鸸鹋和琴鸟通常被认为是澳大利亚民间选定的国鸟。

7. 田园牧歌

“田园牧歌”区域内是自驾游览的最后一个区域，该区域内保留着大片由山楂树组成的原始林，其中游走的都是生活中经常见到的动物。这里远离城市的喧嚣，人群的喧闹，有一种“采菊东篱下，悠然见南山”的感觉，几间茅草房错落有致，屋前整齐的菜地里各种鲜嫩的蔬菜生机勃勃。池塘里有鱼、鸭、鹅，林中有鸡、狗、牛、羊，形成一种美丽宜人的景致。

（三）猛兽体验区

猛兽体验区设有 8 个展区，展出棕熊、白虎、狼、黑熊、斑鬣狗、非洲狮、猎豹、东北虎 8 种猛兽动物，共百余头。每个展区都根据动物的野外生活环境为设计主题，动物生活在开阔的自然环境中。此区域以险峻地形营造、还原动物野外栖息环境，游人乘坐观光车在穿山涉水近距离观赏猛兽的同时，可以充分体验人、野生动物、大自然相融合的动态视觉感受。

1. 黑熊

也称亚洲黑熊，共有 7 个亚种。分布于欧亚大陆东部、日本，以及我国台湾地区。体毛黑亮而长，下颏白色，胸部有一块“V”字形白斑，吻短而尖，鼻端裸露，足垫厚实，前后足具 5 趾，爪尖锐不能伸缩，身体粗壮。黑熊栖息于山地森林，主要在白天活动，善爬树，游泳，能直立行走。它的视觉差，嗅觉、听觉灵敏，食性较杂，以植物叶、芽、果实、种

黑熊

子为食，有时也吃昆虫、鸟卵和小型兽类。北方的黑熊有冬眠习性，整个冬季蛰伏洞中，不吃不动，处于半睡眠状态，至翌年三四月出洞活动。

在大多数国家，黑熊都被列为受保护的物种。同时它还被列入《世界自然保护联盟》（IUCN）2012年濒危物种红色名录 ver3.1——易危（VU），是《华盛顿公约》CITES Ⅰ级保护动物。

2. 白虎

白虎又称白老虎，是脊索动物门、哺乳纲、食肉目、猫科、豹属动物，又称“白化孟加拉虎”，是孟加拉虎的白色变种，原产于中国云南、缅甸、印度及孟加拉。

白虎

第一只野生孟加拉白虎于1951年在印度被发现并捕获，被取名为“莫罕”。世界上现有的几百只白虎全都是它的子孙。孟加拉白虎是世界一级保护动物，是印度国宝，世界上仅存白虎210只左右。白虎非常稀有，由于缺少保护色，白虎在自然界非常难存活，在野外已经灭绝。

二、野生动物的保护基地

北京野生动物园饲养展出的珍稀野生动物共计200余种5000余头只，其中国家一级保护种类20种293只，包括川金丝猴、懒猴、白颊长臂猿、梅花鹿、麋鹿、羚牛、北山羊、野驴、斑海豹、白虎、东北虎、马来熊、亚洲象、大鲵、东方白鹳、黑鹳、丹顶鹤、蓝鹇、扬子鳄、缅甸蟒。国家二级保护种类27种440只，包括猕猴、食蟹猴、马鹿、河麂、岩羊、小熊猫、亚洲黑熊、棕熊、白枕鹤、灰鹤、蓑羽鹤、红腹锦鸡、白鹇、白冠长尾雉、秃鹫、兀鹫、白琵鹭、粉红背鹈鹕、卷羽鹈鹕、雪鸮、大天鹅、黑颈天鹅、疣鼻天鹅、斑头雁、红腰鹦鹉、黄金蟒等。

园中饲养展出的山魈、环尾狐猴、黑白领狐猴、黑猩猩、美洲豹、猎豹、五彩金刚鹦鹉、红绿金刚鹦鹉、蓝黄金刚鹦鹉、紫蓝金刚鹦鹉、暹罗鳄、亚达伯拉象龟、暗影巨蜥、古巴鬣蜥、蓝鬣蜥、犀牛鬣蜥16种221只野生动物列入《世界自然保护联盟》(IUCN)2008年濒危物种红色名录ver3.1——濒危(EN),列入《华盛顿公约》CITES附录Ⅰ级保护动物。赤猴、阿拉伯狒狒、绿猴、青长尾猴、白鼻长尾猴、德氏长尾猴、冠毛长尾猴、黑帽悬猴、卷尾猴、松鼠猴、小羊驼、大羊驼、盘羊、大食蚁兽、南美貘、白犀、白狮、非洲狮、耳廓狐、非洲象、噪犀鸟、黑冠鹤、灰冠鹤、火烈鸟、大眼斑雉、大美洲鸵、美洲红鹮、白凤头鹦鹉、橙冠凤头鹦鹉、杜氏凤头鹦鹉、葵花凤头鹦鹉、米切氏凤头鹦鹉、西长嘴凤头鹦鹉、绿颊锥尾鹦鹉、塞内加尔鹦鹉、非洲灰鹦鹉、深红玫瑰鹦鹉、红额亚马孙鹦鹉、大绯胸鹦鹉、折衷鹦鹉、太阳锥尾鹦鹉、彩虹吸蜜鹦鹉、东玫瑰鹦鹉、喋喋吸蜜鹦鹉、红色吸蜜鹦鹉、亚历山大鹦鹉、苏卡达陆龟、红鬣蜥、绿鬣蜥、网纹蟒、地毯蟒、红尾蚺等739只野生动物列入《世界自然保护联盟》(IUCN)2008年濒危物种红色名录ver3.1——濒危(EN),列入《华盛顿公约》CITES附录Ⅱ级保护动物。

在众多保护饲养和展出的动物之中,既有国宝级的金丝猴,也有世界各国几乎没有展出过的绿尾虹雉、白尾稍虹雉、棕尾虹雉。还有长颈鹿、东北虎、鬼狒狒、孔雀、鸿雁、狮子、斑马、大象、天鹅、黑猩猩、丹顶鹤等多种动物,置身于“森林—动物”环境之中,达到与自然的最佳融合。北京野生动物园饲养的山魈[世界一级保护动物,世界自然保护联盟2009年濒危物种——易危(VU)],作为动物界的活化石,只在国内为数不多的几个野生动物园内展出,参观价值极高。北京野生动物园作为国内山魈人工饲养基地,自2001年8月成立至今,动物园内的山魈已表现出了良好的适应性和繁殖能力,同时在濒危动物保护方面起到重要的作用。

在北京野生动物园的狮虎混养区,有8只幼狮和11只幼虎,它们能够在一起和睦相处,这在国内外是少见的景观。狮虎混养的目的主要有两个：一是增加观赏性，感受狮虎同群的奇异景观；二是增加繁殖狮虎兽或虎狮兽的概率。狮虎兽或虎狮兽是异种交配的产物，在中国国内动物园极为罕见。

三、仿生态的科普知识宣传与教育基地

科普教育是野生动物园公益事业的核心，也是吸引广大游客尤其是青少年的重要方式。北京野生动物园近年来不断对园区进行扩建和改进，旨在提升旅游服务品质和综合竞争力。2016 年北京野生动物园被北京市科学技术普及工作办公室正式命名为“北京市科普教育基地”。同年北京市教委授予北京野生动物园为“中小学生社会实践大课堂资源单位”称号。

北京野生动物园每年投入相当数量的经费，用于制作科普教育展板、举办科普教育活动等，不断履行着自己科普教育基地的职能。科普教育展示方面，园内从开园起不断引进新的种群，并致力于还原动物的自然环境，展示动物自然行为。园内的金丝猴馆、珍稀动物馆、狐猴岛、狮虎馆、鸵鸟园、小熊猫馆、秃鹫馆、夜行动物馆、珍稀鸟馆、北方鸟林、热带鸟馆、长颈鹿馆、鸸鹋园、孔雀园、袋鼠园等众多的主题场馆均设有科普教育用具，主要包括展板、模型、说明牌、电子显示屏等，介绍动物的分布、习性和它们的科学价值。园中还为中小学生开设了濒危动物科普教育基地，开展面向中小学生的拯救濒危动物科普教育活动。

作为北京市自然科普教育基地和窗口，北京野生动物园每年均会在固定的日期进行以保护珍稀野生动物为主题的科普教育活动，主要面向广大儿童和社区人员。同时北京野生动物园还会与其他单位合作，在少儿动物保护夏令营、国际生物多样性保护日、爱鸟周等特定日推出各种专题的宣传科普教育活动。

2020 年 6 月 15 日，北京野生动物园“奇趣乐园”正式开园，这是北京第一个以动物为主题的儿童乐园。奇趣乐园游览区有火烈鸟岛、长长舌头、萌宝幼儿园、丛林医院、大大耳朵、水生动物展区、恐龙山等主题展区。每个展区都是以展出动物的突出特征命名，还原其真实的生活环境，令游客可以身临其境地感受动物真实的生活环境。

北京野生动物园育幼中心和兽医院也首次对游客开放。育幼中心里展示的小动物大多只有三四个月大，全是园方自主繁育的“迷你版”小熊猫、小黑熊、小黑猩猩。

幼年的小老虎

北京野生动物园首次把兽医院建成开放式的丛林医院。在丛林医院首先看到的是接诊室，这里是医生为生病或受伤的动物诊断病情的地方。若病情严重，需要到影像室拍摄 X 光，到检验室化验血液、尿液及分泌物。有必要做手术的动物会被送到手术室进行治疗。游客隔着玻璃橱窗便可目睹动物拍片子、打针吃药甚至做手术全过程。丛林医院中所有的仪器都是最先进的，可以随时对受伤的野生动物进行救治，承担着野生动物救护的职能。为了让每只住院的野生动物得到更好的治疗和护理，医护人员还会根据不同动物的体况和需求，制订不同的治疗和营养计划。

奇趣乐园还特别搭建了一座“恐龙山”，满足小朋友的好奇心。山上共有 53 只仿真恐龙，最大的高达 35 米。恐龙山上有山洞，山洞中有翼龙在头顶上飞过。游客还可以在恐龙山上偶遇恐龙蛋，走进恐龙蛋中，把自己拍成一个小恐龙。此外奇趣乐园还有马来熊馆、水生动物展区等。

后 记

《新国门·文化大兴之馆藏文化》(以下称《馆藏文化》)是新国门·文化大兴系列丛书之一，旨在发掘大兴馆藏文化。在大兴区委宣传部的统一组织领导下，在大兴区文联、大兴区文化馆、大兴区图书馆、大兴区档案馆的大力支持与协助之下，《馆藏文化》一书如期出版。全书共计7编22章，附图片约300幅。这部精心编撰、图文并茂的文化图书，从不同侧面、用不同的表现手法，记录了大兴区文化场馆的时代风貌，反映出大兴区文化场馆的成功历程和发展理念，为社会、为读者提供了一份良好的精神食粮。在本书的组稿、编撰过程中，参编人员不辞劳苦，详细调研了大兴区内以中国印刷博物馆、北京南海子麋鹿苑博物馆为代表的23家博物馆，逐一走访了分布于大兴区14个镇的32家村史馆，首次对大兴区文化场馆的分布状况进行摸底，对大兴区的馆藏文化进行简单分类，在此基础上撰写了《馆藏文化》一书。

在《馆藏文化》一书的编撰过程中，大兴区委宣传部领导高度重视，召集相关专家多次讨论，反复修改完善。大兴区摄影家协会的胡广文、刘景波两位老师提供了近千幅照片，摄影师扬大维对照片进行后期加工和修改。本书撰写作者是：郭金刚(北京石油化工学院)、阙建华(中国地质大学)、高磊(大兴区文化馆)。大兴区文化馆副馆长高磊在本书结构梳理、逻辑提纯上提出了建设性的意见和建议。正是有了多方面的支持和帮助，才有了《馆藏文化》的最终成稿，使得本书的撰写工作圆满完成。由于编者水平有限，《馆藏文化》一书难免会存在不足和疏漏之处，敬请读者批评指正。

本书课题组

2021年10月